Friedhelm Kröll

Einblicke

Grundlagen sozialwissen-
schaftlicher Denkweisen

Edition Sozialwissenschaften

Herausgegeben von Hannes Haas und Rudolf Richter

Band 2

Friedhelm Kröll

Einblicke

Grundlagen sozialwissenschaftlicher Denkweisen

BRAUMÜLLER

Gedruckt mit Unterstützung des Bundesministeriums
für Wissenschaft und Forschung in Wien.

Bibliografische Information Der Deutschen Bibliothek

Die Deutsche Bibliothek verzeichnet diese Publikation in der
Deutschen Nationalbibliografie; detaillierte bibliografische Daten
sind im Internet über http://dnb.ddb.de abrufbar.

Printed in Austria

ISSN 2070-1802
ISBN 978-3-7003-1707-4

Basisdesign für Cover: Lukas Drechsel-Burkhard
Satz: Christian Ginner
Druck: Demczuk Fairdrucker Ges.m.b.H., A-3002 Purkersdorf

Inhalt

Vorwort der Herausgeber

Was sind die Eigenheiten der Sozialwissenschaften? Gibt es überhaupt Gemeinsamkeiten der Sozialwissenschaften, die sie als ein wissenschaftliches Gebiet definieren?

Diese Fragen werden nicht nur von Laien gestellt, nicht nur von angehenden Studierenden, die sich für ein Fachgebiet der Sozialwissenschaften interessieren. Es sind Fragen, die Fachleute der Sozialwissenschaften selbst beschäftigen.

Das vorliegende Buch will Orientierung zu diesen Fragen bieten. Mit seinem Inhalt werden sich angehende Studierende an der Fakultät für Sozialwissenschaften der Universität Wien auseinandersetzen. Es ist aber auch für all jene wertvoll, die sich mit sozialwissenschaftlichen Denkweisen befassen wollen.

An der Fakultät für Sozialwissenschaften der Universität Wien sind die Studienrichtungen der Kultur- und Sozialanthropologie, der Politikwissenschaft, der Publizistik und Kommunikationswissenschaft und der Soziologie vom Bakkalaureat an, über den Master bis zum Doktoratsstudium vertreten. Die innerfakultäre Diskussion bei der Neueinrichtung der Studien beschäftigte sich mit der Frage der Gemeinsamkeiten und Unterschiede zwischen diesen Fächern. Für die Studienorganisation wurde die Antwort darauf in Form einer gemeinsamen Studieneingangsphase und nachfolgenden Spezialisierungen in den verschiedenen Disziplinen gegeben.

In der Studieneingangsphase soll Orientierung und Entscheidungshilfe geboten werden. In der Öffentlichkeit gibt es kaum genaue Vorkenntnis darüber, was Sozialwissenschaften eigentlich tun. Es gibt wohl eher diffuse Vorstellungen davon, dass Soziologen etwas mit Statistik und Fragebogen zu tun haben, Publizisten mit Fernsehen und Presse, Politologen mit Wahlen und Politik und von Kultur- und Sozialanthropologen ahnt man, dass sie mit Notizblock bewaffnet das Leben in fremdartigen Kulturen studieren. Diese diffusen Vorstellungen verführen viele Studienwillige etwas Genaueres zu erfahren, nur wenige wissen, was sie im Studium tatsächlich erwartet, noch weniger kommen mit klaren Vorstellungen zum Studium. Hohe Abbrecherquoten, oft Frustration, manchmal aber auch neue Begeisterung sind die Folge. Das Buch will helfen, vor allem diese Begeisterung zu wecken.

Sozialwissenschaften sind als empirische Wissenschaften relativ jung und etablierten sich erst im Laufe der letzten beiden Jahrhunderte an den Universitäten. Sie entwickeln sich als Wissenschaften aus den Kulturen der Geisteswissenschaften einerseits und der Naturwissenschaft andererseits.

Dies spiegelt sich in wissenschaftlichen Erkenntnisweisen wieder, die stärker quantitativ statistisch und anderen, die stärker interpretativ ausgerichtet sind. Obwohl heute klar ist, dass es um die Integration dieser Kulturen geht und gesellschaftliche Probleme wissenschaftlich nicht nur von einer Perspektive gelöst werden können, scheinen diese Traditionen durch. Kröll nimmt sie im vorliegenden Buch auf und erläutert die daraus entstandenen unterschiedlichen Erkenntnisweisen.

Er fächert die Perspektiven der Sozialwissenschaften auf von der Auffassung einer Realität außerhalb von uns, die wir objektiv beobachten und messen können, bis zu einer Position, die sich vor allem damit beschäftigt, wie Gesellschaft von den Handelnden konstruiert wird. Diese Erkenntnisweisen werden in der Folge auf die grundlegende Differenz von Verstehen und Erklären zugespitzt. Eine selektive Darstellung sozialwissenschaftlicher Grundbegriffe zeigt schließlich die Instrumente der Sozialwissenschaft, mithilfe derer soziale Realität beschrieben werden kann.

Das Buch entstand aus einer Einführungsvorlesung in der Studieneingangsphase zu den Studien der Sozialwissenschaften. Es erhebt den Anspruch, sowohl für Studierende der Kultur- und Sozialanthropologie, Kommunikationswissenschaften, Politologie und Soziologie brauchbar zu sein und ihnen Orientierung zu bieten. Es soll für sie auch eine Entscheidungshilfe sein, ob ein sozialwissenschaftliches Studium tatsächlich ihren Vorstellungen entspricht. Für diejenigen, die Interesse an Sozialwissenschaften zeigen, kann es einen ersten Eindruck davon geben, was es heißt, sozialwissenschaftlich zu Denken.

Wir hoffen, dass dieses Buch zu einem besseren Verständnis der Sozialwissenschaften beiträgt.

Wien, März 2009 *Hannes Haas und Rudolf Richter*

Vorwort des Autors

Wer der organverlängernden Intimität des Füllfederhalters vertraut, vertraut sich im Übergang zum Licht der Veröffentlichung umsichtig-mitvollziehender Transskription an. Der Dank geht an Karin Röck.
Für darstellungskritische Fingerzeige bin ich Dr. Afsaneh Gächter verbunden. Desgleichen Prof. Dr. Christoph Reinprecht, der ermutigend die Brücke zu Herausgeberschaft und Verlag geschlagen hat.

Nürnberg, März 2009 *Friedhelm Kröll*

Einführung

I. Zur Intention

Was ist beabsichtigt? Was kann erwartet werden?

Mit der Einführung in die „Grundlagen sozialwissenschaftlicher Denkweisen“ ist beabsichtigt:

erstens:	Einblicke und Einsichten in die **Eigenart des Sozialen** zu eröffnen;
zweitens:	dem entsprechend den spezifischen Charakter der Sozialwissenschaften zu umreißen; d. h. die **Eigenart der Sozialwissenschaften** im Unterschied sowohl wie in Korrespondenz zu den Naturwissenschaften einerseits und zu den Geistes- und Geschichtswissenschaften andererseits herauszuarbeiten;
drittens:	über den Umriss der Sozialwissenschaften als Organon und Schlüsselgebiet der Humanwissenschaften Zugänge zur **Pluriformität der Sozialwissenschaften**, ihrer Teildisziplinen von der Sozial und Kulturanthropologie über die Soziologie und Politologie bis hin zu den Kommunikationswissenschaften zu ermöglichen und zu erleichtern;
und viertens:	auf diese Weise die Legitimität der **Eigenstrukturiertheit der Sozialwissenschaften** im Gesamtgefüge des wissenschaftlichen Weltverständnisses darzulegen.

Dabei lasse ich mich von der Maxime leiten, die wissenschaftliche Lehre und Darstellungsweise nicht als Stiefkind des Wissenschaftsbetriebs zu behandeln, als der Forschung nach- und untergeordnete Institution. Universitäre Lehre hat vielmehr ihren Stellenwert sui generis. Wie die Forschung muss die Lehre erfahrungsoffen und korrekturfähig sein. Darüber hinaus gilt es, den Gesichtspunkt öffentlichkeitsfähigen Ausdrucks zu beachten. Sozialwissenschaften tun gut daran, sich der Forderung nach verständiger Wissenschaftsprosa nicht zu verschließen. Aristoteles, Bacon, Simmel, Freud oder Adorno sind nicht nur bedeutende Humanwissenschaftler gewesen, sondern haben zudem eine ausgezeichnete Feder geführt.

Im Einstieg möchte ich pointieren:

Ich halte dafür, dass die **Eigenart des Sozialen** nicht erschlossen, dass die **Grundlagen der sozialwissenschaftlichen Denkweisen** nicht freigelegt werden können, ohne Bezüge zur modernen Philosophischen Anthropologie herzustellen.

> Es ist nun einmal so, dass in der Welt der geschichtlichen Menschen **Kultur** und **Natur** sich verschränken, dass die Sozialwissenschaften eingründen in die Humanwissenschaften.
>
> Kurz: Sozialwissenschaften haben ihre metatheoretische Fundierungsbasis in der Philosophischen Anthropologie; wie im Übrigen weder Alltagsverstehen noch die Wissenschaften der philosophischen Reflexionsdimension entraten können.

2. Zur Darstellungsweise

„Wir wissen, daß ein Schema der Sympathie des Lernenden sicher ist", so Freud 1917 in seinen Wiener Vorlesungen zur Einführung in die neue Disziplin Psychoanalyse. Freud ist deshalb das ein oder andere Mal von seiner Vorlesungspraxis abgewichen und hat angelegentlich ein Schema eingestreut.

Inzwischen ist das Gegenteil Usus: kaum eine Veranstaltung, in der nicht ein Platz- oder ein Dauerregen von Folien herniedergeht, Schema und Bild das gesprochene Wort illustrieren; wenn nicht gar das Wort nur noch als Anhängsel der „Schaubilder" fungiert. Ob jeder Regen ein Segen ist, sei dahingestellt.

Nur dies, diesbezüglich müssen Erwartungen an diese Publikation gedämpft, eine womöglich inzwischen schon durch den Schulalltag eingesenkte Erwartungshaltung enttäuscht werden. Für mich ist ein Auf- und Grundriss sozialwissenschaftlicher Denkweisen kein bunter Bilderbogen. Statt Animation zu bieten, sinnt die nachfolgende Übersicht über Ansätze und Weichenstellungen sozialwissenschaftlichen Denkens auf die Evokation wissenschaftlicher Imaginationskraft, vor der noch jedes Spiel mit PowerPoint sich blamiert. Und Big Points, das wusste schon der große Wiener Schriftsteller sozialwissenschaftlichen Formats, das wusste schon Arthur Schnitzler um 1900, Big Points machen Sinn auf dem Tennisplatz.

Ich vertraue auf das gesprochene und gehörte, das geschriebene und gelesene Wort. Ich vertraue auf das Vertrauen, dass es gelingt, Einsicht in und Verständnis für die **Eigenart des Sozialen**, und auf diesem Weg für die „Grundlagen sozialwissenschaftlicher Denkweisen“ zu erzielen.

Freilich bedarf es ein wenig Geduld, eine hinführende Wegstrecke zu gehen – gemäß der allbekannten Sentenz, dass auch Rom nicht an einem Tag erbaut wurde.

3. Zum Aufbau

Es mag viele, zumindest mehrere Wege geben, um in die „Grundlagen der Sozialwissenschaften“ einzuführen, um die Grundrisse der Sozialwissenschaften kennenzulernen. Das hier gewählte Verfahren ist in drei Schritte gegliedert.

- In einem *ersten* Schritt sollen in knapper, exemplarischer Form sozialwissenschaftliche **Erkenntnisstrategien**, die derzeit innerhalb der Science Community virulent sind, vorgestellt werden.
  Dabei muss betont werden, dass angesichts der paradigmatischen ebenso wie disziplinären Vielgestaltigkeit der Sozialwissenschaften eine vollständige Auflistung aller möglichen Denkansätze, Paradigmen und Modelle ein aussichtsloses Unterfangen wäre. Nicht nur mit Blick auf eine Einführung.
  Allerdings möchte ich hoffen, dass den ausgewählten und hier vorgestellten Denkweisen **exemplarischer** Charakter zukommt, ihnen ein repräsentativer Status zuerkannt werden kann.
  Klar sein muss von vornherein, dass die zum Einstieg in der Folge kurz referierten sozialwissenschaftlichen Denkweisen nicht nur in sich komplexer sind, als ich sie einführungsgerecht darlegen kann. Und klar sein muss auch, dass die referierten sozialwissenschaftlichen Erkenntnisstrategien innerhalb der wissenschaftsbetrieblich-akademischen Lehr- und Forschungswirklichkeit nur selten in gleichsam chemischer Reinform auftreten.
  Es ist davon auszugehen, dass innerhalb der gesellschaftlichen Wirklichkeit „Sozialwissenschaften heute“ die nachfolgend angesprochenen Erkenntnis-Strategien, Ansätze und Gegenstandsbestimmungen, Traditions- und Forschungslinien sich häufig überschneiden, gelegentlich gar sich durchkreuzen. Die Frage nach der Konkurrenz bzw. Kommunikation zwischen den verschiedenen

Erkenntnisstrategien kann nicht pauschal beantwortet werden; diesbezüglich muss freilich von allzu hohen Erwartungen abgeraten werden. Anders, Kombination von Erkenntnisstrategien und sozialwissenschaftlichen Paradigmen gehören durchaus zum sozialwissenschaftlichen Alltag. Und: In der Favorisierung einer Erkenntnisstrategie steckt stets auch eine implizite, nicht immer explizierte Vorstellung von der Stellung, der Bedeutung und der Funktion von Sozialwissenschaften in der Welt.

- In einem *zweiten* Schritt soll die Eigenart des sozialwissenschaftlichen Gegenstandsbereichs im Lichte eines von Anbeginn der Sozialwissenschaften schwelenden Spannungsverhältnisses, das stets wieder in offenen Streit eklatiert ist, verdeutlicht werden. Die chronische Streitfrage lautet:
  Sollen sich die **Sozialwissenschaften** am Vorbild der (experimentellen) **Naturwissenschaften** oder am Leitbild der (sinnverstehenden) **Geisteswissenschaften** orientieren?
  In diesem Abschnitt geht es um die Ortsbestimmung der Sozialwissenschaften diesseits des unproduktiven Dualismus, jenseits der falsch gestellten Alternative: Imitation der Natur- oder der Geisteswissenschaften. Diese Gegenüberstellung, gelegentlich Frontstellung, kehrt bekanntlich auf erkenntnistheoretisch-methodologischer Ebene wieder im Streitmodell: Erklären versus Verstehen.

- In einem *dritten* Schritt sollen ausgewählte sozialwissenschaftliche **Schlüsselbegriffe** vorgestellt werden. Die Auswahl der Begriffe erfolgt unter dem maßgebenden Gesichtspunkt, das Verständnis für den spezifischen Gegenstandsbereich der Sozialwissenschaften zu fördern. Bei den ausgewählten Schlüsselbegriffen handelt es sich weniger um exakt definierte Termini denn um Problemtitel, hinter denen sich zentrale Thematiken und Diskussionsfelder der sozialwissenschaftlichen Forschung verbergen. Insofern ist die Präsentation dieser Schlüsselbegriffe auf die Einführung in das Problemgelände der Sozialwissenschaften zugeformt.

Aufs Ganze gesehen ist die Hinführung zu den Grundlagen sozialwissenschaftlicher Denkweisen auf drei Elementen aufgebaut, bzw. sie gliedert sich in drei Schritte:

I. Eine Revue charakteristischer sozialwissenschaftlicher Denkweisen, unter dem Sammeltitel:
„Sozialwissenschaftliche Erkenntnisstrategien“

II. Die Eigenart der Sozialwissenschaften im Lichte des Dualismus von Natur- und Geisteswissenschaften – „Erklären vs. Verstehen“

III. Präsentation sozialwissenschaftlicher Schlüsselbegriffe – unter dem Sammeltitel:
„Sozialwissenschaftliche Terminologie – Exempla“ – mit einer Einführung in die anthropologische Fundierung der Sozialwissenschaften

I. Erkenntnisstrategien innerhalb der Sozialwissenschaften

Bevor bedeutsame Erkenntnisstrategien im Aufriss referiert werden, möchte ich sechs Hintergrundkriterien nennen, nach deren Maßgabe sozialwissenschaftliche Erkenntnisstrategien und daran sich anschließende Theorie- und Forschungsprogramme sich gegeneinander abgrenzen lassen. Ich spreche absichtsvoll von „Hintergrundkriterien", weil im Rahmen einer Einführung in „Grundlagen sozialwissenschaftlicher Denkweisen" es nicht möglich und auch nicht tunlich ist für das Zugangsverständnis, jene Differenzierungskriterien im Einzelnen auszuargumentieren und darüber hinaus noch für jede einzelne Erkenntnisstrategie durchzubuchstabieren. Die folgenden sechs Gesichtspunkte sollten tatsächlich als „Hintergrundkriterien", mit denen auch später, im Verlaufe disziplinspezifischer Intensivierung, Theorieprogramme geortet, auf ihre Intentionen und die Art hin, wie sie den Gegenstand der Sozialwissenschaften bestimmen, analytisch bewertet werden können.

Zur Charakterisierung von Erkenntnisstrategien in den Sozialwissenschaften, mithin von Theorieprogrammen, lassen sich folgende Fragen vorbringen:

1.) Wird der Kategorie des „Sinns" (bzw. des „sinnhaften Handelns") bei der Bestimmung des Gegenstandes der Sozialwissenschaften eine strategische Stellung eingeräumt oder wird die **Sinn**-Kategorie unter Metaphysik-Verdacht gestellt?

2.) Welche **Perspektive** wird gegenüber dem gesellschaftlichen Lebensprozess eingenommen? Dominiert die Perspektive der Beobachtung sozialer Zustände und sozialer Vorgänge von außen, so als ob es sich hierbei um die Beobachtung, Beschreibung und Erklärung von Naturvorgängen handelt? Oder liegt der Schwerpunkt auf einer Binnenperspektive, insofern sich das wissenschaftliche Subjekt als Moment seines Gegenstandsbereichs, d. h. des gesellschaftlichen Lebensprozesses begreift und situiert? Oder wird eine Kombination von Außen- und Binnenperspektive favorisiert?

3.) Wird der Kategorie des „Sozialen" (bzw. der „Gesellschaft") ein essenzieller Status zuerkannt, d. h. wird die **Eigenart des Sozialen** als eine überpersönliche Faktizität bestimmt, die nicht reduktibel ist auf das Verhalten und die Eigenschaften der Einzelmenschen? Oder werden das Verhalten und Eigenschaften der Einzelnen als elementare Reduktionsbasis der Sozialwissenschaften bestimmt?

4.) Wird der **Praxis** der menschlichen Subjekte, wird der sozialanthropologischen Dimension der aktiven Verschränkung von Kultur und Natur eine fundierende Rolle bei der Reproduktion des gesellschaftlichen Lebens zugemessen? Oder werden die gesellschaftlichen Individuen als bloße Einheiten reizgesteuerten Verhaltens betrachtet?

5.) Wird der Aspekt bzw. das Problem der **Konstitution** von Gesellschaft (Gesellschaftlichkeit), also die Frage nach der Erzeugung bzw. Selbsterzeugung des sozialen Lebensprozesses (Lebensgewinnungsprozesses) und damit auch die Frage nach den Wandlungs- und Transformationsprozessen von Gesellschaft, Kultur und Individuen in die jeweilige Erkenntnisstrategie aufgenommen und in den hieran gekoppelten Theorieprogrammen entsprechend gewichtet? Oder wird das Problem der Konstitution, des Selbsterzeugungsprozesses des gesellschaftlichen Lebens zugunsten der Suche nach und der Konzeptualisierung von Universalien, d. h. der universellen, transhistorischen Geltung von Lebens-, Verhaltens- und Handlungsmustern ausgeblendet?

6.) Wird die sozialwissenschaftliche Erkenntnisstrategie primär oder gar ausschließlich unter dem Gesichtspunkt des menschlichen Handelns (handlungstheoretische Perspektive) konzipiert? Oder wird die sozialwissenschaftliche Erkenntnisstrategie primär oder gar ausschließlich unter dem Gesichtspunkt des sozialen Systems (systemtheoretische Perspektive) entwickelt? Oder wird versucht, in der Grundkonzeption dem **Doppelcharakter des Sozialen**, Handlung und System, Prozess und Struktur, Rechnung zu tragen?

Folgende sieben innerhalb der Sozialwissenschaften virulente Erkenntnisstrategien sollen nun kurz referiert werden. Von einer Darstellung der daran sich jeweils anschließenden, in sich komplexen Theorieprogramme und methodologischen Implikationen muss im Rahmen dieser Überblickspräsentation abgesehen werden. Darstellung und Analyse dieser Theorieprogramme sind, sinnvollerweise im Lichte von Arbeitsschwerpunkten und Forschungsperspektiven, Angelegenheit und

Aufgabe der jeweiligen sozialwissenschaftlichen Disziplinen (hier: **Sozial- und Kulturanthropologie**, **Soziologie**, **Politologie** und **Kommunikationswissenschaft**).

Zunächst seien die **sieben Erkenntnisstrategien** benannt:

1. Objektivistische Erkenntnisstrategien
2. Evolutionistische Erkenntnisstrategien
3. Strukturfunktionalistische Erkenntnisstrategien
4. Pragmatistische Erkenntnisstrategien
5. Sozialkonstruktivistische Erkenntnisstrategien
6. Phänomenologische Erkenntnisstrategien
7. Kommunikationstheoretische Erkenntnisstrategien

1. Objektivistische Erkenntnisstrategien

Objektivistische Erkenntnisstrategien treten in den Humanwissenschaften, im engeren dann Sozialwissenschaften, in reich abdifferenzierten Gestalten und Versionen auf. Seit den neuzeitlichen Anfängen, zumal mit dem 16. und dann verstärkt im 17. Jahrhundert, setzt sich in den Natur- sowohl wie in den Humanwissenschaften ein objektivistischer Blick auf die menschliche Lebenswelt durch. Dieser Prozess kann als „Entzauberung der Welt" (Max Weber) beschrieben werden, als Entzauberung des Universums, der Natur, der anorganischen wie der organischen. Die klassischen Embleme dieses Vorgangs sind das Teleskop und das Mikroskop.

Der Prozess der **Entzauberung** macht auch vor dem menschlichen Leib nicht halt, der für den objektivistischen Forscherblick sukzessive als Körperding wahrgenommen wird. Das erkennende, wissenschaftliche Subjekt, die Descartessche res cogitans, das forschende und denkende Ich, verwandelt die Welt in ein zu vermessendes Universum von Objekten, von bewegten und sich bewegenden Körpern und deren Beziehungen zueinander. Die objektivistische Erkenntnisstrategie ist kein Privileg der Sozialwissenschaften, sondern ist lange zuvor schon in den Humanwissenschaften, in der Medizin, der Psychologie und jüngst in den Neuro-Wissenschaften eingebürgert.

Kennzeichnend für objektivistische Erkenntnisstrategien in den Sozialwissenschaften sind:

- *erstens* das Prinzip der strikten **Außenperspektive** auf soziale Zustände und Vorgänge;

- *zweitens* eine **doppelte Reduktivität**: Soziale Zustände und Vorgänge werden beobachtet an und zurückgeführt auf individuelles Verhalten; das individuelle Verhalten wiederum wird erklärt im Rückgriff auf Befunde und Spekulationen über die Beschaffenheit der „menschlichen Natur". D. h., Soziales wird nicht durch Soziales erklärt. Vielmehr wird im Wege des Rückgriffs auf Erklärungsmodelle der Psychologie, Lerntheorien zumal, weiters der Biologie und heute der Neuro-Biologie, in toto der Hirnforschung, diesen Disziplinen die Kausalanalyse des gesellschaftlichen Lebensprozesses wenn nicht überantwortet so doch diesen Disziplinen entnommen;

- *drittens* sind objektivistische Erkenntnisstrategien dadurch charakterisiert, dass in ihnen oder mit ihnen das Bestreben verbunden ist, die Sozialwissenschaften auf das Programm einer **Einheitswissenschaft** nach Maßgabe des Vorbilds der Naturwissenschaften bzw. des Bildes von Naturwissenschaften, das die objektivistischen Sozialwissenschaften sich von ihnen gemacht haben, zu vereidigen. Dass die Naturwissenschaften nicht Objektivationen der Natur sind, sondern Objektivationen des menschlichen Geistes, eingebunden in Geschichte, Kultur und Gesellschaft, wird dabei ebenso übersehen, wie der Sachverhalt, dass der Traum von der einheitswissenschaftlichen Weltformel selbst innerhalb der theoretischen Naturwissenschaften umstritten ist. Abgesehen von der Tatsache der Ausdifferenzierung der Welt in eine objektive, eine soziale und eine subjektive Welt und abgesehen von den Schwierigkeiten im Umkreis der Problematik der Geltung von Wahrheitsansprüchen, die ebenfalls den Traum von der Weltformel mehr als fraglich erscheinen lassen, gibt es keine subjektlose Objektivität wissenschaftlicher Erkenntnis.

- *Viertens* ist es objektivistischen Erkenntnisstrategien in den Sozialwissenschaften darum zu tun, **Regelmäßigkeiten** des menschlichen Verhaltens zu beobachten und zu erklären unter striktem Verzicht auf Verstehen von Regeln im zwischenmenschlichen Verhalten und Handeln. (So kann es nicht überraschen, dass die objektivistischen Sozialwissenschaften zu den primär mit Normativität, Regeln und Normen, befassten Rechtswissenschaften in kein schlüssiges Verhältnis treten können.)

Objektivistische Erkenntnisstrategien firmieren derzeit unter verschiedenen Namen und Programmen, so unter dem allemal prominenten der Rational-Choice-Modelle, denen seit dem 17. Jahrhundert, seit Hobbes' Figur des „Animal rationale", ein mithin spekulatives Bild von der „menschlichen Natur" einbeschrieben ist; so unter dem inzwischen etwas verblichenen Namen **Behaviorismus**, dem ein nicht minder spekulatives Bild von der „menschlichen Natur" einwohnt. Heute erscheint der behavioristische Ansatz eher unter dem Namen „Verhaltenstheoretische Sozialwissenschaften bzw. Soziologie".

Hier werden, beeindruckt von deren Triumphen in der wissenschaftlich-technischen Welt, die Naturwissenschaften nach wie vor zum wissenschaftstheoretischen Vorbild erkoren. Objektivistische Sozialwissenschaften terminieren in streng verhaltenswissenschaftlichen Modellen. Zur Erstorientierung über verhaltenstheoretische Sozialwissenschaften: Karl-Dieter Opp/Reinhard Wippler: Georg Caspar Homans (1910–1989). In: Dirk Käsler (Hg.), Klassiker der Soziologie Bd. 2, 5. Aufl., 2007.

Solcherart Verhaltenswissenschaften bestimmen ihren Gegenstandsbereich auf folgende Weise:

Sie sehen von der symbolisch-sinnhaften Vorstrukturierung der gesellschaftlichen Wirklichkeit methodisch ab, lassen allein die Beschreibung beobachtbarer Regelmäßigkeiten gelten und binden die Erklärung von deren Zusammenhängen an „nomologische Hypothesen" in der konditionalen Form: „Immer wenn (das auftritt), dann (tritt jenes ein)."

Der Standort der Beobachtung ist eindeutig eine Außenperspektive. Handeln wird auf Verhalten reduziert. (Auf die Unterscheidungen reaktives Verhalten/intentionales Handeln ist in Abschnitt III.1. noch zurückzukommen).

Probleme der Konstitution des gesellschaftlichen Lebensprozesses werden ausgeblendet, zumindest vernachlässigt. Die Kategorie „Sinn" bzw. „intentional-sinnhaftes Handeln" steht unter Metaphysik-Verdacht; ebenso die transpersonale Faktizität des Sozialen. Alles soll und muss auf die Beobachtungseinheit „Individuum" rückführbar sein. Kennzeichen und Selbstbeschreibung zugleich: **Methodologischer Individualismus**. D. h., alle sozialen Phänomene müssen in Form von hypothetischen Aussagen über das Verhalten einzelner Subjekte formuliert und analysiert werden können. In einem entsprechend unterkomplexen Beispielsatz ausgedrückt: „Individuen reagieren in Situationen, die von ihnen als Bedrohungssituationen wahrgenommen werden, mit Flucht aus der Situation.“ Anders, Aussagen über soziale Erscheinungen und Vorgänge werden an Beobachtungsdaten zurückgebunden, die am Verhalten von Einzelindividuen gewonnen wurden. Diese Beobachtungsdaten werden summiert bzw. aggregiert und in Protokollsätzen festgehalten. Die Idee einer transpersonalen Faktizität und Wirkmächtigkeit des Sozialen wird, in strikt nominalistischer Manier, als metaphysisches Konstrukt verworfen.

Von den Anfängen der modernen Sozialwissenschaften an haben die Objektivisten den Zustand beklagt, dass die Wissenschaften vom Sozialen noch in den Kinderschuhen steckten. Von diesem Gemeinplatz aus wird bis heute als Rezept fürs Erwachsenwerden der Sozialwissenschaften empfohlen, den Naturwissenschaften mit aller Kraft nachzueifern und nach empirisch unterkellerten allgemeinen Gesetzen des Sozialen Verhaltens (Social Behavior als Aggregierung von Daten des individuellen Verhaltens) zu streben.

Favorisierter erkenntnis- bzw. epistemologischer Modus: erklären. Epistemologisch? – επιστήμη/epistaemae ist zu übersetzen mit Wissenschaft. Heraus kommen nicht selten Gemeinplätze, Tautologien. Der Traum von der sozialwissenschaftlichen Weltformel ist offenkundig immer noch nicht ausgeträumt. (Zur vertiefenden Rezeption des Methodologischen Individualismus empfiehlt sich: Karl-Dieter Opp: Methodologie der Sozialwissenschaften. Einführung in Probleme ihrer Theoriebildung und praktischen Anwendung, 6. Aufl., 2005.)

2. Evolutionistische Erkenntnisstrategien

Evolutionistisches Denken reicht bis in die aristotelische Antike zurück. Es zieht sich wie ein grüner Faden durch die okzidentale Philosophiegeschichte. Im Hintergrund steht ein „telokliner Naturbegriff“ (Helmuth Plessner), wonach Sein, Natur und Welt auf die Erfüllung eines inneren Gesetzes hin angelegt seien. Der ältere philosophische Evolutionismus ist vom Gedanken der **Entelechie** getragen, wonach die Entwicklung allen Daseins ihr Ziel in sich berge: vom Anorganischen zum Organischen, von der Natur zum Geist, vom Einfachen zum Komplizierten, kurz: vom Niederen zum Höheren. Evolutionistisches Denken ist von Anfang an mit der Idee von Evolution als Dynamik der **Differenzierung** verknüpft.

Zur Mitte des 19. Jahrhunderts, im Zeichen des rapiden Aufstiegs und Prestigegewinns der Naturwissenschaften und zumal der Entdeckungen des britischen Naturforschers Charles Darwin (1809–1882), erlebt das evolutionistische Denken eine eminente Renaissance. Es beginnt, auf alle Wissenschaftsdisziplinen auszustrahlen. Die Vorstellung, alle Entwicklung gehorche dem Gesetz des Aufstiegs vom Niederen zum Höheren, gibt dem älteren Aufklärungsoptimismus neuen, ungeahnten Auftrieb. Der Fortschrittsglaube wird zur neuen Religion, zumal in den Natur-, Technik- und Ingenieurwissenschaften.

Mit Darwins Paradigma der Bildung der Arten bzw. Artenvielfalt durch **Auslese** („Zuchtwahl"), mit der konzeptiven Idee der Selektionsvorteile als Bedingung aller Evolution, bricht sich eine neue Erkenntnisstrategie Bahn, die bis heute, namentlich in der modernen Systemtheorie, in Kraft ist. Der neuzeitliche Evolutionsimus setzt eine Reihe von Kontroversen und Dynamiken frei.

- Da ist zum einen der ideologische Kriegsschauplatz: Evolutionstheorie versus Schöpfungslehre. Auffällig, dass die Frage nach dem Ursprung des Lebens nicht nur in der Theologie sondern gerade auch im Bannkreis evolutionistischen Denkens zu einer idée fixe gerinnt; die Nachhutgefechte sind etwa in den USA bis heute virulent.

- Zum anderen aber setzt der neue Evolutionismus eine Dynamik frei, von der das westliche Denken und die okzidentalen Wissenschaften bis heute tangiert sind. Das evolutionistische Paradigma: „Vom Niederen zum Höheren" hat seinerzeit zumal in den diversen Humanwissenschaften ganz erheblich das okzidentale Selbstbewusstsein gesteigert, und zwar bis zur imperialistischen Überlegenheitsideologie. Demnach sei der Gang der Weltgeschichte der von den „niederen zu den höheren Rassen"; und das Telos der Geschichte allen Lebens habe sich im Engländer als finaler Gestalt des Homo sapiens und in der liberalistischen Auslese-Konkurrenz als höchster Form menschlichen Daseins erfüllt.

Am allemal voluminösen Werk, am Wissenschaftsprogramm Herbert Spencers (1820-1903), mithin Zeitgenosse von Charles Darwin, wird nicht nur die triumphalische Renaissance des Evolutionismus sichtbar, sondern auch dessen zentrale Kennzeichen sinnfällig, zumal mit Blick auf die jüngere Geschichte der Theorien **sozialer Evolution**. Von Spencers Werk und Denken gilt heute: wenig und ungern zitiert, aber anhaltend wirkmächtig, in den Systemtheorien nicht weniger als in den Globalisierungstheorien.

Spencer hat gleichsam ein umgreifendes System der Entwicklungsgesetze visiert: Entwicklungsgesetze des anorganischen, des organischen und schließlich des „über-organischen" Lebens. Menschliche Gesellschaften werden zum Bereich des „über-organischen" Lebens gerechnet. Spencers Entwurf der Sozialwissenschaften als Theorie sozialer Evolution operiert im Ansatz mit der Analogiebildung zwischen Organismus und Gesellschaft. Derzufolge gelte für Organismen wie für Gesellschaften:

1. die Gemeinsamkeit des Wachstums;
2. die Zunahme von Differenzierung und Komplexität;
3. die fortschreitende Differenzierung der Strukturen im Zuge einer fortschreitenden Auffächerung der Funktionen;
4. die Zunahme von Systembildung durch fortschreitende Differenzierung; d. h., Zunahme der wechselseitigen Abhängigkeit der Einzelelemente voneinander.

Allerdings konstatiert Spencer eine zentrale Differenz zwischen Organismus und Gesellschaft, zwischen organischer und sozialer Entwicklung: Während auf der Ebene der organischen Systeme das differenziell-funktionale Zusammenwirken der Einzelteile den Bestand und die Erhöhung des Wohls des Ganzen befördere, diene die zunehmende Differenzierung, Systembildung und Komplexitätssteigerung auf der Ebene der „über-organischen" Systeme, also auf der Stufe der menschlichen Vergesellschaftung, der Steigerung des Wohls des Einzelnen:

> *„The society exists for the benefit of its members; not its members for the benefit of the society".*

Spencer konzeptualisiert recht eigentlich ein Paradigma der Individualisierung, benennt freilich offen dessen Implikat: Soziale Evolution ist gesteuert von stetigen Selektions- und Ausleseprozessen („Survival of the fittest") – Emblem des Fortschritts.

Es rechnet Darwin zur Ehre an, dass er die schlichte Übertragung seiner Theorie der Selektionsvorteile auf die Ebene des gesellschaftlichen Lebens der Menschen für problematisch, wenn nicht unzulässig hielt; weshalb es korrekt ist, statt von Sozialdarwinismus von Sozialspencerismus zu sprechen (vgl. Ergänzungsliteratur: Heckmann, Friedrich/Kröll, Friedhelm, „Einführung in die Geschichte der Soziologie", 1984).

Jedenfalls hat die Spencersche Version des Evolutionismus in der Folge dazu geführt, den okzidental-imperialen Blick auf die außerokzidentalen Kulturen und Formen der Vergesellschaftung weiter auszuprägen; sinnfällig an Formeln wie „primitive Gesellschaften bzw. Kulturen" oder gar „Naturvölker" und dergleichen (vgl. Abschnitt III.2.2. Kultur).

Mit Bezug auf evolutionistische Erkenntnisstrategien sind für das Verständnis der sozialwissenschaftlichen Gegenwartsszenerie diese kennzeichnenden Merkmale herauszustellen.

Evolutionistische Konzeptbildungen tendieren:

1. zu einer **objektivistischen** Sichtweise auf den gesellschaftlichen Lebensprozess; Modell: Beobachtung von außen;

2. zu einer **Linearisierung** der Evolution von der anorganischen über die organische bis zur sozialen Evolution;

3. zu einer **Naturalisierung** menschlicher Vergesellschaftungsprozesse, insofern als bis dato insgeheim oder explizit die Biologie, zumal die systemtheoretisch ansetzende, als die Leitwissenschaft für sozialwissenschaftliche Theorien der sozialen Evolution gilt;

4. zu einer Paradigmenbildung mit dem Ziel, **allgemeine Gesetze** für die „organisierte Materie" zu finden und zu konzeptualisieren, ganz im Sinne des Spencerschen Postulats: Aufstellung eines „allgemeinen Gesetzes", das für alle Organismen, einschließlich Gesellschaften, gilt – a sort of Global Theory;

5. zu einem spürbaren **deterministischen** Denken, das für die Figuration des menschlichen Subjekts und seiner verändernden Praxis keinen oder kaum Spielraum lässt; d. h. Handlungstheorie mehr oder weniger in Systemtheorie aufgehen lässt.

Anzumerken ist freilich, dass es zwischen dem älteren, dem Spencerschen Evolutionismus und den neuen Paradigmen sozialer Evolution zumindest einen gravierenden Unterschied gibt: Die aufklärungs-optimistische Formel vom Fortschritt ist, wenn nicht verschwunden so doch, an den Rand gedrängt und ersetzt worden von Diskursvokabeln wie Entwicklung, Differenzierung und zumal von der Leerformel „Zukunft".

- Zuletzt gilt es hervorzuheben:
  Die These bzw. das universelle Gesetz von der gleichsam unaufhörlichen Differenzierung wird bereits vom Vater der modernen sozialwissenschaftlichen Evolutionstheorien, Herbert Spencer, mit einem komplementären Zusatz versehen: Soziale Evolution bezeichnet eine Doppelbewegung:

  - rastlose **Differenzierung** des vordem Homogenen,
  - bei gleichzeitig zunehmender **Interdependenz** der sich ausdifferenzierenden Teilmomente, d. h. der wachsenden Abhängigkeit der Elemente voneinander. In den gegenwärtigen Globalisierungs- und Medialisierungsdiskursen tritt dieser Vorgang in der Formel von der „Vernetzung" ans Licht.

Weiters, Differenzierung und Interdependenz, d. h. Zunahme von Komplexität und Vernetzung einerseits und systembildende Reduktion von Komplexität andererseits, stellen sich als prozedierende Resultate erfolgreicher Anpassung der Menschen, der Menschheit an ihre Umwelt dar, gleichsam die Grundfigur der Globalisierung. Ist für den Begründer der Soziologie, Auguste Comte, die **Physik**, so ist für den Patron des sozialwissenschaftlichen Evolutionsparadigmas, Spencer, die **Biologie** das Leitmodell für die modernen Sozialwissenschaften. Gerade auch in den modernen Systemtheorien sind biologische Analogie-Bildungen virulent. Charakteristisch für Evolutions- und Systemtheorien ist die Tendenz zum Typus „subjektloser Sozialwissenschaften". An die Stelle der Praxis des menschlichen Subjekts als Angelpunkt der Erkenntnisstrategie tritt nunmehr das System und dessen Autopoiesis (ποιεῖν/poiein: machen) als Angelpunkt der Selbsterzeugung des gesellschaftlichen Lebensprozesses. Oder anders: An die Stelle der anthropologischen Fundierung der Sozialwissenschaften tritt die systemtheoretische.

Festzuhalten ist: Von den älteren Evolutionstheorien, von Spencer, sind wesentliche Fragen zu den Phänomenen der sozialen Dynamik und der sozialen Statik, zum Verhältnis von sozialer Struktur und sozialer Funktionen, von sozialer Differenzierung und sozialer Integration aufgeworfen worden. Zu betonen aber ist auch, von den evolutionstheoretisch inspirierten neueren Systemtheorien ist jedweder ältere Gedanke an einen Finalismus verabschiedet worden. **Abschied vom Finalismus**, im Übrigen in den Sozialwissenschaften wesentlich von Emile Durkheim um 1900 mitvollzogen, meint: Die Evolution, die Dynamik von Differenzierung und Interdependenz, die Entwicklung vom Einfachen zum

Höheren, wird nicht mehr in der Perspektive eines profanierten Heilsplan-Geschehens interpretiert. Die Idee des Telos, des Endziels ist längst von einem Open End abgelöst worden. (Zur Erstorientierung: Dietrich Rüschemeyer: Spencer und Durkheim über Arbeitsteilung und Differenzierung: Kontinuität oder Bruch? In: Niklas Luhmann (Hg.), Soziale Differenzierung. Zur Geschichte einer Idee, 1985).

[Auf den Evolutionsgedanken ist unter dem terminologischen Stichwort „Konflikt und Wandel" zurückzukommen; Abschnitt III.5.]

3. Strukturfunktionalistische Erkenntnisstrategien

Obgleich der Strukturfunktionalismus als Gegenbewegung zum Evolutionismus auf den Weg kommt, machen sich auch dort naturwissenschaftliche, in Sonderheit biologische Modellvorstellungen geltend; und zwar in der Weise, dass Gesellschaften in Analogie zu mehr oder weniger komplexen Organismen vorgestellt werden. Allerdings verschiebt sich der Akzent: Nicht Entwicklung steht im Brennpunkt der Aufmerksamkeit, vielmehr richtet sich bei den strukturfunktionalistischen Konzepten das Interesse auf das **Funktionieren** eines gesellschaftlichen Ganzen. Dementsprechend rückt namentlich im soziologischen Strukturfunktionalismus das Problem der soziokulturellen Eingliederung der Individuen, der Neugeborenen in den Vordergrund. D. h., Theorien der **Sozialisation und Enkulturation** begleiten zusehends die strukturfunktionalistische Erkenntnisstrategie.

Mit der Leitfrage: Wie ist soziale Ordnung möglich?, Spezifikation der Frage: Wie ist Gesellschaft möglich?, gehen die strukturfunktionalistischen Programme wesentlich über den älteren Evolutionismus hinaus. Wiewohl also in der strukturfunktionalistischen Erkenntnisstrategie noch evolutionistisches Erbe mitgenommen wird, kommt es zu einer entscheidenden Wende, die gleichbedeutend ist mit einer Fundierung der Sozialwissenschaften auf der Grundlage der Betonung der **Eigenart des Sozialen**.

Das spezifisch Soziale soll nicht länger als evolutionärer Wurmfortsatz der Naturgeschichte betrachtet werden. Die Wende zum funktionalistischen und strukturalistischen Denken in den seinerzeit, um 1900, noch recht jungen Sozialwissenschaften kann auf die Formel gebracht werden:

- Entnaturalisierung, d. h. **Kulturalisierung** der sozialwissenschaftlichen Denkweise.
  Anders ausgedrückt:
  Die Sozialwissenschaften konstituieren sich paradigmatisch entlang der vordem von Hegel entfalteten Idee, wonach das menschliche, das gesellschaftliche Leben zwar eingründet in die äußere und innere, leibliche Natur der Menschen, aber im Wege des tätigen Stoffwechsels mit der Natur (Marx), im Wege von Arbeit und Praxis eine „Zweite Natur" begründet. Zweite Natur meint: Kultur, Gesellschaft, Persönlichkeit als Kunstprodukte des menschlichen Handelns.

Just in diesem weltgeschichtlichen Prozess der Bildung und Ausdifferenzierung einer Zweiten Natur, schon während der Anthropogenese stets und unabdingbar verschränkt mit der ersten Natur, bilden sich **Formen** des gesellschaftlichen Lebens aus, werden **Strukturen** der Arbeit und des Handelns, der Kooperation, Interaktion und nichtsprachlich-signalförmigen sowohl wie sprachlichen Kommunikation auskristallisiert. Gesellschaftliches Leben als Zweite Natur vollzieht sich in **Cultural Patterns**, in sinnhaft geordneten und gedeuteten Formen und Bahnen; das gesellschaftliche Leben der Menschen bewegt sich in symbolischen Formen und sinnhaften Bezügen, in kulturell strukturierten Sinnwelten, die nicht als Ausfluss der Natur sondern als Produkt der menschlichen Praxis zu begreifen sind.

An den Gedanken der Bildung soziokultureller Strukturen knüpft sich im Strukturfunktionalismus die konzeptive Idee der **sozialen Funktionen**. Im Grundriss bezeichnet: Um jene Strukturen der sozialen Existenz der zu Kollektiven, Gruppen und Gesellschaften vergesellschafteten Menschen zu gewährleisten, bedarf es verschiedener Funktionen und Funktionskreise, die erfüllt werden müssen. **Struktur** und **Funktion** sind im Strukturfunktionalismus kovariant aufeinander bezogen und rückbezogen auf die Idee der **Bestandsgarantie** sozialer Ordnung, sei es der von Kleingruppen, Gruppen oder ganzer Gesellschaften.

Kurz, im strukturell-funktionalen Denken wird der Eigenart des Sozialen von Grund auf Rechnung getragen, insofern Gesellschaft, Kultur, Polis und öffentliches Leben nicht länger als bloße Verlängerung, als evolutionäre Fortschreibung der natural-animalischen Lebensform interpretiert werden, sondern als Resultat und Ausdruck menschlicher Arbeit, Praxis und nicht zuletzt anpassungsfähiger Flexibilität.

Weil Gesellschaft, Kultur und Person künstliche Gebilde auf naturaler Basis darstellen, bedürfen sie einer spezifischen, einer genuinen

Weise der wissenschaftlichen Erkenntnis. Der Eigenart des Sozialen kann nur eine dieser Eigenart entsprechende Betrachtungsweise gerecht werden: eben einer sozialwissenschaftlichen.

Genuin sozialwissenschaftlich heißt hier, im **Strukturfunktionalismus**:

1. Das Soziale ist nicht reduktionistisch, nicht geradewegs zurückführbar aufs Naturale. Die **Zweite Natur**, Kultur, Gesellschaft und Person, besitzen ihre eigenen, von den Naturprozessen und Naturgesetzen aparten Strukturen und Funktionskreise. Im Übrigen, spätestens mit Aristoteles, Physik- und Sozialtheoretiker in einem, ist die Absonderung der sozialwissenschaftlichen von der naturwissenschaftlichen Perspektive in nuce durchgeführt und begründet. *Kultureller Kosmos.*

2. Das Soziale ist nicht reduktibel auf das Individuelle, auf das einzelmenschliche Verhalten. Vielmehr ist das individuelle Leben einzig rekonstruierbar aus den Strukturen und Funktionskreisen des gesellschaftlichen Lebens, eines **sozialökonomischen** und **soziokulturellen Ganzen**. *Sozialstruktureller Kosmos.*

3. Strukturen und Funktionen bedingen sich zwingend. Sie bilden **überindividuelle** Formen, worin sich das Leben der Individuen bewegt, vollzieht, worin es bewältigt wird. *Normativer Kosmos.* (Auf die Begriffe „Struktur" und „Funktion" ist in Abschnitt III.3. „Sozialwissenschaftliche Terminologie" noch gesondert einzugehen).

Wie eingangs notiert, formieren sich strukturfunktionale Denkweisen um 1900, quer durch die seinerzeit noch jungen sozial- und kulturwissenschaftlichen Disziplinen, als Widerpart zum evolutionistischen Denken des 19. Jahrhunderts. Für die Ausprägung des strukturfunktionalistischen Denkens seien drei Forschernamen exemplarisch genannt: die kulturanthropologischen Theoretiker und Feldforscher Alfred Reginald Radcliffe-Brown (1881–1955) und Bronisław Malinowski (1884–1942) sowie Emile Durkheim (1858–1917), einem der wesentlichen Mitbegründer der Soziologie als Einzelwissenschaft im universitären Gefüge der Kultur- und Sozialwissenschaften.

Nicht nur, aber besonders sinnfällig an der Werkgeschichte Durkheims lässt sich die Wende vom evolutionistischen zum strukturfunktionalistischen Denken ablesen: vom Naturalismus zum Kulturalismus, im engeren Sinne: Soziologismus; vom Fokus der Entwicklung zu dem der Ordnung. (Zur Werkbiografie Durkheims sei empfohlen: René König: Emile Durkheim zur Diskussion. Jenseits von Dogmatismus und Skepsis, 1978).

Im Zuge einer Einführung in die „Grundlagen sozialwissenschaftlicher Denkweisen" sind nicht so sehr die einzelnen Forschungsresultate Durkheims, späterhin erweitert, kritisiert, relativiert und dementiert, von Belang, sondern die von ihm begründete Erkenntnisstrategie. Dass Durkheims Entwurf der Sozialwissenschaften politisch-gesellschaftliche Hintergründe hat, in den Problemen, anomischen Tendenzen und Krisen der Moderne, des Umbruchs der französischen Gesellschaft von der Tradition zur Moderne eingründet, dass Durkheims Denkweise beeinflusst ist von der spezifischen ökonomisch-politischen Strukturierungsgeschichte der französischen Gesellschaft, sei hier außer Acht gelassen.

Bahnbrechend und folgenreich ist Durkheims Grundlegung der Sozialwissenschaften an der Wende vom Evolutionismus zum Strukturalismus, eine Wende, die er in seinem eigenen Werkprozess vollzieht. (Vgl. E. Durkheim: „Über soziale Arbeitsteilung. Studie über die Organisation höherer Gesellschaften, zuerst 1893; dt. 1977).

Durkheims Interesse richtet sich:

- erstens auf das Problem der **Stabilität** gesellschaftlicher Ordnungen;

- zweitens, damit engstens verknüpft, auf den Sachverhalt des **überindividuellen** Charakters der sozialen Wirklichkeit;

- drittens, hieraus sich ergebend, auf das Problem der **Normativität** des gesellschaftlichen Lebens, der Strukturen normregulierten Verhaltens und Handelns.

Zusammengenommen ergeben diese Problemdimensionen eine neue Blickweise auf die Eigenart des Sozialen. In den Mittelpunkt rückt die **soziale** Grammatik der Elementarformen des gesellschaftlichen Lebens:

die Strukturen von Normen und Sprache, von Kultur und Kommunikation,
und nicht zuletzt: die Strukturen des Rechts, der rechtsförmigen Verfasstheit von Gesellschaften.

Durkheims Denkweise und Konzeptualisierung der Sozialwissenschaften ist dort noch schulbildend gewesen, wo seine Forschungsergebnisse heftig kritisiert worden sind.

Durkheims Denkweise hat entscheidenden Einfluss gehabt

- auf die strukturfunktionalistische Kulturanthropologie von Radcliffe-Brown, die wiederum auf die Theoriebildung in der Soziologie zurückgewirkt hat;

- auf die strahlungskräftige „Strukturale Anthropologie", auf das Werk von Claude Lévi-Strauss. Hierbei ist anzumerken, dass die strukturalistische Denkweise, die konzeptive Idee universeller Strukturen des zwischenmenschlichen Verkehrs, des Sprechens, dass die Idee einer regulativen Grammatik, Supra- und Tiefenstruktur des gesellschaftlichen Lebens in einem, kurz: dass das strukturalistische Denken wesentliche Impulse von der **Soziolinguistik** erhalten hat;

- auf den soziologischen Strukturfunktionalismus, für den vor allem das Werk von Talcott Parsons steht. Hier wiederum ist erwähnenswert, dass der spätere Strukturfunktionalismus wesentliche Impulse erfahren hat von der Maschinenkybernetik, d. h. von der Theorie über „selbstgeregelte Systeme". (Zum Struktur und Systembegriff sei empfohlen der instruktive Sammel band „Der moderne Strukturbegriff. Materialien zu seiner Entwicklung", hrsg. von Hans Naumann, Darmstadt 1973).

● Was den sozialwissenschaftlichen, im engeren Sinne soziologischen Strukturfunktionalismus angeht, so hebt Parsons Werk mit einer Kombination von Handlungstheorie und Strukturtheorie an. Sein schulemachendes Werk von 1951 trägt den bezeichnenden Titel: „Toward a General Theory of Action". Es geht dabei um den Versuch einer integralen, umgreifenden, auf universelle Gültigkeit zielende Sozialtheorie. Fokussiert ist diese Sozialtheorie um das Problem der **Stabilität** sozialer Ordnungen, um die funktionale Beschreibung von Erziehung, Verhalten und Handeln mit Blick auf gesellschaftlichen Konsens und Homöostase, d. h. um eine Gesellschaft im Gleichgewicht. Nach Parsons haben Gesellschaften bzw. soziale Systeme vier strukturelle Grundprobleme zu lösen bzw. vier funktionalen Imperativen zu gehorchen:

1. Anpassung an die Systemumwelt (Adaption)
2. Zielerreichung (Goal-Attainment)
3. Soziale Kontrolle und Rechtsnormierung (Integration)
4. Kulturelle Bindung und Spannungsmanagement (Latent Pattern Maintenance).
   (Parsons Modell hat sich unter dem Markenzeichen AGIL-Schema eingebürgert.)

Strukturfunktionalismus im Sinne Parsons heißt: Kulturelle Objekte, soziale Erscheinungen, Verhalten und Handeln werden auf ihren funktionalen Beitrag für die Stabilität, für das Gleichgewicht, für den Konsensus innerhalb eines Gesellschaftssystems analytisch befragt und mithin bewertet.

- Im weiteren Verlauf der Ausarbeitung seiner Sozialtheorie verschiebt sich der Akzent vom handlungstheoretischen Ansatz zusehends zur **systemtheoretischen** Modellbildung. Hierbei macht sich zunehmend der Einfluss des kybernetischen Denkens, die Modellierung von Gesellschaftsordnungen nach dem Bild sich selbst erzeugender und sich selbst regulierender Sozialsysteme geltend. Eine instruktive Darstellung der mit 1948 einsetzenden „Kybernetisierung“ der human- und sozialwissenschaftlichen Denkmodelle bietet die Publikation von Michael Hagner und Erich Hörl (Hrsg.): „Die Transformation des Humanen“. Beiträge zu einer Kulturgeschichte der Kybernetik, 2008. Sinnfällig bereits in dem von Parsons zusammen mit N. J. Smelser verfassten Werk aus dem Jahre 1956 „Economy and Society“.
  Während in der ersten Phase des Parsonsschen Strukturfunktionalismus Handeln wesentlich unter dem funktionalen Gesichtspunkt des Stellenwerts für die gesellschaftliche Stabilität und den kulturellen Konsens verhandelt wird (Sozialintegration), rückt der Handlungsaspekt in der späteren, zweiten Phase der Entwicklung seiner Sozialtheorie sukzessive in den Hintergrund zugunsten des Primats der Idee sich selbst steuernder Systeme (Systemintegration). Der Strukturfunktionalismus transformiert sich fortschreitend in **Systemtheorie**.
  Parsons ausstrahlungskräftige Sozialtheorie hat sowohl Kritiker als auch Fortsetzer gefunden. Die sozialwissenschaftliche Kritik an

Parsons hat sich zum einen auf den Sozialkonformismus und zum anderen auf die Vernachlässigung des Aspekts sozialer Veränderung konzentriert. (Auf die Aspekte **Konflikt** und **Wandel** wird im Rahmen der „Sozialwissenschaftlichen Terminologie", Abschnitt III.5., näher eingegangen.)
Fortsetzung hat Parsons, insbesondere in Anknüpfung an dessen zweite, sozusagen kybernetische Phase, in der inzwischen nicht minder strahlungsbreiten systemtheoretischen Soziologie Niklas Luhmanns gefunden. Hatte der Strukturfunktionalismus schon die Neigung zur Favorisierung von Ordnungsschemata, zum Klassifizieren, zum Rubrizieren, d. h. zur Formalisierung der Sozialtheorie – die Karriere des Wortes „Patterns", „Muster", legt hiervon Zeugnis ab –, so wird im Werk Luhmanns die Formalisierungstendenz noch radikalisiert. Mit der Verknüpfung von Modellen einer systemtheoretisch fundierten Biologie mit Modellen der Kybernetik verwandelt sich der Strukturfunktionalismus sukzessive in funktionalistische Systemtheorie. Die Tendenz weist auf Sozialtheorie vom Typus subjektloser Sozialwissenschaften.

Luhmanns **systemtheoretische Soziologie** übernimmt von den älteren Beständen der sozialwissenschaftlichen Denkweisen:

- *erstens* den Primat des Standorts des **Beobachters** – Beobachten heißt: Unterscheiden und Bezeichnen;

- *zweitens* den Primat des **Ganzen** über das Einzelelement; Luhmann schließt sich der Kritik Parsons am Behaviorismus, am „methodologischen Individualismus", der beim Verhalten des Einzelmenschen ansetzt, an;

- *drittens* den Primat des **Systems** vor dem Handeln, indem er Parsons Formel „Action is system" aufgreift und unterstreicht;

- *viertens* den Primat des Systems vor dem Subjekt des Handelns. In Luhmanns Worten: „was früher ein Subjektprivileg war, ist jetzt Merkmal des Systems schlechthin". D. h., nicht mehr das handelnde Subjekt steht im Zentrum der Beobachtung und Theoriebildung sondern das System in Aktion. Er spricht von einer „theoretischen Entscheidung, nach der der Mensch im Sinne eines biologisch und psychologisch individualisierten Lebewesens nicht zum sozialen System, sondern zur Umwelt des sozialen Systems gehört". Damit ist die Umstellung der Grundlagen der Sozialwissenschaften von der **Anthropologie** auf die **Systemtheorie** vollzogen;

- *fünftens*, ganz in der Linie des Parsonsschen Strukturfunktionalismus visiert Luhmann eine **universalistische** Theorie;

- *sechstens*, in merklicher Abhebung vom älteren, auf Statik gepolten Strukturfunktionalismus revitalisiert die Luhmannsche Sozialtheorie Denkmotive der Darwinschen **Evolutionstheorie**, insofern die Theorie offener Sozialsysteme darauf aus ist, den Aspekt der Veränderung von Systemen und Strukturen einzubeziehen. Ausdrücklich nimmt Luhmann Bezug auf die „darwinsche Unterscheidung von Variation, Selektion im Sinne von Strukturveränderung und Stabilisierung oder Restabilisierung", um die historische Dimension, die er gleichsetzt mit „Entwicklung struktureller Komplexität" zu konzeptualisieren. Wird bei Darwin die Denkfigur der „Selektionsvorteile" für die **Arten** von Lebewesen in Anschlag gebracht, so bei Luhmann für die sozialen **Systeme**.
  (Zum Einstieg in die systemische Sozialtheorie Niklas Luhmann: „Einführung in die Systemtheorie", 2. Aufl., 2004)

Für diese Variante sozialwissenschaftlicher Erkenntnisstrategie ist kennzeichnend, dass der gesellschaftliche Lebensprozess im Sinne bzw. nach dem kybernetischen Muster sich selbstregelnder, selbstreferenzieller Systeme interpretiert wird; und dass demzufolge die gesellschaftlichen Individuen der Tendenz nach als eine quantité négligeable, als eine vernachlässigenswerte Größe betrachtet werden. Dem Modell selbstgeregelter Systeme entspricht das subjektloser Sozialwissenschaften.
Diskursvokabeln wie „Feedback" oder „Input/Output", längst in die Alltags-, die Umgangssprache eingewoben, markieren den Siegeszug kybernetisch-informationstheoretischer Sicht-, Sprech- und Denkweisen. Schlüsselfiguration: die quasi-automatische, an Lernvorgänge von Systemen gebundene „Rückkoppelung" von Informationen in der Perspektive einer Selbstoptimierung von Systemen. Der Ausdruck „Kybernetik" leitet sich von dem griechischen Wort κῦβερνάειν – kybernaein – steuern, leiten, lenken ab; κυβερνητήρ –

Kyberneter bezeichnet den „Steuermann". Die Pointe von heute jedoch besteht geradezu in der Umkehrung: Soziale Systeme sind in der (sozialwissenschaftlichen) Systemtheorie als dynamische Gebilde nachgerade ohne Steuermann vorgestellt.
Diesseits der vielen Ausprägungen und Spielarten strukturfunktionalistisch-systemtheoretischer Erkenntnisstrategien in den Sozialwissenschaften lassen sich einige Charakteristika herausheben:

1. Strukturfunktionalismus formt sich als Gegenbewegung zum Evolutionismus aus, ohne evolutionistische Denkelemente (Organismus- und Selektionsmodelle) vollends auszublenden.

2. Der strukturfunktionalistischen Denkweise eignet eine Überbetonung bis hin zur Hypostasierung des Sozialen, der sozialen Strukturen als überindividuelle Wirklichkeit. (Übermacht und Tiefenmacht der Strukturen von Normen, Sprache, Recht, Hierarchien, Herrschaft). [Auf den Aspekt der **Herrschaft** wird im Rahmen des Abschnitts „Sozialwissenschaftliche Terminologie", Abschnitt III.4.2., eingegangen].

3. Dem strukturfunktionalistischen Denken wohnt die Tendenz zur Betonung bzw. Überbetonung des Gesichtspunktes der Systemerhaltung, der Stabilität und Ordnung inne; unter Vernachlässigung der Aspekte Konflikt und Wandel. Dieser Konformismus-Tendenz respondiert die Abwertung von Wandlungsbestrebungen als Devianz.

4. Strukturfunktionalistisch-systemtheoretisches Denken gehört zum Typus holistischer Betrachtungsweisen von Gesellschaften und sozialen Systemen. D. h., die Perspektive des gesellschaftlichen Ganzen, hegelianisch gesprochen: die „Totalität" hat eindeutig Vorrang.

5. Die Konzeptualisierung von Theorie und Forschung erfolgt im Strukturfunktionalismus wesentlich in der Perspektive des Beobachters. Aus der Beobachtungsperspektive werden soziokulturelle Erscheinungen registriert und auf deren funktionalen Stellenwert für ein strukturiertes gesellschaftliches Ganzes hin interpretiert. Hierbei werden der funktionalen Analyse in der Regel Axiome über die notwendigen Bedingungen des Bestandes,

des Erhalts und der Reproduktion von Gesellschaften und Sozialsystemen vorausgesetzt. D. h., supponiert werden funktionale Imperative der Stabilität, woraus sich eine Tendenz zur Legitimation des Status quo der jeweiligen Ordnungen ergibt.

6. Strukturfunktionalistische und insbesondere systemtheoretische Denkweisen tendieren zur Konzeptualisierung „subjektloser Sozialwissenschaften", insofern als der Aspekt der handelnden Menschen, zumal deren verändernde Praxis zugunsten der Eigenlogik von Strukturen und Systemen, der Grammatik der Elemente, vernachlässigt wird.

4. Pragmatistische Erkenntnisstrategien

Anders als Strukturfunktionalismus und Systemtheorie setzt die pragmatistische Erkenntnisstrategie, wie der Name bereits verrät, am menschlichen Handeln an und rückt die Konzeptualisierung des sozialen Handelns ins Zentrum ihrer Bemühungen. **Pragma** leitet sich vom griechischen Tätigkeitswort πράττειν (prattein) ab und ist zu übersetzen mit „machen, tun". Das Hauptwort Pragma bezeichnet sowohl das Tun wie das Getane, also die Handlung sowohl wie deren Objektivation, das Handlungsresultat (im Plural: die gesellschaftlichen Verhältnisse).

Demgegenüber steht das ebenfalls vom Tätigkeitswort prattein abgeleitete Hauptwort **Praxis** nur für den Handlungsvorgang, die Tat; konzeptiv zurückgebunden an die Vorstellung von Handlungssubjekten, sprich: zurechnungsfähigen, in der Sprache des Rechts: schuldfähigen Individuen.

Pragmatismus als eigenkonturierte Philosophie bzw. Philosophie des Sozialen ist wesentlich ein buchstäblich eigentümliches Gewächs der US-amerikanischen Geistes- und Wissenschaftsgeschichte, ausgeformt während der zweiten Hälfte des 19. Jahrhunderts. (Immer noch als gute Einführung empfehlenswert: Ludwig Marcuse, Amerikanisches Philosophieren, 1959).

Sozialwissenschaftliche Gestalt hat der Pragmatismus im Werk von George Herbert Mead (1863–1931) angenommen, der jahrzehntelang an der University of Chicago gelehrt hat, weshalb das Theorieprogramm Meads, verzeichnet unter dem Titel „Symbolischer Interaktionismus", gerne mit dem Markenzeichen „Chicago School" versehen wird. Die unter diesem Namen prominent gewordene US-amerikanische Denkschule moderner Sozialtheorien umfasst freilich neben Mead noch einige andere herausragende Vertreter sozialwissenschaftlichen Denkens.

Die ortsbezogene Namensbezeichnung **Chicago School** weist darauf hin, dass die pragmatistische Sozialphilosophie und Sozialtheorie in Gestalt des „Symbolischen Interaktionismus" fraglos mit den Problemlagen und Bewältigungsstrategien einer Kultur der Migration und Mobilität in Zusammenhang steht. **Chicago**: Ort und Chiffre für ein sozial exemplarisches Lebens-, Experimentier-, Problem- und Forschungsfeld; Chiffre für eine Kultur der Aktion und Migration. Die Chicago-School ist späterhin, nach 1945, von dem dominant werdenden Strukturfunktionalismus namentlich Parsonsscher Provenienz in die Rolle eines minoritären Widerparts gedrängt worden. Während dieser ausgerichtet und fixiert ist auf den Ordo, der sozialen Stabilität, ist der Chicago-School eine Grundorientierung am Prozesshaften, an der Handlungsdynamik menschlicher Vergesellschaftung eigen. Betont wird das Flüssige gegenüber dem Starren, das Spontane gegenüber dem Sturen, die bewegliche Kamera gegenüber dem Stativ.

Das Hauptwerk von Mead stammt aus dem Jahre 1934 und trägt den Titel „Mind, Self and Society. From the Standpoint of a Social Behaviorist"; 1968 erschienen unter der nicht ganz geglückten Titelübersetzung: „Geist, Identität und Gesellschaft – aus der Sicht des Sozialbehaviorismus". [Zur Ergänzung: Meads Vorlesungen an der Universität Chicago aus den Jahren 1910/11, erschienen unter dem Titel „Philosophie der Erziehung", 2008.]

Aufschlussreich ist nun tatsächlich jene **Doppelbedeutung** von Pragma: einmal Tun und zum anderen das Getane, nicht zu verwechseln mit dem, was abgetan ist. Die damit verknüpfte konzeptive Idee besteht darin, dass das Handeln Handlungsresultate erzeugt, die wiederum auf das Handeln zurückwirken. Denkansätze, die im Zeichen pragmatistischer Philosophie des Sozialen operieren, sind der Eigenart des Sozialen als Produkt, als prozedierendes Resultat menschlicher Praxis inne geworden. Sie gehen von der Eigenart des Sozialen als eben „Zweite Natur" aus, die nicht auf die Gesetze und Gesetzmäßigkeiten der ersten Natur reduktibel ist. Anders, pragmatistische Erkenntnisstrategien und namentlich der Symbolische Interaktionismus Meadscher Prägung bewegen sich nachgerade elegant zwischen der Scylla naturalistischer Verkürzung menschlicher Vergesellschaftung und der Charybdes kulturalistischer Vereinseitigung der gesellschaftlichen Lebensprozesse. Vielmehr wird versucht, die Eigenart des Sozialen aus der **Verschrän-**

kung von Natur- und Kulturgeschichte heraus zu rekonstruieren und zu konzeptualisieren. Nicht zuletzt dies hat Arnold Gehlen, auf dessen Philosophische Anthropologie noch einzugehen sein wird, dazu bewogen, die Meadsche Theorie des Sozialen, die Grundfiguren des Symbolischen Interaktionismus, in den überarbeiteten Entwurf seiner handlungstheoretischen Sozialanthropologie und Soziologie einzuflechten (vgl. A. Gehlen: Der Mensch, 13. Aufl., 1986).

Thematisch in der pragmatistischen Erkenntnisstrategie bzw. im Symbolischen Interaktionismus ist die Wechselwirkung, die Wirkung und Rückwirkung, die Dialektik von Handeln und Handlungsstrukturen. (Zur vertiefenden Lektüre der pragmatistischen Handlungskonzeption und Wissenschaftstheorie sei empfohlen: R. J. Bernstein: Praxis and Action, Philadelphia 1971; dt. 1975).

Aber im Unterschied, ja im Gegensatz zur objektivistischen Erkenntnisstrategie, namentlich in der Gestalt behavioristisch-verhaltenstheoretischer Sozialwissenschaften, die unter der Bezeichnung und Selbstbezeichnung „Methodologischer Individualismus" firmieren (siehe Abschnitt I. 1.), weil sie am individuellen Verhalten ansetzen, ist für die pragmatistische Erkenntnistheorie in Gestalt des Symbolischen Interaktionismus nicht das individuelle Verhalten der Schlüssel zum Verständnis des gesellschaftlichen Lebensprozesses. Die Schlüsselkategorie im Symbolischen Interaktionismus ist vielmehr, wie der Name ausweist, der Sachverhalt vorgängiger Intersubjektivität aller Sozialprozesse, d. h. den Schlüssel bildet die **Soziale Interaktion**; genauer: die Sozialität erzeugende Inter-Aktion zwischen den Menschen.

Ins Zentrum der Erkenntnisstrategie rückt das soziale Beziehungen und soziale Verkehrsformen stiftende **kommunikative Handeln** der Menschen. Dabei konzeptualisiert Mead seine Theorie sozialen Handelns, präziser: seine Theorie der sozialen Interaktion von Grund auf und mit Nachdruck in der Perspektive des Lebens der Menschen in kooperierenden Gruppen. Insofern darf der sozialtheoretische Entwurf des Symbolischen Interaktionismus als holistisch angesprochen werden, wenn mit holistisch gemeint ist, dass das Ganze mehr und anderes ist als die aggregierte Summe der Einzelelemente. Ins Auge gefasst wird also das jeweilige soziale Ganze, der jeweilige soziale Kontext, worin Interaktionen geschehen. Der **Social Act** ist demnach ein in komplexe Gruppenaktivitäten und Gruppenbeziehungen eingeflochtenes menschliches Handeln.

- Pragmatistische Erkenntnisstrategien betonen in Sozialtheorie und Sozialforschung den Handlungs- und Kommunikationsaspekt: Soziale Interaktion und Kommunikation als Demiurg, als Baumeister der sozialen, der zwischenmenschlichen Welt. Akzentuiert ist damit das Prozesshafte der Sozialität ebenso wie die gesellschaftlichen Individuen als Aktoren und Stifter des sozialen Lebens.

- Pragmatistische Erkenntnisstrategien sind zentriert um die Idee der **Intersubjektivität** als Dreh- und Angelpunkt der Erzeugung einer symbolisch vermittelten sozialen Welt durch die interagierenden, sich vergesellschaftenden Individuen. Weshalb die Bezeichnung „Symbolischer Interaktionismus" nicht nur für die daran angeschlossenen Theorieprogramme sich eingebürgert hat, sondern zugleich Aufschluss gibt über die Leitidee dieser Erkenntnisstrategie. Wert gelegt wird auf die intersubjektiven Erzeugungsprozesse des Sozialen ebenso wie auf die hieraus hervorgehenden Lebensformen und Symbolstrukturen.

- Zu beachten ist, dass Mead seine pragmatistische Sozialtheorie als **Sozialbehaviorismus** einführt. Das könnte den Verdacht nähren, hier handele es sich um eine bloße Version objektivistischer Verhaltenstheorien. Das aber täuscht. Warum Mead sein sozialtheoretisches Programm als Sozialbehaviorismus beschreibt, hat seinen Grund wesentlich darin, dass er die Enge der introspektiv verfahrenden Bewusstseinsphilosophie überwinden möchte. Sein Ansatz der Intersubjektivität, der sozialen Interaktion ist darauf aus, nicht auf den Standpunkt der mithin alteuropäisch-monadologisch verfassten Erkenntnisstrategie zurückzufallen, bei der das Bewusstsein bzw. die Bewusstseinsakte des Einzelindividuums den Ausgangs- und Angelpunkt der Erkenntnis bilden.
  Mead insistiert also zunächst auf der Beobachterperspektive. Aber es geht ihm um die Beobachtung von Verhalten im sozialen, Sozialität erzeugenden Interaktionszusammenhang. Will sagen: der Blick des Symbolischen Interaktionismus heftet sich weder an das Individualverhalten noch an das Individual-Bewusstsein, will den Standpunkt des Individual-Behaviorismus ebenso überwinden wie den Standpunkt der Individualphänomenologie. Weder das Verhalten des einzelnen, auf Umweltreize reagierenden Organismus, also das Reiz-Reaktions-Schema, noch die monadisch verfasste Bewusstseinsphilosophie sind das Modell. Vielmehr pointiert Mead die **Inter-**

aktion zwischen mindestens zwei Organismen, die aufeinander reagieren und sich zueinander verhalten. Aufeinander reagieren und *sich* zueinander verhalten impliziert erstens den Aspekt der **Aktivität** und zweitens den Aspekt der **Reziprozität**, und zwar der Perspektiven und Erwartungen.

- Entscheidend nun ist, dass die gesellschaftlichen Individuen nicht unmittelbar, zumindest nicht primär instinktiv aufeinander reagieren, sondern **vermittelt** über gemeinsam geteilte **Symbole**. D. h., soziale Interaktionen vollziehen sich innerhalb eines von den Beteiligten geteilten, mithin verstandenen Sinn- und Bedeutungszusammenhangs.
  Gesten, Gebärden, Signale, nichtverbale ebenso wie verbale, und sprachsymbolisch vermittelte Kommunikation gewährleisten, dass die Individuen in sozialen Situationen und Interaktionen ihr Verhalten wechselseitig aufeinander abstimmen können. Das verlangt die Einsozialisierung in den jeweiligen Symbol- und Bedeutungszusammenhang, um an Interaktionen und Kommunikation teilnehmen zu können, um aktiv und interpretierend auf die wechselseitigen Perspektiven und Erwartungen des bzw. der anderen sich einstellen und entsprechend sich verhalten zu können. Insofern ist es geraten, im Falle des Symbolischen Interaktionismus nicht von (reizgesteuertem) Verhalten, sondern von **sinnhaftem, sozialen Handeln** zu sprechen.

- Spezifisch menschliches Handeln ist dadurch charakterisiert, dass die gesellschaftlichen Individuen in der Lage sind, die Schlüsselleistung für soziale Interaktion und Kommunikation zu erbringen: „**taking the role of the other**“. Damit ist die im Sozialisationsprozess zu erwerbende Fähigkeit gemeint, das rollenspezifische Verhalten und Handeln des Anderen in sich zu antizipieren und zu repräsentieren. Nur auf diese Weise kann eine Interaktion und Kommunikation gelingen. Überwölbt ist das Gefüge von sozialen Interaktionen nicht nur von gemeinsam geteilten, sozial verfestigten Signalen und Symbolen, also von einem nichtsprachlichen wie sprachlichen Sinnkosmos; sondern darüber hinaus, und das macht entscheidend Sozialität aus, von einem gemeinsam geteilten Wert- und zumal Normzusammenhang. Dieser **überindividuelle** Norm- und Erwartungszusammenhang garantiert ein normenreguliertes Verhalten und ein kooperativ aufeinander bezogenes Handeln, und nicht zuletzt: Verstehen des Handelns der Anderen.

Mead hat hierfür den Begriff des „Generalized Other“ genommen, der füglich ins Deutsche mit dem Wörtchen „man“, allerdings mit einem n, übersetzt werden kann: „Man tut das nicht“. Diese und ähnliche Sprachformeln zur Sollgeltung von Werten und Normen verweisen auf die im Zuge der Einsozialisierung von Neugeborenen in den symbolkulturellen Kontext einer Gesellschaft von den Individuen internalisierten Normen, die für diese Gesellschaft vorproblematische ebenso wie überindividuelle Gültigkeit haben. (Auf den Zusammenhang von **Norm** und **Handeln** wird im Zuge des Abschnitts III.1. „Sozialwissenschaftliche Terminologie“ ausführlich eingegangen).

Dass das Verhalten und Handeln, dass das Interaktion und Kommunikation regulierende „Man“ assoziativ zurückverweist auf die Figuration des Mannes mit Doppel-n, ist mitnichten eine Spezialität der deutschen Sprache. Das englische „man“ übersetzt sich bekanntlich in Mensch und Mann. „Mankind“ ist ins Deutsche zu übersetzen mit „Menschheit“ oder „die Menschen“, und etwa das französische Wort „homme“ mit „Mensch“ und „Mann“. Die bisherige zumindest okzidentale Phylogenese trägt also deutlich eine **patriarchale** Signatur, denn bereits im lateinischen „homo“, das sowohl Mensch wie Mann meint, werden beide miteinander identifiziert.

Schließlich sei hervorgehoben, dass Meads pragmatistische Erkenntnisstrategie in Gestalt des Symbolischen Interaktionismus dezidiert als **Sozialpsychologie** angelegt ist.

Im **Symbolischen Interaktionismus** wird ein Zweifaches angestrebt:

1. die Rekonstruktion der Konstitution von gesellschaftlichen Individuen. Dem ist eine äußerst komplex gebaute Theorie der **Sozialisation** gewidmet. Im Zentrum steht die symbolisch, in Sonderheit sprachsymbolisch vermittelte Heranbildung von zurechnungs-, kommunikations- und handlungsfähigen Individuen, die ob dieser sozial erworbenen Fähigkeit im Medium sozialer Interaktionen an der Reproduktion und Entwicklung des gesellschaftlichen Lebens teilnehmen können. Thematisch sind die Prozesse der Verschränkung von Individuen und Gesellschaft – der ontogenetisch-sozialpsychologische Aspekt. Dieser Aspekt hat dafür gesorgt, dass der „genetische Strukturalismus“ der Entwicklungspsychologie Jean Piagets, wie an der Sozialtheorie von Jürgen Habermas kenntlich, sich wohl verträgt mit der Sozialtheorie des Symbolischen Interaktionismus. (Zum Einstieg in die Entwicklungspsychologie Piagets, entworfen als Sozial-

psychologie, empfiehlt sich L. Montada „Die geistige Entwicklung aus der Sicht Piagets“, 1998.)

2. die Rekonstruktion der spezifischen Form menschlicher Vergesellschaftung, d. h. der Prozesse der Herausbildung menschlicher Gesellschaft aus den tierischen Lebensformen im Wege einer komplexen Theorie der Verschränkung von Natur- und Kulturprozessen. Im Zentrum steht demnach die Frage nach der tätigen, durch Praxis und Pragma, durch Symbole vermittelten Selbsterzeugung menschlicher Gesellungsformen – der phylogenetische Aspekt. Ein komplex gewobenes Theorienetz also, um der weltgeschichtlichen Herausarbeitung menschlicher **Vergesellschaftungsformen** im Medium von gruppenförmiger Kooperation, d. h. reziproker Handlungsorientierung und sprachlich fundierter Kommunikation auf die Spur zu kommen. Insofern trägt die pragmatistische Erkenntnisstrategie der Zweidimensionalität der menschlichen Lebenswirklichkeit konzeptiv Rechnung:
   Vergesellschaftung heißt Produktion und Reproduktion des Lebens sowohl in einer physisch gegebenen als auch symbolisch, kulturell vorstrukturierten Wirklichkeit – unter strikter Beachtung der Eigenart des Sozialen, gründend in der vorgängigen Intersubjektivität und sozialen Interaktion. Allerdings der konstitutive Aspekt der materiellen Produktion, der gesellschaftlichen Arbeit bleibt seltsam unterbelichtet.

Pragmatistische Erkenntnisstrategien sind gekennzeichnet:

1. durch das Bestreben, im Wege der Konzeptualisierung der **Symbolischen Interaktion** eine Theorie in der Perspektive universeller Geltung zu formulieren;

2. durch den dezidierten Ansatz der Konzeptualisierung der Sozialtheorie am **sozialen Handeln**, präzise: an der sozialen, normativ regulierten Interaktion;

3. durch die ausdrückliche Betonung der Sinnhaftigkeit menschlichen Handelns, wobei **Sinn** als Prozess und Resultat kommunikativen, reziprok aufeinander abgestimmten und interpretierten Handelns aufgefasst wird; kristallisiert im symbolbezogenen Verhalten, das Bedeutungs- und Verstehenszusammenhänge herstellt und garantiert;

4. durch die Öffnung der Sozialtheorie für die Perspektive **sozialen Wandels**, indem die sozialen Strukturen als prozedierendes Resultat menschlicher Praxis und damit als veränderbar interpretiert werden. D. h., der Prozesscharakter gesellschaftlichen Lebens findet nachdrücklich Berücksichtigung;

5. durch die beharrliche Anstrengung, die **Eigenart des Sozialen** herauszuarbeiten, ohne die Dimension der Verschränkung von Natur und Kultur auszublenden.

6. durch das Ansetzen an sichtbaren sozialen Erscheinungsformen. Diese nehmen also durchaus die Beobachter-Perspektive ein, ohne aber das zwischenmenschliche Geschehen, die soziale Interaktion nach dem behavioristisch-animalischen Schema von Reiz und Reaktion zu modellieren. Sie sorgen also wesentlich für die Fundierung des Social Act in einer ausbuchstabierten Theorie der über Symbole, d. h. soziale Bedeutungswelten sinnhaft vermittelten, an zurechnungs- und handlungsfähige Subjekte zurückgebundenen Idee der **Inter-Subjektivität**.

Bleibt noch festzuhalten, dass aus dem Symbolischen Interaktionismus sich ein weit verzweigtes, reich abdifferenziertes Forschungs- und Theoriegelände herausgebildet hat, das die Signatur der Gegenwartssoziologie prägt und pauschalierend unter dem Sammelbegriff „qualitative Sozialforschung“ bzw. „interpretative Soziologie“ verortet werden kann.

5. Sozialkonstruktivistische Erkenntnisstrategien

Die erkenntnis- und wissenschaftstheoretische Idee der Konstruktion ist weit aus älter als die im engeren Sinne sozialkonstruktivistischen Erkenntnisstrategien, die sich gegenwärtig unter dem Kürzel „Sozialkonstruktivismus“ eingebürgert haben. Die Idee der **Konstruktion** reicht zurück bis in die frühantike Philosophie und Grundlegung der Wissenschaften. Kants „Kritik der reinen Vernunft“ von 1781 legt eindrücklich dar, dass die Wissenschaften, gerade auch die Naturwissenschaften, seit den Tagen der Geometrie des Naturphilosophen Thales von Milet, notgedrungen und erfolgreich mit Konstruktionen gearbeitet haben. So auch die neuzeitlichen und modernen Naturwissenschaften, die auf Gedankenkonstrukte bzw. **rationale Konstruktionen** angewiesen sind

- bei der Formulierung von Fragestellungen,
- bei der Bildung von Hypothesen,
- bei der Ausarbeitung von Theorien über die gesetzmäßigen Zusammenhänge in der Natur und zumal auch
- bei der Herstellung von Experimental-Situationen.

Solcherart rationale, kognitiv erzeugte Konstruktionen greifen dabei auf das jeweils zuhandene Inventar von Symbolisierungen, von Zeichen und Zahlen zurück; sie sind des Weiteren zurückgebunden an formale Regeln gleich welcher Art von Logik.

Mehr noch, die Geschichte der **Naturwissenschaften** erzählt, in welch starkem Maße diese in Abhängigkeit von Welt-, Natur- und Menschenbildern der jeweiligen Sozialepoche stehen und operieren. Das wesentliche Entwicklungskriterium ist in der – nicht nur für die Naturwissenschaften – konstitutiven Frage enthalten, ob und inwieweit Konstruktionen offen für Kritik und das bedeutet, als provisorisch, als revidierbar erachtet werden. Wissenschaft ist dort blockiert, wo Artefakte, hier Konstruktionen, in Petrefakte sich verwandeln, d. h. wo Konstruktionen zu fixen Ideen versteinern.

Bilder vom Universum, von der Welt, von der Natur und vom Menschen sind stets durchwachsen von Deutungen, von Interpretationen des gesellschaftlichen Lebens, sind Widerhall der Vorstellungen über die „Stellung des Menschen im Kosmos“. Sie sind dadurch charakterisiert, dass sie zunächst mitnichten am Reißbrett der theoretischen, konstruktiven, experimentellen Wissenschaften entworfen worden sind und werden.

Welt-, Natur- und Menschenbilder erwachsen gleichsam aus den Deutungsprozessen des gesellschaftlichen **Lebensbewältigungsprozesses**. Sie haben sich stets tief eingesenkt in den jeweiligen kollektiven Bewusstseinshaushalt, sind im Alltagswissen sedimentiert. Wissenschaftliche, naturwissenschaftliche Revolutionen sind nun in dieser Perspektive dadurch gekennzeichnet, dass sie nicht nur einen innerwissenschaftlichen Sturz der Denkstandards und bislang bewährter Konstruktionen bewirken. Vielmehr geht von ihnen darüber hinaus des Öfteren ein Umsturz sedimentierter und tradierter Vorstellungen über die Stellung des Menschen im Kosmos aus, der zudem das Verhältnis der Menschen zu sich selbst, seine Innenwelt verändert. Prominentestes

Exemplum hierfür ist wohl die „Kopernikanische Wende“ im frühen 16. Jahrhundert.

Vor diesem Hintergrund erscheint die konzeptive Idee konstruierter Wirklichkeit als gar nicht so neu, und der Sozialkonstruktivismus als Glied einer lang währenden Denktradition. (Zum Weltbild-Konstruktivismus in den Naturwissenschaften empfiehlt sich die 2007 ins Deutsche übersetzte Studie von L. Daston und P. Galison: „Objektivität“.)

- **Konstruktivistische Denkansätze** sind seit den 60er-Jahren im deutschsprachigen Raum zunächst nur in der Philosophie und Psychologie zu beobachten. Erst in den 80er-Jahren des 20. Jahrhunderts machen sich **sozialkonstruktivistische** Theorie- und Forschungsstrategien in den Sozial- und im weiteren Sinne Kulturwissenschaften geltend. Es ist nicht übertrieben, geradezu von einer Karriere der Formel von der „sozialen Konstruktion der Wirklichkeit“ zu sprechen; ein Karrierebogen, dessen Ende derzeit noch nicht abzusehen ist. Anschaulich wird die Karriere der Idee des Sozialkonstruktivismus an den zahlreichen Buchtiteln, in denen der Ausdruck „Soziale Konstruktion“ aufscheint. Denen zufolge erscheint es, als gäbe es nichts außer der sozialen Konstruiertheit des Universums, der Welt, der Natur und des Menschen. Die Spannweite reicht gleichsam von A bis Z, von A wie Soziale Konstruktion der Atomkraft bis Z wie Soziale Konstruktion des Zahnarztes. (Eine anschaulich-exemplarische Auflistung zusammen mit einer luziden Analyse des Sozialkonstruktivismus findet sich bei I. Hacking, „Was heißt „soziale Konstruktion“? Zur Konjunktur einer Kampfvokabel in den Wissenschaften“, dt. 1999).

  Es sei nicht übersehen, dass im Gefolge und komplementär zur Karriere der Analysefigur „Soziale Konstruktion“ noch eine andere Sprachfigur nicht nur im Feuilleton zur Prominenz aufgestiegen ist. Der sozialen Konstruktion respondiert die Formel von der **Erfindung**, sei es der Romantik, der Klassik oder was sonst auch immer erfunden sein mag in der Kulturgeschichte. Sowohl die Sprachfigur „Konstruktion“ wie die der „Erfindung“ wecken die problematische Assoziation des dirigierten Einfalls am Schreibtisch, Reißbrett oder in der Experimentier-Werkstatt, weisen auf einen vereinseitigend rationalistisch-kognitivistischen Grundzug innerhalb des sozialkonstruktivistischen Denkens hin.

Folgende Kennzeichen **sozialkonstruktivistischer Erkenntnisstrategien** lassen sich herausstellen:

1. Sozialkonstruktivismus meint zunächst und zuvorderst eine **Veränderung der Betrachtungsweise**. Es soll darauf aufmerksam gemacht werden, dass das, was wir in unserer Wahrnehmung und Erfahrung als natürlich gegeben hinnehmen, tatsächlich das Produkt historisch-sozialer Formungen ist. Wir sehen Dinge und Sachverhalte im Lichte einer soziokulturell imprägnierten Sehweise. Bevor wir definieren, sollten wir zunächst nach dem Sinn, der gesellschaftlichen Bedeutung von Sachverhalten fragen. Anders, die Gegenstandsbereiche unserer Wahrnehmungen, Erfahrungen sind sprachlich vermittelt, und das heißt ganz wesentlich von geschichtlich gewordenen, kulturellen und sozialen Bildvorstellungen vorstrukturiert. Sozialkonstruktivismus ist das Bestreben, die soziokulturellen Prägeformen unserer Ansicht von der Welt, der Natur und des Menschen freizulegen, bewusst zu machen.
   In zwei Bereichen hat die sozialkonstruktivistische Erkenntnisstrategie befreiende, bewusstseinskritische Effekte gehabt. Zum einen der Diskurs über **Weiblichkeit**, und zum anderen der Diskurs über **Rasse**. Beides exemplarische Problemfelder, auf denen der kritische Impuls des Sozialkonstruktivismus einen Schub der Selbstreflexion in den Sozialwissenschaften ausgelöst und versteinerte Standards und Perspektivenverkürzungen aufgebrochen hat.

1.1. Die Kritik der sozial determinierten Artefakte, zu Petrefakten verfestigt, über das, was angeblich das Wesen der Frau von Natur aus sei, hat sich alsbald zu einem eigenständigen Wissenschaftsparadigma geformt: **Feministische Theorie** und **Forschung**.
Die aus dem anglo-amerikanischen Sprachbereich übernommene Differenzierung zwischen Gender und Sex ist Ausdruck der Einsicht in die Dimensionen der sozialen Konstruktion der Geschlechterverhältnisse. Sinnfällig in dem berühmten Notat von Simone de Beauvoir:

„Man kommt nicht als Frau zur Welt, man wird es."

Anders, die Bilder, die **man**, mit einem n, von dem, was die Frau an sich sei, mit sich trägt, die Vorstellungen von Weiblichkeit, wie sie in den verschiedenen Kulturen und Gesellschaften, Gruppen und

Milieus vorproblematisch kursieren und in den Sprachen manifest sind, diese Bilder sind **soziale Produkte**. Als soziale Konstruktionen, als kulturelle Zuschreibungen spiegeln sich in letzter Instanz Herrschaftsverhältnisse. Insofern können soziale Konstruktionen als Ideologie angesprochen werden. Bekanntlich ist das Reservoir der sozialen Konstruktionen des Weiblichen in der Geschichte der okzidentalen Kultur **naturbildzentriert**. Das Archiv der Bilder- und Sprachbilder bewegt sich, je nach Verwendungszusammenhang, auf der Skala zwischen „Raubtier" und „Haustier".

- Soziale Prägeformen des Weiblichen lassen sich äußerst anschaulich an der lateinischen Sprache ablesen.
  Da gibt es zum einen das Wort „femina" und bezeichnet das Bild von der Frau als Weib; (nicht zuletzt im Sinne eines berühmten Filmtitels aus den 50er-Jahren: „Und immer lockt das Weib").
  Da gibt es zum anderen zur Bezeichnung der Frau das Wort „mulier"; es ist bezogen auf die Frau als Ehe- und Hausfrau.

In Semantiken, dies liegt dem Sozialkonstruktivismus als Kernidee zugrunde, haben sich soziale, mithin herrschaftsgeprägte Beziehungen niedergeschlagen. Sozialkonstruktivistische Erkenntnisstrategien sind recht eigentlich bezogen auf die Analyse von fixen Ideen, von Stereotypen und Klischees, die für das Wesen der Sache, des Sachverhalts gehalten werden. Gut kenntlich an Pau schalformeln wie „Die Frau", „Der Mann" usf.

1.2. Erkenntniskritische Dienste leistet der Sozialkonstruktivismus auch im Bereich **rassistischer** Diskurse, mehr als angelegentlich mit Weiblichkeitsdiskursen sich überschneidend; insofern als beide in der Produktion und Versteinerung sozialer Bildwelten **naturbildzentriert** sind. Ähnlich wie das Stereotyp „Die Frau" funktioniert das Klischee „Der Jude" als Bewusstsein, Verhalten, Handeln und Interaktion prägende und steuernde soziale Pauschalkonstruktion, Ausfluss tradierter historisch-gesellschaftlich tief eingesenkter Schemata zur Ortung und Ordnung der Welt.
Antifeminismus und **Antisemitismus** dürfen füglich als Reflex versteinerter, mithin herrschaftlicher Bildwelten interpretiert werden.

Festzuhalten ist die Grundidee konstruktivistischer Erkenntnisstrategien in den Sozialwissenschaften, und dies zumal heute, wo die Neuro-Wissenschaften, die Hirnforschung, blendet, wonach das Soziale doch aufs Subtil-Naturale sich zurückführen lasse – ich nenne dies einen neuronalen Reduktionismus –, festzuhalten ist an der Idee der Sozialen Konstruktion dies:

- Unsere Vorstellungen von – buchstäblich – Gott und der Welt, vom Anorganischen und Organischen, vom Toten und Lebendigen, von Oben und Unten, d. h. Naturbild, Menschenbild, Weltbild und Selbstbild der Menschen tragen die Signaturen sozialer und kultureller, historisch gewordener Prägungen, von den Niederungen des Alltagsbewusstseins bis hinauf zu den freilich nicht immer lichten Höhen der Wissenschaft.

Mehr noch, wir sehen die Welt nicht nur durch die Brille sozialer Konstruktionen, mithin in den Strukturen und Prozessen der Sprache eingründend, sondern wir handeln und sprechen auch innerhalb sozialer Konstruktionen, also in sozialkulturellen Prägeformen und Perspektiven; im Übrigen Gegenstandsbereiche der in letzter Zeit innerhalb des weiten sozialwissenschaftlichen Geländes sich ausbreitenden **Diskurs-Analyse** und jüngst noch – in Ergänzung – **Bild-Analyse**.

Der englische, an Wittgensteins Sprachanalyse geschulte Wissenschaftsphilosoph Peter Winch („The Idea of Social Science“ 1958; dt. 1966) hat, in Begründung des apart von den Naturwissenschaften gesetzten **Eigenrechts der Sozialwissenschaften**, lange bevor der Sozialkonstruktivismus innerhalb der Sozialwissenschaften Bürgerrecht zuerkannt worden war, dessen Kerngedanken knapp und instruktiv formuliert: „Die Vorstellungen, die sich ein Mensch von der Wirklichkeit macht, durchwalten die gesellschaftlichen Beziehungen zu seinen Mitmenschen. ‚Durchwalten‘ ist sogar ein schwacher Ausdruck: gesellschaftliche Beziehungen sind Manifestationen von Realitätsvorstellungen.“

2. Zu pointieren ist folglich, dass die sozialkonstruktivistischen Erkenntnisstrategien gleichbedeutend sind mit einer grundlegenden **Kritik** an jedwedem **Essenzialismus**, an allen essenzialistischen Deutungen von Welt, Natur und Mensch, wonach Wort und Sache eins sind. D. h., im Essenzialismus wird vergessen, dass in definitorischen Festlegungen soziokulturell geronnene Vorstellungen sich vorproble-

matisch-unreflektiert eingenistet haben: sozial geprägte Konstruktionen. Was als essenziell, als naturgegeben oder gar ewig erscheint, ist Produkt sozialer Prozesse.

3. Die sozialkonstruktivistischen Erkenntnisstrategien tendieren zur Universalisierung der These von der sozialen Konstruiertheit von allem und jedem. Was früher in den Sozialwissenschaften, namentlich der Wissenssoziologie, in die Formel des „totalen Ideologieverdachts" gefasst worden ist, kehrt wieder als Tendenz zum **totalen Konstrukionsverdacht**.

4. Mit dem „totalen Konstruktionsverdacht", wonach tendenziell alles, was in der Welt der Fall ist, in der Perspektive der sozialen Konstruiertheit betrachtet wird, ist ein auffälliger **Sprachidealismus** verknüpft: Es existiert nur, worüber gesprochen oder geschrieben worden ist bzw. wird. Diese Vorstellung, zum Prinzip erhoben, hat in der Philosophie bereits im 17. Jahrhundert ihren philosophischen Begründungsversuch gefunden, nämlich im sog. Idee-ismus des englischen Philosophen und Theologen Bischof George Berkeley, nach dem im Übrigen eine international renommierte kalifornische Universität benannt worden ist. Berkeley zufolge ist einzig der Geist wirklich, wohingegen im radikalisierten Sozialkonstruktivismus der Geist als Soziale Konstruktion wiederkehrt, wonach nur Realität besitzt, was sozial konstruiert ist.

5. Weiters ist hervorzuheben, dass die sozialkonstruktivistischen Erkenntnisstrategien die innere Verschränkung von Prozess und Produkt deutlich ins Licht rücken. Bekanntlich schillern die meisten Wörter mit der Endung **-ion** zwischen **Vorgang** und **Resultat**, weisen also eine Doppeldeutigkeit aus. Der Ausdruck **Konstruktion** weist auf den Herstellungsvorgang sowohl wie auf das fixierte Resultat hin.

6. Der Gesichtspunkt sozialer Konstruktion bzw. die Einsicht in die historisch-gesellschaftliche Entwicklung von Vorstellungen über die Wirklichkeit, kann ausgedehnt werden bis auf das Problem der Geltung von **Tatsachen** als **Fakten**. Leicht erkenntlich, dass der Ausdruck Fakt (factum) vom lateinischen Tätigkeitswort „facere" (tun, machen) abgeleitet ist. Folgerichtig sind im Sozialkonstruktivismus auch die wissenschaftlichen Fakten ins Licht sozialer Konstruiert-

heit gerückt worden. So ist 1979, im Eingang zur Karriere der sozialkonstruktivistischen Denkweise, bezeichnenderweise ein Buch erschienen mit dem Titel: „Laboratory Life. The Social Construction of Scientific Facts".

7. Sinnfällig Eingang gefunden hat die sozialkonstruktivistische Sprechweise in die Sozialwissenschaften, namentlich die Soziologie, mit einer Publikation, die im englischen Original den Terminus „Soziale Konstruktion" bereits im Titel führt. Es handelt sich um die wegweisende Studie von P. Berger und Th. Luckmann „The Social Construction of Reality" von 1966; 1969 in deutscher Übersetzung unter dem Titel „Die gesellschaftliche Konstruktion der Wirklichkeit" erschienen. Freilich Jahre später erst hat diese grundlagentheoretische Studie, die wesentlich von der phänomenologischen Philosophie (hierzu: Kap. I.6.) inspiriert ist, eine breitere Rezeption im deutschsprachigen Raum erfahren.

   Im Vorwort „Zur deutschen Ausgabe" wird von dem Philosophen und Soziologen Helmuth Plessner, (dessen Philosophische Anthropologie in Abschnitt III.1.2. noch thematisch sein wird), allerdings zu Recht klargestellt:

   > *„‚Die gesellschaftliche Konstruktion der Wirklichkeit' nennen die beiden Autoren das vorliegende Buch, nicht etwa „Die Konstruktion der gesellschaftlichen Wirklichkeit …".*

   Anders, Berger und Luckmann erteilen von vornherein einem sprachidealistischen Reißbrett-Konstruktivismus eine deutliche Absage. Zudem verweist der Untertitel der deutschen Ausgabe auf die beabsichtigte disziplinäre Begrenztheit der Perspektive und des Verhaltens. Sie stellen es als eine „Theorie der Wissenssoziologie" vor.

In der Studie „Die gesellschaftliche Konstruktion der Wirklichkeit" wird einerseits die Gefahr eines totalisierenden Soziologismus, alles und jedes sei sozial konstruiert, dadurch gebannt, dass das schwierige Spannungsverhältnis zwischen Gegenstand und dessen sozialer Geformtheit nicht wegdisputiert, sondern ausgehalten und entfaltet wird. Und zum anderen legt die Studie dar, dass „gesellschaftliche Konstruktion" keineswegs reduziert werden darf auf die Ebene eines kognitivistischen Reißbrett-Rationalismus; dass vielmehr „gesellschaftliche Konstruktion der Wirklichkeit" als ein Konstitutionsprozess interpretiert wird, an dem alle Schichten zwischenmenschlicher Beziehungen, bewusste ebenso wie bewusstlose und unbewusste Momente, beteiligt sind.

Man könnte es nicht besser formulieren, als es der in Toronto lehrende Wissenschaftshistoriker Hacking, der im Übrigen 1996 eine instruktive „Einführung in die Philosophie der Naturwissenschaften" publiziert hat, getan hat:

- Das Buch von Berger und Luckmann
  „handelt von der **sozialen Konstruktion** unseres Sinns und Gefühls für die alltagsweltliche Wirklichkeit sowie von unserer Erfahrung mit und unserem Vertrauen in diese Realität. Wie die Autoren von Anfang an klarmachen, geht es ihnen um unterschiedliche Wirklichkeiten, die in den komplexen Sozialwelten entstehen, in denen wir leben. Das Buch steht also im Widerspruch zu psychologischen Ansätzen, wie sie von Jean Piaget und seinen Kollegen über die Ursprünge unserer Vorstellungen von Raum, Zahl, Wirklichkeit und dergleichen entwickelt wurden. Nach Berger und Luckmann wird die Erfahrung der Welt als einem Anderen bei jedem von uns in sozialen Umfeldern gebildet. Die beiden Autoren untersuchen zunächst die sogenannte „Alltagswirklichkeit", die sowohl von sozialen Beziehungen als auch von materiellen Objekten geprägt ist. Dann gehen sie zur Face-to-face-Situation über, von der sie sagen, sie sei der prototypische Fall sozialer Interaktion, von dem alle anderen Fälle abgeleitet seien.
  Berger und Luckmann haben für keine Form des universellen sozialen Konstruktionismus eine Lanze gebrochen. Sie behaupten nicht, alles sei ein soziales Konstrukt, einschließlich des Geschmacks von Honig und des Planeten Mars zum Beispiel – des Geschmacks und des Planeten als solchen, im Gegensatz zu ihren Bedeutungen, unseren Erfahrungen mit ihnen oder den Empfindungen, die sie in uns hervorrufen. Wie es im Untertitel heißt, haben Berger und Luckmann *Eine Theorie der Wissenssoziologie* geschrieben. Sie behaupten nicht, außer sozialen Konstrukten könne gar nichts existieren."

- Leistungen und Probleme bzw. Schwächen der sozialkonstruktivistischen Erkenntnisstrategien lassen sich demnach dahingehend zusammenfassen:

  1. Das erkenntnis- und mithin **ideologiekritische** Motiv, nach dem Sinn, nach der Entstehung, Entwicklung und Verfestigung von sozialen Bedeutungszusammenhängen zu fragen, worin das, was in der Welt der Fall ist, in Erscheinung tritt. D.h., Sachverhalte nicht einfach als gegeben, natürlich, selbstverständlich, seinshaft oder gar ewig hinzunehmen.

  2. Zu dem Motiv sozialwissenschaftlicher Selbstreflexion gesellt sich der Beitrag zur Aufhellung der eigenen der sozialen Welt als zu **Typisierungen** geronnenes Produkt des gesellschaftlichen Handelns und Interpretierens.

  3. Dabei steht aber das Problem, die Idee der sozialen Konstruiertheit zum einen rationalistisch zu verkürzen; zum anderen aber vor allem in einen totalisierenden Relativismus zu verfallen. Wenn alles unter soziale Konstruktion gefasst wird, steht auch die sozialkonstruktivistische Erkenntnisstrategie unter dem Vorbehalt der bloß relativen Geltung. Genau gegenläufig zum herrschafts- und ideologiekritischen Motiv können Geltungsansprüche auf wissenschaftliche Wahrheit nicht mehr ernstlich angemeldet werden. Dann haben nämlich soziale Konstruktionen wie Mythologisierung und Fälschung den gleichen Status wie sozialkonstruierte wissenschaftliche Aussagen. Es besteht die Gefahr, dass die Kritik eines blinden Essentialismus in einen nicht minder **blinden Relativismus** umschlägt.

  4. Gravierender noch ein damit verknüpftes Problem des Sozialkonstruktivismus.
     Die Welt ausschließlich im Lichte ihrer sozialen Konstruiertheit zu betrachten, tendiert zum einen dazu, die Differenz zwischen Erster und Zweiter Natur zu ignorieren, d.h., die Verschränkung von außermenschlicher und menschlicher Natur mit der menschlichen Kultur zu übersehen, zumindest zu unterschätzen. Die Naturwissenschaften gehen ebenso wenig in Sozialwissenschaften auf wie umgekehrt die Sozialwissenschaften nicht in den Naturwissenschaften. Die menschliche Vergesellschaftung ist kein

Naturereignis sondern von Menschen erzeugtes **Artificium** (Kunstprodukt), aber mitnichten in einem natur- und gegenstandsfreien Vakuum, vielmehr im „Stoffwechsel mit der Natur". Zum anderen tendiert ein radikaler Sozialkonstruktivismus dazu, das Soziale auf Bewusstseinsphänomene und Bewusstseinsprozesse zu reduzieren. Die Figur der Praxis erinnert von Grund auf daran, dass die Menschen in einem Verhältnis zur außermenschlichen, nicht bloß sozial konstruierten Natur stehen; ebenso erinnert die Figur der Praxis (Arbeit, Herstellen) daran, dass das Soziale mehr ist denn bloß Produkt von Bewusstseinsakten.

Zu konstatieren ist:

- So **zutreffend** es ist, sozialwissenschaftliche Theoriebildung und Forschung auf die sinnhaft-symbolische Vorstrukturiertheit der sozialen Welt zu verweisen,
- so **stimmig** es ist, die Sozialwissenschaften an ihre Verwobenheit in die sozialen Konstruktionen des Alltagslebens, der Alltagswelt zu erinnern,
- so **einleuchtend** es ist, dass Berger und Luckmann ihre Grundlagentheorie der gesellschaftlichen Konstruktion der Wirklichkeit als Wissenssoziologie, als Soziologie der Wissensakte und Wissensformen – vom Alltagswissen bis zu wissenschaftlichem Wissen – zu konzeptualisieren (in der Perspektive einer Erweiterung zur Sprachsoziologie), kurz: so begründet das Theorieprogramm der Erforschung einer sinnhaft-strukturierten Wirklichkeit, einer sozial konstituierten Wirklichkeit ist,
- so **verkürzt** wäre es jedoch, die Sozialwissenschaften ausschließlich auf die Welt der sozialen Konstruktion zu vereidigen. Das wäre eine ebenso geschlossene Welt wie die der Systeme. Anders, es wäre eine Form gelehrter Paranoia.

Demgegenüber ist daran zu erinnern, dass soziale Konstruktionen, dass die gesellschaftlichen Wissensformen in letzter Instanz sich auf etwas beziehen, das **außerhalb** des Wissens liegt:

sei es die Faktizität des Sozialen, sei es das Faktische der menschlichen und außermenschlichen Natur.

Gewiss bewegen sich auch die Natur-, die Technik- und Werkstoffwissenschaften in der Welt der Wissensformen und sozialen Konstruktionen; aber sie beziehen sich darüber hinaus ebenso wie die Sozialwissenschaften ganz wesentlich auf etwas, das außerhalb der Wissensformen liegt, objektiv-gegenständlicher Natur ist.

- Anders, Gegenstände, Gegenstandsbereiche, Sachverhalte gehen nicht in ihrer sozialen Konstruiertheit auf. Pointiert formuliert: Jugendarbeitslosigkeit ist wesentlich mehr denn bloß eine soziale Konstruktion.
- Oder milder: So sehr der Wald auch eine soziale Konstruktion sein mag, sowenig bewegt man sich bei einem Waldspaziergang nur in einer sozialen Konstruktion.

6. Phänomenologische Erkenntnisstrategien

Wie im Vorspann zur Revue sozialwissenschaftlicher Erkenntnisstrategien angedeutet, treten diese in aller Regel nicht in sozusagen chemischer Reinform auf. Vielmehr sind Überschneidungen und Kombinationen von Denk- und Theorietraditionen zu beobachten. Dies gilt insbesondere für phänomenologische Erkenntnisstrategien. In den phänomenologisch inspirierten Sozialtheorien, exemplarisch mag hierfür die schon erwähnte Grundlagenstudie von Berger und Luckmann („Die gesellschaftliche Konstruktion der Wirklichkeit“) erinnert werden, fließen mehrere Denktraditionen zusammen: die phänomenologische Bewusstseinsphilosophie, die moderne Philosophische Anthropologie sowie pragmatistische Ansätze, wie der des Symbolischen Interaktionismus (siehe I.4.), verknüpft wiederum mit sozialkonstruktivistischen Denkfiguren (siehe I.5.).

Zunächst einige Hinweise zur Verortung der phänomenologischen Bewusstseinsphilosophie, die sich bald nach 1900 gebildet hat und mit dem illustren Namen Edmund Husserl (1859–1939) verbunden ist. Zum Schülerkreis Husserls, dessen Philosophie alsbald international ausgestrahlt hat, gehören so einflussreiche, das philosophische und sozialwissenschaftliche Denken des 20. Jahrhunderts wesentlich mitprägende Denker wie der Philosoph Martin Heidegger, der Anthropologe und Soziologe Helmuth Plessner und zumal der Schlüsselphilosoph Verstehender Sozialwissenschaften, Alfred Schütz.

Ihren Ausgangspunkt nimmt die moderne Phänomenologie in einer grundlegenden Abkehr von Denkweisen in Axiomen, Prinzipien und Großsystemen. Phänomenologische Erkenntnisstrategien stehen gleichsam in Opposition zu einem Denken, das mit supponierten Leit- und Großideen anfängt und auf den Entwurf von gedanklichen Großgebäuden aus ist. Statt mit unterstellten, vorausgesetzten theoretischen Konstrukten zu beginnen, votiert Husserl für eine Rückbesinnung auf die **Wahrnehmungsperspektive** des einzelmenschlichen Bewusstseins und die Gegebenheiten, denen sich dieses einzelmenschliche Bewusstsein **gegenüber*sieht*** und worauf es, intentional bezogen, gerichtet ist. Husserls folgenreiche Wende im Denken leitet die Humanwissenschaften zurück zur unbefangenen, von Großideen emanzipierten, von systemischen Kategorien entlasteten Beschreibung unserer Wahrnehmung der Welt. Den Ansatzpunkt von Wissenschaft bildet demnach das **alltägliche** Wahrnehmungs- und Erfahrungsfeld des einzelmenschlichen Bewusstseins. Pointiert formuliert: im Anfang ist der **Augenschein**, von wo aus dann fortgeschritten wird zum gedanklichen Aufbau der Welt bis zu den Formen von Intersubjektivität.

An dieser Stelle sei eine gleichsam prototypische Passage phänomenologischen Beginnens eingeblendet. Während in positivistischen Philosophien die Gestalt des „Holzfällers" als Modell geistert, ist für moderne Phänomenologie die Gartensituation eine vorzugsweise Stätte wahrnehmend-deskriptiven Beginnens. Die Passage, vom Autor selbst mit Unbehagen quittiert, bildet den Einstieg („Zur Einführung") in die höchst instruktive Studie „Das Problem der Relevanz" von Alfred Schütz, erschienen 1971:

> „Nachdem ich beschlossen hatte, einige Gedanken über die Sache der ‚Relevanz' niederzulegen, habe ich mein Schreibzeug auf dem Tisch im Garten meines Sommerhauses zurecht gelegt. Während ich die ersten Striche mit meinem Federhalter ziehe, habe ich dieses weiße Blatt Papier, meine schreibende Hand und die Tintenzeichen, aus denen eine Zeile Buchstaben nach der anderen auf dem weißen Hintergrund entsteht, in meinem Gesichtsfeld. Vor mir steht der Tisch mit seiner grünen Oberfläche, auf den ich verschiedene Gegenstände gelegt habe: den Bleistift, zwei Bücher und andere Dinge. Weiter weg befinden sich Baum und Rasen meines Gartens, der See mit den Booten, der Berg und die Wolken im Hintergrund. Um das Haus mit der Veranda, um die Fenster meines Zimmers zu sehen, muss ich nur meinen Kopf drehen. Ich höre das Summen eines

Motorbootes, die Kinderstimmen in Nachbars Garten, die Vogelstimmen. Ich empfinde die Kinästhesen meiner schreibenden Hand, ich habe ein Wärmegefühl, ich spüre den Tisch, der meinen schreibenden Arm unterstützt. All das liegt innerhalb meines Wahrnehmungsfeldes – ein Feld, das genau in Gegenstandsbereiche gegliedert ist: nämlich Gegenstände innerhalb meiner Reichweite, dann solche, die einst in meiner Reichweite lagen und wieder in sie gebracht werden können und schließlich solche, die bisher nie in meiner Reichweite waren, die ich aber durch geeignete Kinästhesen oder Körperbewegungen einer besonderen Art einholen kann."

Der Augenschein-Perspektive entsprechend formt sich diese, bei den Alltagsbezügen und –erfahrungen ansetzende, Philosophie eben als Phänomenologie aus. Die Bezeichnung „Phänomenologie" leitet sich vom griechischen Verb „φαίνεσται" (faínestai) ab und bedeutet so viel wie „erscheinen". Auch das Wort „Phantasie", „φαντασία" (fantasía), zu übersetzen mit „Anblick, Vorstellung", wurzelt in jenem Verb. **Phänomene** sind begrifflich zu fassen als sinnlich-wahrnehmbare, ursprünglich: ungewöhnliche Erscheinungen. In Husserls Phänomenologie richtet sich der interessierte Blick jedoch nachdrücklich auf die **gewöhnlichen**, mithin Erscheinungsformen der alltäglichen Lebenswelt; von daher schon wird ersichtlich, dass Husserls Perspektive und Ansatz für sozialwissenschaftliches Denken bestens anschlussfähig ist; und so kann es nicht überraschen, dass dessen Analyse der Lebenswelt insbesondere in der US-amerikanischen Soziologie der Gegenwart einflussreich geworden ist im Umkreis **interpretativer Sozialforschung**.

Den intentionalen Augenschein zum fundierenden Ausgangspunkt der Erkenntnisstrategie zu nehmen, hat freilich seine Tücken: der Augenschein kann trügen. Hegels böser Blick hat lange vor der Konstitution der modernen phänomenologischen Forschung dessen Grundproblem beim Namen des „schlechten Idealismus" genannt:

„Aber es ist damit zugleich dem schlechten Idealismus Tor und Tür aufgetan, der mit dem Gegenständlichen (d.h. mit der dem einzelmenschlichen Bewusstsein gegenüberstehenden Welt – F. K.) dann fertig zu sein meint, wenn er es aufs Bewusstsein bezieht und von ihm nur sagt, es ist meine Empfindung, mein."

(Auf das Problem der Brückenbildung von Einzelbewusstheit zu Einzelbewusstsein, also des Übergangs von Subjektivität zur Intersubjektivität komme ich am Schluss dieses Abschnitts, im Übergang zur Darstellung kommunikationstheoretischer Erkenntnisstrategie (I.7.) noch zurück).

- Erst einmal ist festzuhalten, dass Husserl füglich als Erzvater der phänomenologischen Fundierung der Sozialwissenschaften anzusprechen ist. Jene phänomenologischen Grundlagenforschungen sind es gewesen, die die Voraussetzungen geschaffen haben, um eine nicht am objektivistisch interpretierten Modell naturwissenschaftlicher Erkenntnisstrategie ausgerichtete phänomenologische Theorie der Konstitution von Gesellschaft entwerfen und entwickeln zu können. Ausgangspunkt ist die intentionale, auf Beobachtung gerichtete Einstellung zur umgebenden Lebenswelt: etwas in Augenschein nehmen. Dieser Ausgangspunkt dient den phänomenologisch-beschreibend verfahrenden Sozialwissenschaften als Einstieg zur differenzierten Analyse des sinnhaften Aufbaus der sozialen Welt; bis heute richtungsweisend und maßgebend für die ansonsten vielgestaltige **alltagswissenschaftliche Soziologie**.

- **Phänomenologische Erkenntnisstrategien** in den Sozialwissenschaften lassen sich mit folgenden Merkmalen auszeichnen:

  1. Es findet sich ein fundierender Rückbezug auf die moderne **Philosophische Anthropologie**, insofern als Wert darauf gelegt wird, die Verschränkung von menschlicher Natur und gesellschaftlicher Kultur, die Herausbildung der Kultur aus der Natur, d.h. die Konstitution spezifisch menschlicher Vergesellschaftung im Auge zu behalten. Es ist kein Zufall, dass einer der Schlüsselfiguren der modernen Philosophischen Anthropologie, Helmuth Plessner, bereits in den 50er Jahren für eine solide Rezeption der weithin ins Exil verwiesenen Husserlschen Phänomenologie geworben und gesorgt hat. (Die Philosophische Anthropologie wird uns in handlungstheoretischer, dies sei noch einmal unterstrichen, im Eingang des Abschnitts III.1.2. beschäftigen).

  2. In der sozialwissenschaftlichen Phänomenologie wird die soziale Welt bzw. werden die sozialen Lebenswelten von Anbeginn an als Leistungen, vor allem als Deutungs- und Verstehensleistungen der gesellschaftlichen Individuen betrachtet. Anders, die Welt als sozialer Lebens- und Sinnzusammenhang geht aus den **Handlungen** und **Interpretationen** der Menschen hervor.

3. Entsprechend der Grundkonzeption der Philosophischen Anthropologie wird in den phänomenologischen Sozialwissenschaften menschliches Handeln als durch **Symbole** vermittelte und durch **Normen** des Zusammenlebens regulierte Lebensäußerungen interpretiert, in konturenscharfer Abhebung vom instinkt- und reizgesteuerten animalischen Verhalten. (Zur Unterscheidung von **Handeln** und **Verhalten** sowie zur Bestimmung der Idee „normregulierten Handelns" sei auf den Abschnitt III.1. „Sozialwissenschaftliche Terminologie" verwiesen).

4. Phänomenologische Erkenntnisstrategien sind – wie oben angedeutet – darauf bedacht, die Differenz von Naturerkenntnis und Erkenntnis des gesellschaftlichen Lebens herauszuarbeiten. Sie stellen sich der Frage nach der **Konstitution von Gesellschaft** als spezifisch menschlicher Form. Hier mag der Hinweis helfen, dass Konstitution nicht gedacht ist als rationalistisch-kognitivistische Konstruktion, sondern als komplexer Vorgang bewusster und nichtbewusster Erzeugung des gesellschaftlichen Lebenszusammenhangs. Ort und Zeit, das lateinische Tätigkeitswort „constituere" in Erinnerung zu rufen. Es ist zu übersetzen mit einer semantischen Bandbreite zwischen:

   - „schaffen"
   - „einrichten"
   - „in einen Zustand versetzen"
   - „begründen"
   - „aufrechterhalten"

   An diesem Bedeutungsspektrum werden die spezifischen Problemdimensionen der **Konstitution** von Gesellschaft bereits erkennbar:

   Die phänomenologische Erkenntnisstrategie lenkt ihr Augenmerk auf die

   - Erzeugung
   - Institutionalisierung
   - Legitimation (Doppelsinn von „begründen")

   und vor allem die

– Reproduktion, insbesondere die kulturelle Reproduktion von gesellschaftlichen Lebenszusammenhängen.
(Im Rahmen des Abschnitts III. „Sozialwissenschaftliche Terminologie" werden diese Problemdimensionen unter den Stichworten **Institution**, **Struktur** und **Herrschaft** noch einmal behandelt).

5. Aus dem bisher Dargelegten geht hervor, dass phänomenologisch orientierte Sozialforschung deutlich die Unterscheidung zwischen Naturprozessen und Prozessen der Konstitution von Gesellschaft trifft:
der **Naturprozess** ist schon konstituiert, noch ehe der Gesellschaftsprozess in Gang kommt;
wohingegen Konstitution und Reproduktion des **gesellschaftlichen Lebensprozesses** zwar in den Naturprozessen eingründen, aber aus den Konstitutionsleistungen der gesellschaftlichen Individuen hervorgehen. Zu diesen Konstitutionsleistungen rechnen auch die Naturwissenschaften als Kulturform.

6. Aufgrund der konstitutions- und handlungstheoretischen Auffassung von Gesellschaft liegt es nahe, dass die phänomenologischen Sozialwissenschaften in Sonderheit an den Konstitutionsprozessen des Subjekts, der menschlichen Subjektivität interessiert sind. Als **handlungszentrierter** Ansatz stehen die Bildungsprozesse der Ich-Identität, der personalen und sozialen Identität der Individuen, die Aspekte der **Sozialisation** im Vordergrund.

7. Phänomenologische Erkenntnisstrategien kreisen nicht nur um die Probleme der Konstitution von Gesellschaft, sondern thematisieren mit Nachdruck die **Reproduktion** des gesellschaftlichen Lebens im Medium der **Alltagspraxis**, der Strukturen des Alltagslebens.

8. Phänomenologische Sozialwissenschaften sind weiters zentriert um die Frage der Konstitutionsprozesse gesellschaftlicher Sinnzusammenhänge. Untersucht werden die Formen **sinnhafter Lebenswelten** unter dem sowohl bereits bei Husserl als später auch im Symbolischen Interaktionismus herausgearbeiteten Modell der Intersubjektivität, d.h. der Herausbildung und Kristallisierung transindividueller Bedeutungs- und Sinnstrukturen im

Medium der Reziprozität, der wechselseitig aufeinander sich beziehenden, miteinander sich verständigenden Menschen. (Mit „sinnhaften Lebenswelten“ ist gemeint, dass in die menschlichen Lebenswelten stets kulturelle **Bedeutungen** eingetragen sind). So ist es nur folgerichtig, dass Luckmann seinen wissenssoziologischen Entwurf späterhin zur Sprachsoziologie ausgebaut hat, darin durchaus in Korrespondenz zu der im nächsten Kapitel I. 7. darzulegenden „Theorie kommunikativen Handelns“ von Jürgen Habermas. Denn **Sprache** ist das transindividuelle Medium schlechthin, das Reziprozitätsstrukturen aufzubauen und zu gewährleisten imstande ist.

9. Phänomenologischen Erkenntnisstrategien wohnt die Tendenz ein, das gesellschaftliche Leben vornehmlich auf der Ebene der **Sinnproduktion**, der Interpretationspraxis, d.h. der Dynamik der Wissensproduktion und des Verstehens zu untersuchen: soziale Welt als gleichbedeutend mit unaufhörlich interpretierter Welt. Der Schwerpunkt liegt also auf den Prozessen der **kulturellen Reproduktion** und Typenbildung.

10. Phänomenologische Sozialwissenschaften setzen, wie eben schon der Name verrät, an der Wahrnehmung an, und zwar an den alltagsweltlich-registrierenden Beobachtungen des Einzelmenschen bzw. den Akten und Leistungen des Einzelbewusstseins. Zugleich aber wird von Grund auf konzeptionell in Rechnung gestellt, dass die lebensweltliche, die **alltagsweltliche Wahrnehmungsperspektive** ihrerseits eingeflochten ist in eben die alltägliche Lebenswelt, worin die phänomenologischen Beobachtungen getätigt werden. So ist in diesem Fall von einer Art Doppel-Perspektivik zu sprechen:

   - die **Binnenperspektive** des Sozialforschers als Angehöriger einer soziokulturellen Lebenswelt;

   - die **Außenperspektive** des Sozialforschers, wenn er ebendiese Soziale Lebenswelt, in die er eingewoben ist, untersucht.
   (Dass damit eine Fülle von wissenschaftstheoretisch-methodologischen Problemen verknüpft und aufgeworfen ist, insbesondere auch im Bereich **interkultureller** Forschung, in der Zone des kulturellen „Fremdverstehens“, kann im Rahmen dieser

Einführung nur angemerkt werden. Die Spannung zwischen wissenschaftlichem Objektivitätsideal und subjektiver Erkenntnisperspektive führt in das weite und komplexe Problemgelände sozialwissenschaftlicher Methodik bzw. Logik der Forschung).

In den phänomenologischen Erkenntnisstrategien wird demnach die **Sozialwelt** weder nach dem Muster naturgesetzlicher Evolutionsvorstellungen, noch nach dem Muster überpersönlich-universell geltender Strukturen, noch nach dem Muster autopoietischer Systeme (Selbststeuerung/Selbstregulierung) interpretiert. Vielmehr werden der soziale Lebensprozess und die hieraus hervorgehenden Strukturen der sozialen Lebenswelt als ebenso bewusste wie auch nichtbewusste Leistungen der interagierenden Individuen interpretiert und konzeptualisiert. Anders, die in intersubjektiven Zusammenhängen agierenden gesellschaftlichen Individuen sind die Produzenten derjenigen Sinn-, Symbol-, Norm- und Wertstrukturen, denen sie – in der sozialen Zeit über Generationen hinweg tradiert – wiederum als Strukturen ihrer sozialen Lebenswelt sich gegenübersehen, worin sie hineinsozialisiert werden und worin sie handelnd, kommunizierend und interpretierend sich bewegen.

Fraglos ist es Thomas Luckmann gewesen, der schulbildend diese Erkenntnisstrategie zur Grundlegung phänomenologischer Sozialwissenschaften ausgebaut hat. Zusammen mit seinem Lehrer Alfred Schütz hat er ganz wesentlich, in Anknüpfung an Husserls Phänomenologie, entworfen nach 1900 in den „Cartesianischen Meditationen" (1913), gleichsam eine lebensweltlich-alltagssoziologische Wende in den Sozialwissenschaften eingeleitet.

Das Schlüsselwerk aus der Feder von Alfred Schütz trägt den sinnfälligen Titel: „Der sinnhafte Aufbau der sozialen Welt", zuerst 1932 in Wien erschienen; im Exil hat Schütz seine zentralen Denkmotive („Das Problem der Relevanz", 1971) weiter entwickelt. Interessant nun der Untertitel des Schlüsselwerkes über den „sinnhaften Aufbau der sozialen Welt". Er lautet: „Einleitung in die verstehende Soziologie". Auf diese Weise wird der Bezug zur Weberschen Tradition **kulturverstehender** Fundierung der Sozialwissenschaften bezeugt. Webers wissenschaftstheoretische Schriften zum „Sinnproblem" in den Kulturwissenschaften sind Ansatz- und Ausgangspunkt seiner, Schützens Grundlegung sozialwissenschaftlicher Phänomene.

Fortgeschrieben worden ist der Ansatz zu einer phänomenologischen Sozialtheorie in dem von A. Schütz und Th. Luckmann gemeinsam beglaubigten Schlüsselwerk: „Strukturen der Lebenswelt“ von 1979. Zusammengefasst, in der phänomenologischen Fundierung der Handlungstheorie sind verschiedene Entwicklungslinien zusammengeflossen:

1. Husserls Kerngedanke der systematischen Analyse der Verschränkung von wissenschaftlichem Bewusstsein und vorwissenschaftlichem Alltagsbewusstsein, eben jene **alltagswissenschaftliche** Wende, die heute das Profil der Sozialwissenschaften wesentlich mitprägt;

2. die Verfeinerung von Webers Konzept **sinnverstehender** Kultur- bzw. Sozialwissenschaften;

3. die später hinzugekommene Rezeption der sozialtheoretischen Denkmotive aus der US-amerikanischen **pragmatistischen** Erkenntnisstrategie, „Symbolischer Interaktionismus“;

   auf die

4. oben bereits angesprochene denkmotivische Tradition der modernen **Philosophischen Anthropologie** gehe ich später gesondert ein.

Eingemündet ist die Liaison, wahrhaft ein Liebesverhältnis, von phänomenologischen, sinnverstehend-hermeneutischen und symbolisch-interaktionistischen Traditionen zu Anfang der siebziger Jahre des letzten Jahrhunderts in einen breiten Strom kultur-, alltags- und symboltheoretisch zentrierter Sozialwissenschaften, die heute deren Bild und Forschungsleben entscheidend mitprägen.

Gewichtige Impulse für die **qualitative Wende** bzw. eine spürbare Akzentverschiebung, wenn nicht gar Neuausrichtung in den Sozialwissenschaften bildeten:

1. die Kritik am Objektivismus (bloße Außenperspektive aufs Soziale);

2. damit einhergehend, die wachsende Skepsis gegenüber einer „Quantophrenie“, einer bloß quantifizierenden Sozialforschung, die sich in sozialstatistischen Erhebungen erschöpft.

- Fast auf das Jahr genau, es war das Jahr, in dem der Club of Rome die „Grenzen des (quantitativen) Wachstums“ proklamierte, lässt sich der Beginn, die Wende hin zu qualitativen Paradigmen, eben:

Phänomenologie, Hermeneutik und Symbolischer Interaktionismus, bestimmen. Im Jahre 1973 erscheint der vielzitierte Reader der „Arbeitsgruppe Bielefelder Soziologen" (Hg.) unter dem wegweisenden Titel: „Alltagswissen, Interaktion und gesellschaftliche Wirklichkeit", dessen erster Band den Untertitel trägt: „Symbolischer Interaktionismus und Ethnomethodologie", dessen zweiter Band den Untertitel trägt: „Ethnotheorie und Ethnographie des Sprechens". Weist das Kennwort „Ethno" (Ethnos) auf den Nexus der phänomenologischen Sozialwissenschaften sowohl mit der Idee des „Alltags" als auch mit der der „Kultur" hin, so liefert der Hinweis auf die **Ethnographie des Sprechens** die Brücke zwischen phänomenologischer Sozialtheorie und der von Jürgen Habermas fundierten Theorie der Gesellschaft als Kommunikationstheorie: Die bestimmende Bedeutung der Sprechakte (z.B. Bitte, Befehl, Behauptung, Aussage, Anruf u.v.a.m.) für die Einleitung und die Entwicklung von sozialen Interaktionen.

- Ins Zentrum rückt der Zusammenhang von **Interaktion und Sprache**. Dank der ethnomethodologischen Tradition in den USA zumal, aber nicht nur, wird der dynamische Aspekt der Sozialität stiftenden Interaktionen zwischen Menschen hervorgehoben. D. h., der soziale Lebensprozess wird nicht nur einfach als vorstrukturierter, normierter Lebenszusammenhang interpretiert, sondern es werden die aktiven, zumal die interpretativen Leistungen und Beiträge der gesellschaftlichen Individuen im Zuge der Reproduktion und Veränderung der sozialen Lebenswelt ins Aufmerksamkeitsfeld gerückt.

- Unter **Ethno-Methodologie** ist nicht einfach eine spezifische Methodik der Sozial- und Kulturforschung zu verstehen. Das Programm der Ethnomethodologie will mehr. Es will **theoriebildend** sein. Entstanden ist diese einflussreiche Richtung im Umkreis der Verstehenden Soziologie. Sie lässt sich knapp wie folgt skizzieren:

1. Ethnomethodologie tritt dezidiert mit dem Anspruch einer Theorie eigenen Rechts auf. Sie konzentriert ihr Interesse auf die Interpretation als permanenter Aktion und Leistung von Interaktionsteilnehmern. Dementsprechend ziehen die **Mikroformen** und **Mikrovorgänge** der Deutung sozialer Situationen die Aufmerksamkeit auf sich. Es geht um die Herausarbeitung von Strukturen und Invarianzen der Deutungsprozeduren, aus denen die soziale

Lebenswelt gleichsam hervorgeht. Es geht um die Ermittlung von Strukturen der Alltagswelten im Medium der Beobachtung und Interpretation von Alltagshandeln.

2. Damit steht die Ethnomethodologie vor dem Problem der Trennschärfe, zwischen den Laieninterpretationen im Alltag und den wissenschaftlichen Interpretationen über diese Laieninterpretationen zu unterscheiden. Jedenfalls ist kennzeichnend: der professionelle Interpret interpretiert die Strukturen und Prozeduren der das Alltagsleben ausmachenden Laieninterpreten. Beide, der wissenschaftliche und der Laieninterpret beziehen ihre Deutungsressourcen aus den alltäglichen Bedeutungswelten, die nicht hintergehbar sind.

- Die Frage stellt sich:
  Wie gelangt der wissenschaftliche Interpret von den sozial konstituierten Bedeutungswelten des Alltag hinauf zu den wissenschaftlichen Theorien über diesen Alltag?

Mit der **Grounded Theory** wird seit einiger Zeit der Versuch unternommen, den Weg von den Beobachtungen und Beschreibungen inmitten des zu untersuchenden Alltagslebens („routine grounds of everybody activities") zur begründeten Theoriebildung zu konzeptualisieren; d.h. die erkenntniskritische Kluft zwischen Everyday life-Bewusstsein und sozialtheoretischem Bewusstsein adäquat zu schließen. (Zum Einstieg in das theoriebildende Verfahren der Grounded Theory sei empfohlen Jörg Strübing, „Grounded Theory. Zur sozialtheoretischen und epistemologischen Fundierung des Verfahrens der empirisch begründeten Theoriebildung, 2004).

- Bereits der Einbau des Tonbandes, heute längst ergänzt durch die Videoaufzeichnung, in den Forschungsprozess deutet darauf hin, dass die phänomenologisch-verstehende sozialwissenschaftliche Erkenntnisstrategie sich nicht mehr nur auf die Methodik des klassischen Sinnverstehens, der Hermeneutik beschränkt (zur Hermeneutik näher in Abschnitt II.1.). Der Akzent verschiebt sich ein Stück weit von der Schriftsprache zum **Sprechen**, einschließlich der gestischen, mimischen Interaktion, kurz: der **nichtverbalen** Ausdrucksformen. Es findet also eine Erweiterung des Einzugsbereichs theoriefähiger Daten und Materialien statt.

Während in der jüngeren Verstehenden Soziologie Interpretation vornehmlich als alltägliche Leistung aufgefasst wird, ist für die zunächst wesentlich an Texten explizierte traditionelle, philosophische **Hermeneutik** diese eine spezifisch wissenschaftliche Ausnahmeleistung expertenhaft-professionellen Zuschnitts.

An diesen und anderen Problemen setzt die **kommunikationstheoretische** Erkenntnisstrategie an:

1. Sie thematisiert das Problem der Transzendierung, des Übersteigens der Ebene der Alltagserfahrung, des Alltagswissens und des Sprechens im Alltag hinauf zur Ebene der wissenschaftlichen Theoriesprache:
   Wie kann Selbstauslegung der Menschen in alltäglichen Interaktionen mit der in Distanz sich vollziehenden wissenschaftlichen Auslegung sinnvoll verknüpft werden?

2. Wie kann eine Brücke geschlagen werden zwischen der monadologischen, d.h. am Einzelbewusstsein, an den Beobachtungen des Einzelmenschen ansetzenden Phänomenologie und der spezifisch sozialwissenschaftlichen Fundierung der Intersubjektivität? Anders, wie kann die phänomenologische Grenze des privaten Bewusstseins (einschließlich desjenigen des Sozialforschers) überschritten werden?
   Für Habermas ist der Weg zu einer Sozialtheorie, die von Grund auf der vorgängigen Intersubjektivität, d.h., der Sozialität des menschlichen Handelns und Verkehrs Rechnung trägt, in Richtung auf eine „Theorie der umgangssprachlichen Kommunikation" gewiesen.

   Bedenkt man, dass Kommunikation, im übrigen ein **ion**-Wort, welches das Zugleich von Prozess und Resultat betont, vom lateinischen „communis" sich ableitet:

   - gemeinschaftlich
   - allgemein
   - gemeinsam
   - zudem auf die Sphäre der „öffentlichen Plätze" verweist,

   dann erschließt sich Habermas' Perspektive einer nichtmonadologischen, sondern von Grund auf **dialogischen** Fassung der Sozialtheorie. Im Übergang zum nächsten Kapitel I. 7. platziert sich bestens das Diktum von Habermas aus seinen „Vorstudien und Ergänzungen

zur Theorie des Kommunikativen Handelns", erstveröffentlicht 1995):
„Kommunikationstheorien genießen den Vorzug, *sogleich* (Herv. – F.K.) von dem intersubjektiven Verhältnis, das die (phänomenologischen) Konstitutionstheorien vergeblich aus den Leistungen des monadischen Bewusstseins abzuleiten versuchen, auszugehen."

- Pointiert resümiert:
  Die intentionale Einstellung zur Welt, die wahrnehmende **Beobachtung**, mit der die sozialphänomenologische Erkenntnisstrategie einsetzt, ist von Grund auf anderer Art als das **Sprechen**, das von vorneherein einen **Social Act**, einschließlich des Selbstgesprächs, des Gesprächs mit sich selbst als Dyade, eröffnet. Mit jemandem ins Gespräch kommen ist vom Sozialitäts-Grundriss her etwas entschieden anderes als etwas wahrnehmen oder jemanden beobachten.
  Sprechen ist, ob des gleichzeitigen Zurückempfindens als Hören sowohl wie des nach außen gerichteten Ausdrucks, prädisponiert, als Social Act entziffert zu werden.

7. Kommunikationstheoretische Erkenntnisstrategien

Im Ausgang der 60er Jahre des letzten Jahrhunderts wächst aus der vulkanischen Landschaft der Kritischen Theorie, Kürzel: „Frankfurter Schule", jene Erkenntnisstrategie hervor, die inzwischen als „Theorie kommunikativen Handelns" Teil der internationalen Diskussion über Probleme und Perspektiven moderner Sozialtheorie geworden ist. Die Rekonstruktion von Gesellschaftstheorie aus dem Geiste der Kommunikationstheorie ist mit dem Namen Jürgen Habermas verbunden und ist von diesem in zweifacher Hinsicht visiert:

- einmal als eine umfassende **Theorie der Moderne**,
- zum anderen als **kritische Gesellschaftstheorie**, die ihr utopisches Moment nicht verleugnet und ihren Bezug zum öffentlichen, politischen Praxisbezug hervorhebt.

Nicht zufällig erscheint das sozialwissenschaftliche Werk von Habermas in auffällig zweierlei Gestalt: einmal als universitäres Wissenschaftsprogramm, zum anderen als zeitkritische Diagnose in Form der öffentlichen, politisch wirksamen Rede.

Als kritische Gesellschaftstheorie verortet Habermas seine „Theorie kommunikativen Handelns“ gleichsam als kritische Fortschreibung, als Erbe der Kritischen Theorie, die vor allem mit den Namen Max Horkheimer und Theodor W. Adorno verbunden ist, Autoren, die der „Frankfurter Schule“ ihren spezifischen gesellschaftswissenschaftlichen Stempel aufgeprägt haben. **Kritische Theorie** ist entstanden und ausgefaltet worden im Dreieck von Hegel, Marx und Freud, unter kritischer Rezeption des Werks von Max Weber, namentlich von dessen weltgeschichtlicher Generalthese: „Entzauberung der Welt“ durch fortschreitende wissenschaftlich fundierte, praktische Natur- und Weltbeherrschung.

Habermas entwirft seine Kommunikationstheorie als Gesellschaftstheorie in Anknüpfung, aber nachgerade auch in kritischer Abgrenzung zur Kritischen Theorie. Es sind im wesentlichen zwei Abgrenzungspunkte:

- einmal hält Habermas eine Einfassung der Sozialwissenschaften in **Geschichtsphilosophie** nicht länger für haltbar;
- zum anderen sieht er die Kritische Theorie als gefangen in der alteuropäischen, monadologisch verfassten, d.h. vom einzelmenschlichen Bewusstsein ausgehenden **Bewusstseinsphilosophie**.

Eben ob dieser Gefangenschaft setzt Habermas seine kommunikatonstheoretische Grundlegung der Sozialwissenschaften im Bereich der sozialen Interaktion, beim Sprechen in der Perspektive des **Social Act** an. **Beobachtung** geschieht in der Individualperspektive: „Der Beobachter macht seine Erfahrung prinzipiell einsam ...“ (Habermas). Dagegen konstituiert **Sprechen** die Interaktionsperspektive. Beobachten ist ein lautloser Vorgang, Sprechen eine Lautbewegung. Beim Beobachten kann man sich nicht selbst beobachten, beim Sprechen – im Regelfall von Nichtbeeinträchtigung bzw. Beschädigung der Organleistungen – wird man nicht nur gehört, man hört sich auch selbst.

Kurz: in den **Sprechakten** öffnet sich nicht nur buchstäblich die Perspektive zur **Öffentlichkeit**, für Habermas konstitutiv für Gesellschaftlichkeit; aus den Sprechakten geht zugleich der Aufbau der inneren, der subjektiven Welt hervor. Sprechen auf dem Weg zum Social Act ist demnach Quellbereich sowohl der Konstitution von Sozialität wie von Subjektivität, Innenwelt.

Zur erläuternden Ergänzung: **Sprechakte** (z.B. Befehle, Fragen, Warnungen, Wegbeschreibungen) beziehen sich auf komplementäre Handlungsweisen (z.B. Ausführung, Antwort, Flucht, orientierte Wegfortsetzung); unter der Voraussetzung eines gemeinsam geteilten Rahmens des Verstehens.

Vor diesem Hintergrund erschließen sich die wesentlichen Rezeptionsstränge, die für die kommunikationstheoretische Grundlegung der Sozialwissenschaften von Relevanz sind. Habermas verfährt in den „Vorstudien" hierzu nach der Art einer kritischen Auslese. Mit Blick auf die Rekonstruktion der **Sozialtheorie** aus dem Geiste der kommunikativen Sprechakte, der Intersubjektivität sind folgende Rezeptionslinien hervorzuheben:

1. die Anknüpfung an die durch Charles S. Peirce angeregte **Diskurstheorie** (Zur Annäherung an das handlungs- und sozialitätstheoretische Denken von Peirce Gerhard Schönrich, „Zeichenhandeln", 1990);

2. die Anknüpfung an die Theorie der an soziale Kontexte gebundenen, soziale Kontexte stiftenden **Sprachspiele** des späten Wittgenstein, die für die Sozialphilosophie von Peter Winch („The Idea of Social Science", London 1958, dtsch. 1966) bestimmend ist. (Zur Einführung in diesen Gesamtkomplex eignet sich der Sammelband „Sprachanalyse und Soziologie. Die sozialwissenschaftliche Relevanz von Wittgensteins Sprachphilosophie", hrsg. von R. Wiggershaus, 1975);

3. die Anknüpfung an die Philosophie des politischen Handelns und der politischen **Öffentlichkeit** von Hannah Arendt [vgl. Abschnitt II.];

4. die Anknüpfung an Meads Version des **Symbolischen Interaktionismus** [vgl. Abschnitt I.4.];

5. die Anknüpfung an die sprach- und handlungstheoretische Konzeption der **Philosophischen Anthropologie**, wie sie von Arnold Gehlen [vgl. Abschnitt III.] entworfen worden ist;

6. die Anknüpfung an die sozialwissenschaftlich zugeformte, als „genetischer Strukturalismus" interpretierte **Entwicklungspsychologie** von Jean Piaget (vgl. „Meine Theorie der geistigen Entwicklung", 2003).

Habermas‘ Votum für einen Perspektiven- bzw. Paradigmenwechsel hin zur Kommunikationstheorie wird von zwei Argumenten zusätzlich noch gestützt:

1. Die **Intersubjektivität** ermöglichende Verständigung ist das nach wie vor explikationsbedürftige Grundproblem;

2. Der Gegenstand der Theorie der Gesellschaft verändert sich im Laufe der sozialen Evolution selber; der **Wandel der Theorie** ist in der Veränderung der Gesellschaft begründet.

Die „Theorie des kommunikativen Handelns“, vorgelegt in zwei Bänden (zuerst Frankfurt 1981), dem 1984 ein Band „Vorstudien und Ergänzungen zur Theorie des kommunikativen Handelns“ nachgereicht worden ist, zeichnet subtil in großen Bögen die Problemlinien der theoretischen Grundlegung der modernen Sozialwissenschaften nach.

Zwei Leitgesichtspunkte sind dabei justierend:

1. der Zusammenhang zwischen **Handeln** und **Rationalität**. Hier durch forstet Habermas die sozialwissenschaftliche Theoriegeschichte von Max Webers kulturalistischer Verstehenssoziologie und Emile Durkheims strukturalistisch akzentuierter Sozialtheorie, über Theoreme der „Rationalität als Verdinglichung“ des gesellschaftlichen Lebens, wie sie im Werk von George Lukacz und der Kritischen Theorie (M. Horkheimer und T.W. Adorno: „Dialektik der Aufklärung“, 1947) entfaltet sind, bis zu Talcott Parsons strukturfunktionalistischer Makrosoziologie und Niklas Luhmanns sozialwissenschaftlich ausgemünzter Systemtheorie;

2. das Spannungsverhältnis zwischen **Systemrationalität** und **kommunikativer Rationalität**, d.h. zwischen systemischer Welt und Lebenswelt. Entwickelt wird dieser Leitgesichtspunkt als kritische Diagnose und Theorie der Moderne.
   Die **Moderne**, so die Habermassche Diagnose, tendiere dahin, Systemwelt und Lebenswelt zu entkoppeln. Mehr noch, die sozialen Lebenswelten gerieten zunehmend unter das Diktat und in die Zwänge systemischer Zweckrationalität. Diese wiederum werde gesteuert von eigendynamischen, ökonomisch-arbeitsweltlichen

Imperativen, die sich verselbständigt hätten und nicht mehr hinterfragt würde. (Bekannte Formel: „Dazu gibt es keine Alternative").
„Systemrationalität" bezeichnet einen Rationalisierungstypus, der sich an den Imperativen stets sich verbessernder Selbststeuerungsfähigkeit von sozialen Systemen orientiert. „Kommunikative Rationalität" zeichnet sich demgegenüber dadurch aus, dass sie zum einen zurückgebunden ist an die Diskursleistungen gesellschaftlicher Individuen (Verständigung über gemeinsam zu verfolgende Ziele und gemeinsam begehbare Wege); dass sie zum anderen ein Widerstandspotential enthält gegen die Eindimensionalität von Systemimperativen; dass sie, kommunikative Rationalität, gleichsam einen Kontrapunkt bildet zur Vereinnahmung der sozialen Lebenswelt durch eigendynamisch sich verselbständigende Systeme; dass sie gemünzt ist gegen die Unterwerfung der gesellschaftlichen Individuen unter eine Fremdbestimmung in Form von unrefelektierten und undiskutierten Diktaten der Systemlogik. „Kommunikative Rationalität" ist für Habermas freilich qualitativ verschieden von bloß ohnmächtiger Wut gegen die Zumutungen systemischer Rationalisierung. Wenn „kommunikative Rationalität" in einer Tradition steht, dann in der des reflexionsvermittelten Heiligen Zorns altjüdischer Propheten.
Kurz, Habermas' Idee der „kommunikativen Rationalität" erscheint als Widerpart gegen die fortschreitende, Systemzwängen gehorchende **Kolonialisierung** der soziokulturellen Lebenswelt unter dem Primat vorproblematischer Zweckrationalität.
In den lakonischen Worten des Systemtheoretikers Luhmann: es hat eine „Dehumanisierung der Gesellschaft" statt.
Folge sei, so Habermas, die Ausbreitung von Kommunikations- und Sozialpathologien, kurz: das „Unbehagen in der Kultur" (S. Freud), mithin ablesbar an den Steigerungsraten der Nachfrage nach Medikamenten und Therapien.

Habermas' „Theorie des kommunikativen Handelns" ist demnach sowohl handlungs- wie systemtheoretisch angesetzt. Dies wiederum in gesellschaftskritischer Absicht, insofern Habermas seine Sozialtheorie explizit an die Aufklärungsidee des zurechnungsfähig und verantwortlich handelnden Subjekts anschließt; in Sonderheit in Hannah Arendts politischer Philosophie entfaltet, und vordem maßgebend von Kant: in Beantwortung der Frage „Was ist Aufklärung?" (1783) prägnant formuliert:

- „Aufklärung ist der Ausgang des Menschen aus seiner selbst verschuldeten Unmündigkeit. Unmündigkeit ist das Unvermögen, sich seines Verstandes ohne Leitung eines anderen zu bedienen. Selbstverschuldet ist diese Unmündigkeit, wenn die Ursache derselben nicht am Mangel des Verstandes, sondern der Entschließung und des Mutes liegt, sich seiner ohne Leitung eines andern zu bedienen. Sapere aude! Habe Mut, dich deines eigenen Verstandes zu bedienen! ist also der Wahlspruch der Aufklärung. Faulheit und Feigheit sind die Ursachen, warum ein so großer Teil der Menschen, nachdem sie die Natur längst von fremder Leitung frei gesprochen, dennoch gerne zeitlebens unmündig bleiben; und warum es anderen so leicht wird, sich zu deren Vormündern aufzuwerfen. Es ist so bequem, unmündig zu sein."

Vor diesem Hintergrund, bzw. Kants Idee der **Aufklärung** reformulierend, entwickelt Habermas seine Konzeption des „praktischen" und des „theoretischen Diskurses". Mit einer der Philosophischen Anthropologie entlehnten Grundfigur zur Unterscheidung von Verhalten und Handeln pointiert Habermas seine Denkfigur des zurechnungsfähigen Subjekts:

- „Ein tierischer Organismus kann nicht in demselben Sinn für sein Verhalten verantwortlich gemacht werden wie ein sprach- und erkenntnisfähiges Subjekt für seine Handlungen."

Utopisch ist die „Theorie des kommunikativen Handelns" insofern, als sie die Bildung der Menschheit zum Gattungssubjekt in sozialevolutionärer Perspektive visiert.

Es kann in diesem Zusammenhang nicht überraschen, dass diese drei frühen Arbeiten von Habermas die Eckpunkte seiner späterhin ausgefalteten Sozialtheorie bilden:

- die vielzitierte Habilitationsschrift zum „Strukturwandel der Öffentlichkeit" von 1962

- der Aufsatz „Arbeit und Interaktion" von 1968

- die zunächst kaum registrierten „Thesen zur Theorie der Sozialisation" von 1968

Um die Eigenart des Sozialen, die Eigenstrukturiertheit der Sozialwissenschaften in Ausdifferenzierung gegenüber den Natur- sowohl wie den Geistes- und Geschichtswissenschaften zu bestimmen und zu präzisieren, ist in der „Theorie des kommunikativen Handelns" ausführlich eine **Typologie des menschlichen Handelns** ausbuchstabiert worden.

- Zur Einführung in die **Sozialtheorie** von Habermas ist es sinnvoll, einen knappen Aufriss seiner Handlungstheorie zur Ortsbestimmung des kommunikativen Handelns zu zeichnen.
  Dazu zwei Vorbemerkungen philosophisch-anthropologischer Natur:

  1. Die Menschen leben in ihren Handlungen (incl. Unterlassungen). Anders, die Menschen sind gezwungen, ihr Leben handelnd zu bewältigen, zu führen.
  2. Der spezifisch menschliche Handlungsbereich ist seinem Grundriss nach soziales Handeln, d.h. es gründet ein in Intersubjektivität, es ist eingespannt in gesellschaftliche Kontexte. Dabei sind Sprechen und Handeln nicht dasselbe. Mit Sprechakten als Wegbereitung von Social Acts werden in der kommunikativen Alltagspraxis Handlungsabsichten diversester Art verfolgt: z.B. vom Befehl über die Bitte bis zur Verständigung über Handlungskoordinierung und Kooperation (Dialog).

Der **Handlungstypologie** von Habermas sind drei Grundtypen von menschlichem Handeln eingezeichnet:

1. **Instrumentelles** Handeln (Technik)
2. **Strategisches** Handeln (Soziale Steuerung)
3. **Kommunikatives** Handeln (Diskurs)

Es ist zu betonen, dass es sich hierbei um Stilisierungen und Typifizierungen handelt. In der gesellschaftlichen Wirklichkeit können die Handlungstypen sowohl zusammen auftreten als auch nacheinander, insofern etwa instrumentelles Handeln von kommunikativen Elementen begleitet weden kann, oder kommunikatives Handeln sich in strategisches verwandeln, zurückbilden kann.

- **Instrumentelles Handeln**
  Dieser Grundtyp ist wie folgt charakterisiert:

1. Instrumentelles Handeln rechnet **nicht** zum Bereich des spezifisch sozialen Handelns.

2. Es ist **erfolgsorientiert**; d.h., es vollzieht sich nach Maßgabe technischer Erfolgskalkulation

3. Es ist **zweckrational** strukturiert; d.h., es ist geleitet von rationaler Wahl der Mittel mit Blick auf den gesetzten Zweck, orientiert an **technischen** Regeln auf der Basis von empirischem Wissen: material- und zeitökonomische Bewältigung technischer Aufgaben.

4. Dem instrumentellen Handeln geht es um die Herbeiführung von (geplanten) **Effekten**, indem Gegenstände bearbeitet, manipuliert werden.

- **Strategisches Handeln**
  Dieser Grundtyp ist wie folgt beschrieben:

1. Das strategische Handeln gehört dem Bereich des **sozialen Handelns** an, insofern es sich in (fern- oder nahstrukturierten) Interaktionen zwischen Menschen sich vollzieht.

2. Es ist **erfolgsorientiert**; d.h., es ist gekoppelt an gesellschaftliche Erfolgskalkulation in **egozentrierter**, monologisch verfasster Einstellung.

3. Es ist **zweckrational** orientiert; d.h., es ist geleitet von rationaler Wahl der Mittel nach **sozialtechnologischen** Regeln auf der Basis von vor- und wissenschaftlichem Erfahrungswissen.

4. Dem strategischen Handeln geht es darum, gewünschte, angepeilte **Wirkungen** bei dem/der oder den anderen auszulösen bzw. herbeizuführen in der Richtung, dass die Adressaten, die in die Interaktion einbezogen sind, die vom strategischen Sender erwünschten Entscheidungen treffen und entsprechenden Handlungen ausführen. Strategisch-erfolgsorientiertes Handeln vollzieht sich in der Perspektive des gewünschten Funktionierens der anderen. Insofern kann

strategisches Handeln als asymmetrisch beschrieben werden, als es in der Regel eingründet in ein Herrschafts-, Macht- oder Einflussgefälle.

5. Strategisches Handeln kann:
   - erstens ***offen*** strategisches Handeln sein
   - zweitens ***verdeckt*** strategisches Handeln sein

   5.1. **Offen** strategisches Handeln tritt auf in Gestalt herrschafts- und machtgestützter, direkter Imperative

   5.2. **Verdeckt strategisches** Handeln wiederum kann in zwei Formen auftreten:

   5.2.1. in der Variante der **bewussten** Täuschung und Manipulation (hier hätte eine Soziologie der Werbung anzusetzen)

   5.2.2. in der Variante der **unbewussten** Handlungen im Kontext „systematisch verzerrter Kommunikation" in der Gestalt von Selbsttäuschung als Form der Täuschung:
   - etwa in Form chronischen Missverstehens aufgrund unterkomplexer Kommunikationskompetenz;
   - etwa in Gestalt von Abwehrmechanismen aufgrund narzisstischer Störungen (Kränkungsanfälligkeit);
   - etwa aufgrund unterentwickelter Fähigkeit zur Konfliktbearbeitung („unter den Tisch kehren", beschweigen)

   Ergänzung zu:

   Verzerrte Kommunikationsstrukturen
   Wie immer auch die Blockierung sozialer Lernprozesse und Störungen der Kommunikationsfähigkeit soziobiographisch bedingt sein mag: In solchen Interaktionszusammenhängen können die Beteiligten im Medium von Kommunikation notorisch strategisch handeln, ohne dass ihnen eben dieser Charakter ihrer Aktion bewusst wird (unbewusste Suggestionseffekte).

Strukturen systematisch verzerrter Kommunikation können sich zu mikrosituativen wie makropolitischen **Sozialpathologien** auswachsen. Jene latenten Prozessstrukturen tendieren dazu, in Krankheitssymptomen sich zu verdichten und bei Gelegenheit in Enttäuschungen oder Krisen zu eklatieren.

- **Kommunikatives Handeln**

1. Das kommunikative Handeln gehört ersichtlich dem Bereich des **sozialen** Handelns an, indem es reziproke Intersubjektivität stiftet und reproduziert. Der Grundidee nach ist es symmetrisch strukturiert. („Auf gleicher Augenhöhe").

2. Es ist primär **verständigungsorientiert** in der Perspektive diskursiv entwickelter, co-reflexiver Handlungsorientierung und Kooperation, eingedenk des Bedeutungsgehalts des lateinischen Wortes „communis", von dem sich bekanntlich Kommunikation herleitet, ein **ion**-Ausdruck, der Prozess und Struktur zugleich bezeichnet: gemeinsam, nicht zuletzt mit Blick auf das Forum, den **öffentlichen** Platz. (Gelegentlich deformiert zum „Gemeinplatz").

3. Als verständigungsorientiertes Handeln gründet kommunikatives Handeln ein in praktische, weiters theoretische **Diskurse**; analytisch bewertet im Idealbild des herrschaftsfreien Diskurses über gemeinsam betreffende Angelegenheiten und Probleme. Es handelt sich um den Modus offen dialogisch vermittelter Problembewältigung, Zielfindung und Zielerreichung.

4. Beim kommunikativen Handeln handelt es sich um eine sprach-symbolisch vermittelte Interaktion; sie richtet sich nach verpflichtenden **Normen**, die im Idealfall von den reziproken Verhaltenserwartungen definiert werden und von den Beteiligten sowohl verstanden als auch anerkannt werden. (Legitimität des kommunikativen Handelns).

5. Eine Sonderform des kommunikativen Handelns stellt die „Konversation" dar, bei der Unterhaltung, Gespräche zum Selbstzweck werden. Die kommunikative Verhandlung von Themen verselbständigt sich zum Eigenzweck der mal mehr, mal weniger lustbetonten **Konversation**: Talk for Talk

- Bleibt noch, die **funktionalen** Aspekte kurz pointierend zu resümieren:

  1. Unter dem funktionalen Aspekt der **Verständigung** dient kommunikatives Handeln der Überlieferung, Erweiterung und Erneuerung kulturellen Wissens;

  2. unter dem funktionalen Aspekt der **Handlungskoordinierung** dient kommunikatives Handeln der sozialen Integration sowie Herstellung und Stabilisierung von Solidarität;

  3. unter dem Aspekt funktionalen Aspekt der **Sozialisation** befördert kommunikatives Handeln die Ausbildung von personaler Identität.

Kurz: die symbolischen Strukturen der sozialen Lebenswelt reproduzieren und differenzieren sich auf dem Wege

- der **Kontinuierung** von gültigem Wissen
- der **Festigung** von Gruppensolidarität sowie
- der **Heranbildung** zurechnungs-, d.h. interaktionsfähiger Subjekte.

Es kann nicht übersehen werden, daß die „Theorie kommunikativen Handelns" fokussiert ist auf die Sphäre der **Interaktion**, d.h. auf die **sozialkulturelle Reproduktion** der Gesellschaft, wohingegen die Sphäre der gesellschaftlichen **Arbeit**, die **materielle Reproduktion** der Gesellschaft, wenn auch nicht ausgeblendet, so doch zu kurz kommt, vernachlässigt wird.

Die kommunikationstheoretische Erkenntnisstrategie in den Sozialwissenschaften legt fraglos, wie Habermas es formuliert, den „vernünftigen Gehalt anthropologisch tiefsitzender Strukturen" frei, zerreißt nicht die Verschränkung von Natur und Kultur.
Habermas:

- „Der Entwurf einer idealen Kommunikationsgemeinschaft dient deshalb als Leitfaden für die Einrichtung von Diskursen, die tatsächlich durchgeführt werden müssen und nicht durch monologisierte Scheindialoge ersetzt werden können."

Kritische Gesellschaftstheorie bewegt sich an diesem Punkt auf der Schwelle zwischen Entwurf und Utopie.

II. Die Eigenart der Sozialwissenschaften im Lichte des Dualismus von Natur- und Geisteswissenschaften

Das Ergebnis dieser Passagen zwischen der Darlegung sozialwissenschaftlicher Erkenntnisstrategien (I.) und dem abschließenden Lehrstoff „Sozialwissenschaftliche Terminologie“ (III.) kann mit einer Negativbestimmung vorweggenommen werden:

die Sozialwissenschaften sind

- weder auf das objektivistische Modell der Naturwissenschaften zu vereidigen,
- noch an die Tradition der Geisteswissenschaften zu binden,
- noch an den Erkenntnisinteressen der Geschichtswissenschaften auszurichten.

Die **Eigenart des Sozialen** geht weder in Natur, noch Geist, noch Geschichte auf:

1. Gegenüber den **Naturwissenschaften** ist die Eigenart symbolisch vermittelten Charakters des sozialen Handelns und der kulturellen Lebensformen zu betonen.

2. Gegenüber den **Geisteswissenschaften** ist die Eigenart der sozialen Zwänge und Determinanten der durch die gesellschaftliche Arbeit vermittelten materiellen Reproduktion des menschlichen Lebens hervorzuheben.

3. Gegenüber den **Geschichtswissenschaften** ist die Eigenart mithin langfristiger, durchschnittsindividuelle Normalität erzeugender gesellschaftlicher Strukturbildungen und Strukturwandlungen herauszustellen.

Dieser Passage über die „Eigenart der Sozialwissenschaften“ im Lichte des älteren, bis heute tradierten Dualismus von Natur- und Geisteswissenschaften ist eine kurze Notiz über den in den Sozialwissenschaften bis heute nicht beendeten, also virulenten Streit über die erforderliche sozialwissenschaftliche Proto-Methodik [πρῶτος/protos = erster, zuvorderst] vorauszuschicken.

- Ist der Modus der **Erklärung** oder der des **Verstehens** die angemessene Herangehensweise an sozialwissenschaftliche Sachverhalte, Gegenstände und Gegenstandsbereiche?

Die Einführung in die „Grundlagen sozialwissenschaftlicher Denkweisen" ist nicht der vornehmliche Ort, über die erkenntniskritisch-methodologischen Alternativen „Erklären vs. Verstehen" ausführlich zu verhandeln, zu explizieren und zu begründen, worin die jeweiligen Vorzüge liegen und für welche modale Variante begründet zu optieren wäre bzw. ob und wie die angesprochenen Verfahrensstrategien zu koordinieren wären. Hierfür ist auf den Problemkomplex „Sozialwissenschaftliche **Methoden**" querzuverweisen.

Dennoch kann aus der Perspektive einer „Einführung in sozialwissenschaftliche Denkweisen" zum Problem „Erklären vs. Verstehen" eine grundlegende Erwägung zur Geltung gebracht werden: Die Entscheidung für einen der beiden Prototypen sozialwissenschaftlicher Verfahrensweise bzw. die Art ihrer begründeten Kombination hängt entscheidend davon ab, wie der Gegenstand der Sozialwissenschaften, wie die Eigenart des Sozialen betrachtet, gedanklich gefasst und entsprechend in den Sozialtheorien konzeptualisiert wird.

Diese Problemlage zu konturieren, darauf ist der folgende Abschnitt zugeschnitten.

Eröffnet werden soll sie mit einer Reflexionsnotiz zum Problemverständnis.

1. Zum Problemverständnis der Spannung zwischen „Erklären" und „Verstehen"

Im sozialwissenschaftlichen Diskurs ist mehr als nur gelegentlich der Ausdruck „Hermeneutik" zu hören, und zwar im Zusammenhang von „Verstehender Soziologie" bzw. „interpretativer Sozialforschung". Dahinter steht ein tradierter Gegensatz: der zwischen Erklären und Verstehen als zwei unterschiedliche, scheinbar entgegengesetzte Erkenntnismodi.

Ich halte dafür, die Sozialwissenschaften **nicht** auf den Gegensatz quasi-naturwissenschaftlichem Erkenntnismodus „Erklären" einerseits und dem quasi-geisteswissenschaftlichen Erkenntnismodus „Verstehen" festnageln zu lassen. Vielmehr geht es darum, die **Eigengegründetheit der Sozialwissenschaften** im disziplinären Gesamtgefüge von Natur-,

Geistes- und Geschichtswissenschaften herauszustellen, und die Frage nach den angemessenen Erkenntnismodi, bis hin zu Methodologie und Methoden, nicht dogmatisch vorzuentscheiden und festzulegen.

Zunächst einmal, **Hermeneutik** ist weniger eine Methode denn eine Kunst des Interpretierens, die sich zu diversen hermeneutischen, d.h. Verfahren der Auslegung von Texten, später von Sprechakten, Bildern und überhaupt kulturellen Artefakten ausdifferenziert hat. Sogleich sei es gesagt, hier ist nicht nur eine weite, sondern nachgerade eine uferlose Problemsphäre angesprochen. Studien zur Hermeneutik in den diversen Humanwissenschaften füllen viele Bibliotheksetagen.

Am besten, ich erinnere zunächst daran, dass **Hermes**, der Götterbote, einer der Söhne des polyamourösen Zeus, als Gott des Tausches und Täuschens, der Kommunikation und Redekunst, mithin als göttlicher Hüter der **Kunst des Übersetzens** ins Bild tritt. Hermes, bei den Römern heißt er Merkur, ist die Personifikation der Hermeneutik. Er, der Bote der Götter, legt die für die Menschen zunächst hermetisch verschlossenen Botschaften der Götter aus. (**hermetisch**: luftdicht, wasserdicht verschlossen).

Die Kinder, Enkel und Urenkel des Hermes, die Interpreten, darunter Sozial- und Kulturwissenschaftler, legen die verschlüsselten Botschaften der menschlich-sinnhaften Welt aus: Artefakte aller Art vom Wort über Schrift und Bild bis zur Notenschrift.

Mit Hermeneutik ist ein längst subtil ausdifferenziertes, über manche Strecken hinweg methodisch reguliertes Verfahren der sinnverstehenden Auf- und Erschließung von Sprechakten, Texten und Kunstwerken gemeint. Hermeneutik gilt als das Königsverfahren der **Geisteswissenschaften**. Diesen ist es um die Auslegung der Bedeutungsschichten sinninnervierter Objektivationen des menschlichen Geistes zu tun. Das Wort von den hermeneutischen Verfahren begegnet einem häufig während sozialwissenschaftlicher Lektüre, so etwa im Kontext von „Content Analysis", Inhaltsanalyse, von „interpretativen Sozialwissenschaften", von „qualitativen Methoden" im weiteren und engeren.

Hier mag zur Kennzeichnung hermeneutischer Verfahren genügen, dass sie gebunden sind an die Tatsache des **artifiziellen** Charakters menschlicher Vergesellschaftung, d.h. gebunden sind an den grundlegenden Sachverhalt, dass menschlicher Ausdruck, menschliche Beziehungen und Bindungen, soziale Interaktionen stets symbolisch vermittelt sind; mimisch, gestisch, bildlich und zumal sprachlich. Will sagen: Symbolische Vermittlung menschlicher Beziehungen verweist auf den Grundsachverhalt, dass Dinge, Formen, Verhalten, Interaktionen nicht nur einfach gegeben sind, sondern ihnen eine **Bedeutung** beikommt, Sinn (Meaning) einwohnt. Anders, menschliche Vergesellschaftung vollzieht sich in symbolisch vermittelten Räumen, Symbolwelten, Kulturwelten. **Symbol** und **Bedeutung** wiederum, und dies ist für Sozial- und Kulturwissenschaften im weitesten Sinne von Relevanz, erheischen besondere Operationen sie aufzuschließen, die manifesten und latenten Sinngehalte zu erschließen. Hermeneutische Verfahren sind also zentriert im Schlüssel zum Verständnis von Sinngehalten. Favorisierter Erkenntnis-, bzw. epistemologischer Modus: **Verstehen**.

Der Hermeneutik wohnen zwei ineinander verschränkte Vorgänge ein:

Verstehen und Deuten in einem Zug.

- Indem wir etwas verstehen, deuten wir es – z.B. das Kreuz, einen Guten-Tag-Gruß, ein Schriftbild etc. etc.

„Der Begriff des Verstehens", so Peter Winch in seiner Grundlagen-Studie zur Unterscheidung von Natur- und Sozialwissenschaften (The Idea of Social Science, 1958), „(ist) in einem gesellschaftlichen Kontext [also Sinnzusammenhang verwurzelt], an welchem der Hund nicht in derselben Weise teilhat wie der Mensch."

Hermeneutisch, d.h. sinnverstehend orientierte Sozialwissenschaften, im Unterschied zu solchen, die am naturwissenschaftlichen Paradigma der **Erklärung** sich ausrichten, legen Wert auf den Unterschied zwischen bloß reizgebundenem **Verhalten** und sinnvermitteltem, an Symbolen und Bedeutungen orientiertem **Handeln**.

Natur ist schon konstituiert, ehe sie von menschlicher Arbeit, Operation und Praxis, Anschauung und Naturerkenntnis als Gegenstand behandelt wird. Die Ansicht von der Natur als Objekt menschlicher Bearbeitung und Betrachtung ist vermittelt über die Zuweisung kultureller Bedeutungen an Erscheinungen und Vorgängen in der Natur, wodurch diese, in äußerst breiter kultureller Varietät, symbolischen Charakter annimmt: Der Mond als Frau Luna.

Insofern als sie mit Zeichen, Zahlen und Sprache operieren, haben nachgerade auch die **Naturwissenschaften** teil an der symbolischen Bedeutungswelt. Mehr noch, die naturwissenschaftlichen Probleme und Fragen werden nicht vom Naturobjekt formuliert, sondern sie werden von Menschen gestellt. Dies ist die Pointe naturwissenschaftlicher ebenso wie sozialwissenschaftlicher Paradigmen: Die Perspektive der Problemstellung.

Paradigma, der griechischen Wortbedeutungswurzel nach, meint: Denkmuster, das öffentlich, in der Science Community, auf die Probe, auf den Prüfstand des Beweises gestellt wird.

Alle Wahrnehmung, sowohl die sozial- wie die naturwissenschaftliche, ist zugleich deutende Projektion. Wer etwas auslegt, so Nietzsche, legt etwas hinein, auch sich bzw. etwas von sich selbst. Ob etwas, das wahrgenommen wird, auch wahr ist, zutrifft, können erst die systematisch-methodische Kontrolle und der wissenschaftliche Diskurs erweisen; etwa das Experiment und die Gegenrede. **Erklären** heißt, Zusammenhänge von Wahrnehmungen feststellen, in Aussagen übersetzen und unter bestimmten Kriterien prüfen. Gegebenenfalls sind die Aussagen zu korrigieren.

- Ist nun die naturwissenschaftliche Erklärung etwas radikal ganz anderes als das sozialwissenschaftliche Verstehen? Ja und nein.

Ja, weil die naturwissenschaftliche **Erklärung** sich auf sinnfremde, vielleicht besser: sinnneutrale Gegenstandsbereiche sich bezieht.

Nein, weil es auch der sozialwissenschaftlichen **Deutung**, Auslegung sprach-, sinn- und symbolvermittelter Gegenstandsbereiche, um Erklärung geht. **Wer verstehen will, muss deuten.** Und wer deutend versteht, ist in den Sozialwissenschaften um die Erklärung von Zusammenhängen und Prozessverläufen innerhalb der menschlichen Gesellschaft, ist um die **Erklärung** des Wirkungsgeflechts von Kultur, Gesellschaft, Person bemüht.

In Sachen Verstehen, Deuten, Erklären hat sich längst ein babylonischer Turm von Missverständnissen aufgebaut. Dies zumal im deutschen, deutschsprachigen Kultur- und Wissenschaftsraum. Hier handelt es sich aber keineswegs um einen Nebenschauplatz der Kontroversen, sondern um grundsätzliche Erwägungen **epistemologischer** Natur. Episteme (stasis) meint Standpunkt, Standort, wissenschaftliche Perspektive. Epistamai: sich auf etwas verstehen.

Also was ist das, auf das man sich als WissenschaftlerIn versteht? **Epistemologie** bezieht sich auf die komplexe Beziehung zwischen Wissenschaftsverfahren und Art des Gegenstandes: Natur, Gesellschaft, Geist.

Bei genauerem Hinsehen sind die Erkenntnismodi „Erklären“ und „Verstehen“ mitnichten abgrundtief voneinander geschieden, insofern weil beide Verfahrensweisen, wie jedwede Interpretation, eine **Assimilation** darstellen. Im Wege von Erklären ebenso wie Verstehen klären Wissenschaften über Sachverhalte auf, indem sie die Gegenstände der Analyse ihren jeweiligen theoretische geleiteten Problemperspektiven und Fragestellungen angleichen, um im Ausgang des Untersuchungsprozesses ihre Theorien zu verwerfen, zu modifizieren, neu zu formulieren oder beizubehalten.

In aller gebotenen Kürze sei die Polarität benannt, die bis heute nicht nur die Interdisziplinarität zwischen Natur- und Sozialwissenschaften erschwert, sondern auch die Korrespondenzen innerhalb der Sozialwissenschaften.

- Im Verlaufe 19. Jahrhundert hat sich im Raum der Wissenschaftskulturen gleichsam ein Gegenüber herausgebildet:
  Dort die triumphalischen, erfolgreichen, das Gesicht der Welt bis in die innersten Fasern hinein prägenden Naturwissenschaften im Wirkungsdreieck von Industrie – Technik – Wirtschaft. (Welt der Nobelpreise für Physik, Medizin, Chemie).
  Hier die in wissenschaftliche Enklaven zurückgedrängten, ebenso gekränkten wie elitären Geisteswissenschaften.
  Zwischen Natur- und Geisteswissenschaften hat sich seither ein tiefer Graben aufgetan – bei wechselseitiger Ignorierung, manchmal gar Verachtung.

- Der Zustand im Anfang des 21. Jahrhunderts? Die Geisteswissenschaften befinden sich in einer spürbaren Legitimationskrise im Zeichen des Primats, wenn nicht gar Diktats betriebswirtschaftlich-imperativer Interpretation der Welt, der Dominanz von Effizienzkriterien technisch-ökonomischer Natur.

In ebenso gebotener Kürze möchte ich die Herausbildung **des Dualismus von Geistes- und Kulturwissenschaften** auf der einen und **Natur- und Technikwissenschaften** auf der anderen Seite referieren. Der Grund hierfür: Die Herausbildung der modernen Sozialwissenschaften ebenso wie ihre heutige Physiognomie zeigen immer noch die Spuren jenes Dualismus; das gilt im übrigen auch für die Psychologie.

Die Trennung bzw. Gegenüberstellung von Natur- und Geisteswissenschaften, wie sie sich im letzten Drittel des 19. Jahrhunderts etabliert hat, ist im deutschsprachigen Raum wissenschaftssystematisch insbesondere mit den Namen Wilhelm Windelband und Heinrich Rickert verbunden; in der Philosophie- und Wissenschaftsgeschichte unter dem Sammelnamen „Neukantianismus“ verbucht. Windelband zufolge handelt es sich im Falle der Geisteswissenschaften resp. Naturwissenschaften um grundsätzlich wesensverschiedene Typen der Erkenntnisproduktion.

Die Naturwissenschaften werden dem **nomothetischen** Wissenschaftstyp zugeordnet; d.h. hier gehe es um die Gewinnung allgemeiner Gesetze, Gesetzmäßigkeiten – kurz: die Erforschung von Naturgesetzen. Die respondierende Erkenntisfigur: **Erklären**.

Die Geisteswissenschaften demgegenüber werden dem **ideographischen** Wissenschaftstyp zugeordnet; d.h. hier gehe es vor allem um die individualisierende Beschreibung von Ereignis- und Geistesgeschehen. Die respondierende Erkenntnisfigur: **Verstehen**.

Im Umkreis des von Windelband ausbuchstabierten Dualismus von Natur- und Geisteswissenschaften hat Heinrich Rickert um 1900 diesen Dualismus gewissermaßen modifiziert, indem er den Begriff des Geistes zu dem der Kultur erweitert hat. In letzter Fassung von 1926 hat Rickert das epistemologische Programm unter dem spätestens seither eingebürgerten Titel „**Kulturwissenschaft und Naturwissenschaft**" vorgelegt; darin den wahrhaft erhellenden Satz formuliert:

- „Die Worte Natur und Kultur sind nicht eindeutig."

Zur Klärung der Terminologie wird dann auf die wesensunterschiedlich gearteten Gegenstandsbereiche von Kulturwissenschaften einerseits und Naturwissenschaften andererseits abgehoben und die Differenz detailliert dargestellt. Merklich ist bereits die Verschiebung der Terminologie von Geistes- zu den umfassenderen Kulturwissenschaften.

Rickert:

- „es gibt für die Wissenschaft einerseits Objekte, die wie die Kultur eine Bedeutung oder einen Sinn haben, und die wir um dieser Bedeutung und dieses Sinnes willen verstehen, und es gibt andererseits Objekte, die wie die Natur uns als völlig sinn- und bedeutungsfrei gelten und von daher unverständlich bleiben."

An dieser Stelle sei mit allem Nachdruck hervorgehoben, dass Rickert die Kulturwissenschaften dezidiert als **empirische Kulturwissenschaften** visiert hat. Nicht zuletzt deshalb konnte Max Weber, einer der Gründerväter der Soziologie, in der Umsphäre der Windelband-Rickertschen Unterscheidung seine Idee einer Verstehenden Kulturwissenschaft bzw.

Verstehenden Soziologie platzieren; denn Weber wollte Sozialwissenschaften nachdrücklich als empirische Erkenntnisgewinnung installiert wissen. Ich verweise in diesem Zusammenhang auf die in vielen Auflagen erschienene Aufsatzsammlung: Max Weber, Gesammelte Aufsätze zur Wissenschaftslehre (^{7}1988).

Entlang der Unterscheidung bzw. Gegenüberstellung von Natur- und Kulturwissenschaften hat sich eine ganze Reihe von im engeren Sinne kulturwissenschaftlichen Paradigmen herausgebildet, die bis in die Gegenwart hinein virulent sind. Ich hebe in diesem Zusammenhang das Werk von Ernst Cassirer hervor, nicht zuletzt auch weil einer der heute einflussreichsten Kulturforscher und Sozialtheoretiker, nämlich Pierre Bourdieu, in einer früheren, zu wenig zur Kenntnis genommenen Arbeit, in deutscher Übersetzung 1970 zusammengefasst unter dem Titel „Zur Soziologie der symbolischen Formen", sich in Denkbahnen Cassirers bewegt. Dabei tut es nichts zur Sache, dass Cassirer von der Kulturphilosophie, Bourdieu von der Ethnologie und Ethnographie herkommt.

Zwischen 1923 und 1929 entwickelte Cassirer eine in drei Bänden publizierte „Philosophie der symbolischen Formen"; deren Grundriss später, während seiner amerikanischen Exilzeit, weiter ausdifferenziert wird.

Durchaus in innerer Verbindung zur Rickertschen Unterscheidung der Kulturwissenschaften von den Naturwissenschaften, wonach erstere es auf ihrem Theorie- und Forschungsgelände mit von Menschen produzierter „Bedeutung" und „Sinn" zu tun haben, schreibt Cassirer den Dualismus von Kulturwissenschaften und Naturwissenschaften fort, ohne sie allerdings zu Antipoden zu stilisieren; vielmehr ist er darum bemüht, für die Wissenschaften vom Menschen nach **Vermittlungen** zu suchen.

„Kultur" wird von Cassirer als die vom Menschen gestaltete Welt gefasst und definiert.

- **Kultur** ist die Welt des Menschen.
  Damit rücken Handlung und Formgebung ins Zentrum; Natur und Kultur werden nicht als absolutes Gegensatzpaar aufgefasst. Sondern: **Natur und Kultur** stehen in einem wechselseitigen Fundierungsverhältnis; der eine Begriff erscheint als Grenzwert des anderen. In der vorzüglichen Zusammenfassung von Ernst Wolfgang Orth („Der Begriff der Kulturphilosophie bei Ernst Cassirer". In: Kultur. Bestimmungen im 20. Jahrhundert, 1990):

- „Alles ist Natur – alles ist Kultur. Alles ist Natur, weil auch das, was Kultur genannt wird, aus der Natur erwächst und zum Inbegriff tatsächlichen Geschehens wird. Alles ist Kultur, weil auch das, was Natur genannt wird, gerade darin, dass es *genannt* wird, auf die Leistung des Menschen verweist, der die so genannte Natur als kulturelles μή ὄν (me on – Nicht-Seiendes) eben dadurch, dass er sie benennt und auf irgendeinen Begriff bringt, zum Kulturgegenstand macht, gerade weil „etwas zum Gegenstand zu machen" eine Form von Kulturleistung ist."

D.h. auch **die Naturwissenschaften sind Teil der menschlichen Kulturwelt**, Produkt und Form spezifisch menschlichen, zweckrationalen Handelns; Natur- und Kulturwissenschaften sind demnach verschiedene Modi, Arten und Weisen des Weltverstehens und zumal der Weltbemächtigung.

- Die Menschen haben sich selbst schon als allerlei angesprochen: so die Selbstbeschreibung als **animal laborans**, **homo faber**, **zoon politicon** und mit Vorliebe als **animal rationale**, als rationales Lebewesen. Cassirer fügt noch eine weitere, ganz spezifische hinzu:
  Der Mensch ist ein **animal symbolicum**, das sich innerhalb des von ihm erzeugten „symbolischen Universums", in seinen, spätestens seit dem Turmbau zu Babel, zerstreuten Symbol-, i.e. Sprach- und Kulturwelten bewegt. Dieses unermesslich plural aufgefächerte symbolische Universum, besser mit Pluriversum beschrieben, zeugt nicht nur von den unerschöpflichen Gestaltungs- und Formungsmöglichkeiten des menschlichen Handelns, der menschlichen Bedeutungszuweisung bzw. Sinngebung. (Nur vor diesem Hintergrund macht das Kennzeichen „Neu" oder die Etikettierung „Innovation" Sinn). Vielmehr sieht Cassirer durchaus, dass mit der Erzeugung und Verfestigung der Symbolwelten zugleich **normative** Strukturen sich herausbilden und zur Geltung gelangen; Normwelten, die den Entscheidungs- und Handlungsspielraum der Menschen präjudizieren, mithin einschränken – und ermöglichen. (Im Abschnitt III.1.3. „Sozialwissenschaftliche Terminologie" ist auf den Begriff der **Norm** noch näher einzugehen).

Implizit zusammengehalten wird Cassirers einflussreicher kulturphilosophischer Entwurf zur Beschreibung der condition humaine als der vom Menschen im Stoffwechsel mit der Natur erzeugten und reproduzierten Kulturwelt(en) durch die Rückbindung an Ideen der Philosophischen Anthropologie, der Physical Anthropologie sowie der Kultur- und Sozialanthropologie. Zurecht ist in diesem Kontext von Gingrich und Zips („Ethnohistorie und Historische Anthropologie". In: H. Fischer/B. Beer (Hg.), Ethnologie. Einführung und Überblick, 2003) auf die praxeologisch-strukturgeschichtliche Fundierung der Anthropologie verwiesen worden. Jedenfalls, der Plessnersche Lehrsatz, dass der Mensch von Natur aus zur Künstlichkeit genötigt sei, ist nachgerade auch für Cassirers Theorie der Symbol- und Lebensformen basal. Ich könnte ergänzen: Tabletten, ein inzwischen massenkulturelles Phänomen, sind von Natur aus künstlich. (Als Zustieg zur Kulturanthropologie Cassirers bietet sich vorzugsweise dessen „Versuch über den Menschen. Einführung in die Philosophie der Kultur", 1990, an).

- Die modernen Sozialwissenschaften sind gut beraten, vom Bann – dort Naturwissenschaften, hier, abgrundtief geschieden, Geisteswissenschaften – sich zu lösen. Emanzipierte, selbstbewusste Sozialwissenschaften lassen sich weder auf das Modell erklärender Naturwissenschaften mathematisierenden Zuschnitts noch auf das Modell rein hermeneutisch-sinnverstehender Geisteswissenschaften festnageln. Das Soziale geht weder in Natur noch in Geist auf; es ist ein anderes, partizipiert freilich an beiden Sphären.
  Die *sozialwissenschaftliche* Landschaft heute zeigt, schematisch gesprochen, zwei Pole, wo zwischen sich ein reich abdifferenziertes Spektrum von Denkansätzen, Paradigmen, thematischen Konzepten, Forschungsperspektiven und dementsprechend Forschungsverfahren zu finden ist.
  Dort das objektivistische Beschreiben und Erklären sozialer Zusammenhänge und Prozessverläufe nach dem mehr oder minder verehrten methodischen Vorbild der Naturwissenschaften, oder was Sozialwissenschaften glauben, was Naturwissenschaften treiben;
  hier das verstehend-deutende, hermeneutische Beschreiben und Erklären nach dem Vorbild der (älteren) Geisteswissenschaften.
  Im Übrigen kennen nicht nur die Leute, sondern auch die Wissenschaften Moden, die kommen und vergehen.

- An dieser Stelle sei noch einmal betont, dass es heute wenig Sinn mehr macht, die alten Schlachten des 19. Jahrhunderts zwischen Natur- und Geisteswissenschaften zu schlagen. Die Dominanz der Natur- und Technikwissenschaften, Naturwissenschaften sind heute

in der Mikro- und der Makrodimension gar nicht mehr ohne die Erfolge der Technik und Technologie ernsthaft zu betreiben, gründet nicht in epistemologischen Vorzügen, sondern hat wesentlich ökonomisch-gesellschaftliche Determinanten zu ihrer Grundlage.
Die Klarstellung des Konstanzer Philosophen und Wirtschaftstheoretikers Jürgen Mittelstraß mag hilfreich sein:

- „Verstehen vs. Erklären. Als wäre nicht alles Erklären, nunmehr den Naturwissenschaften zugeschrieben, ein Verstehen, und wäre nicht auch alles Verstehen, nunmehr den Geisteswissenschaften zugeschrieben, ein Erklären."

Dem korrespondiert die Klarstellung des Physikers und Philosophen von Weizsäcker, dass es keine Hierarchie der Wissenschaften geben kann, jedenfalls nicht in epistemologischer Hinsicht.
(Zum tieferen Verständnis des älteren Dualismus zwischen Natur- und Geisteswissenschaften sei empfohlen: Manfred Riedel: „Verstehen oder Erklären? Zur Theorie und Geschichte der hermeneutischen Wissenschaften", 1978; zum Stand der neueren Diskussion, auf der Basis internationaler Diskussionen über Wissenschaftslogik und analytischer Sprachphilosophie, sei hingewiesen auf Karl Otto Apel: „Die Erklären/Verstehen-Kontroverse", 1979).

2. Zur Eigenart der Sozialwissenschaften im Verhältnis zu den Naturwissenschaften: Differenzierungen und Korrespondenzen

Ohne auch nur annähernd jenes Spektrum ausleuchten zu können, seien im Einstieg zu den „Grundlagen sozialwissenschaftlicher Denkweisen" einige leitende Gesichtspunkte hervorgehoben. Sie zielen darauf, die Eigenart der Sozialwissenschaften, weder Natur- noch Geisteswissenschaften zu sein, herauszustellen.

Zudem sei nicht übergangen, dass objektivistische Erkenntnisstrategien in den Sozialwissenschaften, die sich gerne auf die Naturwissenschaften beziehen und auf deren erfolgreiche Erkenntnisprinzipien sich berufen, dazu tendieren, die paradigmenkritischen Debatten in den Naturwissenschaften, namentlich der Theoretischen Physik wenn nicht zu verleugnen so doch zu übersehen. Auch von Seiten der internen naturwissenschaftlichen Diskussion über Probleme der Theoriebildung wird das allzu naive Bild von dem Charakter empirisch-analytischer Wissenschaften problematisiert. Im übrigen nicht nur das sozialwissenschaftliche, sondern nachgerade auch das naturwissenschaftliche **Experiment** ist ein kunstvolles, allemal kulturspezifisches Arrangement.

- Folgende Differenzen und Korrespondenzen zwischen Natur- und Sozialwissenschaften lassen sich kurz benennen:

  1.) Die Naturwissenschaften haben es mit **symbolfreien** Gegenstandsbereichen zu tun, gleich ob Physik, Chemie oder Biologie. Allerdings, im Falle der Humanbiologie oder gar Medizinischen Forschung liegen die Dinge schon anders und komplizierter.

  2.) Die Naturwissenschaften als Theorie und organisierter Betrieb sind ihrerseits ein menschliches **Artificium**, d.h. sie gehören der Sozialwelt an. Ihr Gegenüber aber, die symbolfreie bereits konstituierte Natur, ist kein menschliches Artificium; wohl aber wird die Natur, werden die Naturprozesse durch gesellschaftliche Arbeit, Technik und eben Wissenschaft in die Sozialwelt hereingezogen.
  Ein, wenn nicht der wesentliche Aspekt der Weltgeschichte: die anhaltende universelle Vergesellschaftung durch **Naturbeherrschung**, durch Bearbeitung, Formierung und Umwandlung der außermenschlichen sowohl wie seiner leiblichen Natur durch den Menschen („Selbstdressur“).

  3.) Naturprozesse laufen auch dann ab, Naturgesetze gelten auch dann, wenn sie nicht naturwissenschaftlich erklärt, formuliert sind. Grob gesprochen: die Natur existiert **unabhängig** vom Menschen, der sich im Medium von Praxis und Wissenschaft seit jeher ihrer zu bemächtigen sucht, um des Lebens, Überlebens, der Erweiterung seiner Lebensmöglichkeiten willen.
  Theoretische und angewandte Naturwissenschaften verändern zwar nicht die Naturgesetze, indem sie sie entdecken, formulieren und instrumentieren, wohl aber verändert sich das Verhältnis zwischen menschlichem Leben und außermenschlicher Natur – einschließlich der Produktion von **Risikopotentialen** als Rück- und Schattenseite der Naturbemächtigung. Die Störungen von Naturvorgängen durch menschliche, d.h. naturwissenschaftlich-tech-

nische Intervention, sind ein eigenes Kapitel, verzeichnet unter Signal- und Alarmworten und sozialwissenschaftlichen Problemfeldern wie etwa Ökologie-Krise oder Technikfolgenabschätzung.

4.) Die Differenz zwischen Natur- und Sozialwissenschaften ist gesetzt in dem Sachverhalt, dass die Physis und der nichtmenschliche Bios (incl. Pflanzen und Tier) nicht für sich selbst sprechen können; vielmehr müssen die Naturwissenschaften Physis und den nichtsprechenden Bios, die Natur, zum **Sprechen** bringen mit Hilfe von Beschreibungen, Erklärungen und Interpretationen, im Wege von Intervention und Manipulation. Weder das Molekül noch der Windhund interpretieren sich selbst.

5.) Während die außermenschliche Natur sich **nicht** selbst interpretiert, treffen die Sozialwissenschaften auf einen diesbezüglich anders georteten Gegenstandsbereich, die menschliche Vergesellschaftung, das soziale und kulturelle Leben. Dieses Leben ist im Ursprung der Umwandlung von Natur in Kultur, im Medium von Arbeit und Praxis, immer schon durchsetzt von **Interpretationen**; seien es alltägliche, seien es religiöse oder später: spezifische wissenschaftliche Interpretationen.
Gesellschaftliche Interpretationen von Natur und Welt verweisen die Sozialwissenschaften darauf, dass, wenn sie interpretieren, verstehen, deuten, erklären, sie immer schon auf eine **alltagsweltlich**, alltagspraktisch interpretierte Welt, eben die menschliche stoßen. Diese Einsicht muss in die Bildung von Paradigmen, Theorien und Methoden eingehen, um nicht der Naivität zu verfallen. D.h.: Der Eigenart des Sozialen wird nicht gerecht, wer die Sozialwissenschaften auf das Vorbild objektivistischer Natur- und Technikwissenschaften vereidigen möchte.

- Wollte man mit bösem Blick die grundlegende Differenz der Perspektiven zwischen Natur- und Sozialwissenschaften konturieren, ließe sich das am Diskurs über „Naturkatastrophen" illustrieren und explizieren.
  Strictu sensu sind das, was als **Naturkatastrophen** beklagt wird, und wovor den Menschen je schon angstvoll schaudert, **Sozial-** bzw. **Kulturkatastrophen**. Schwerlich zu begründen, dass die Natur gleichsam von sich wisse, dass das Erdbeben oder der Blitzeinschlag eine Natur-Katastrophe sei. Vorgänge und Erschei-

nungen in der Natur verwandeln sich dort zur Katastrophe, wo sie den sozialen und kulturellen Lebenszusammenhang der Menschen in Gestalt von Schäden tangieren; das weiß jeder einschlägige Versicherungskonzern. Anders, um das Beispiel des Blitzes zu nehmen: Blitze bzw. Blitzeinschläge können aus der ungefährdeten Beobachterperspektive als „Naturschauspiel“ genossen werden; aus Perspektive der Gefährdung, potentieller Betroffenheit werden Blitzeinschläge als katastrophische Bedrohung wahrgenommen.

Um im Bild zu bleiben: der berühmte US-amerikanische politische Diplomat und Nebenhererfinder, Benjamin Franklin, von dem der von Max Weber erhellend zitierte, instrumentell-verwertungsorientierte pointierte Satz stammt: „Wenn ich Wald sehe, denke ich an Holz“, gehört als Erfinder des Blitzableiters zu jenen anwendungsorientierten Naturforschern, die, wie schon die archaischen Magier, um die Ambivalenz aller Naturenergie einzig im Bezug auf den Menschen gewusst haben: Fruchtbringerin und Schadensquelle.

Es ist die gesellschaftliche, die menschliche Perspektive, die diese Ambivalenz formuliert und bewertet. Felder der Verschränkung von Natur-, Technik und Sozialwissenschaften unter je eigenem Blickwinkel.

Der Eigenart des Sozialen aber wird umgekehrt auch nicht gerecht, wer die Sozialwissenschaften auf das Leitbild der Geisteswissenschaften einschwören will.

Letzteres gilt es noch zu erläutern, um verständlich zu machen, warum Sozialwissenschaften *neither* Natur- *nor* Geisteswissenschaften sind.

6.) Pointiert, beinahe tautologisch formuliert: **Die Eigenart des Sozialen verlangt Sozialwissenschaften**.

Dabei können sozialwissenschaftliche Perspektiven, Denkansätze und Konzeptualisierungen näher an den Pol der Naturerklärung oder näher an den Pol des Geistverstehens heranrücken. Jedwede Dogmatisierung in den Humanwissenschaften ist fehl am Platze.

So mögen etwa Psychologie oder Medizinsoziologie die interdisziplinäre Kooperation mit naturwissenschaftlich-medizinisch akzentuierten Humanwissenschaften verlangen; oder auf der anderen Seite etwa Religionsethnologie eher eine interdisziplinäre

Kooperation mit geisteswissenschaftlich akzentuierter Kunstgeschichte oder Religionswissenschaften.
Für die Sozialwissenschaften gehorcht das Soziale weder schlichtweg Naturgesetzlichkeiten, noch geht das Soziale auf in das berühmte Wehen des Geistes, der angeblich weht, wohin er will.

- Versuchen wir die **Eigenart des Sozialen** und damit die Bezugsgrundlagen sozialwissenschaftlicher Denkweise nunmehr in eher positivierender, nicht zu verwechseln mit positivistischer, Weise zu konturieren:

1. Es gilt, der Eigenart des menschlichen Handelns als **sozialem Handeln**, d.h. in Interaktionen und Symbolische Strukturen eingelagert, sich zu versichern.

2. Es ist notwendig, die Eigenart der Kristallisierungen, der Verfestigung des Sozialen, der menschlichen Lebenswelt in **Strukturen** und **Prozessformen** sich zu vergewissern. Formen und Strukturen, die aus der gesellschaftlichen Praxis der Menschen hervorgehen und ihrerseits wiederum das soziale Handeln der Menschen prägen, strukturieren, begrenzen und ermöglichen.

3. Die Eigenart des Sozialen und also die **Spezifik der Sozialwissenschaften** herausstellen, heißt weiters, der Besonderheit des Verhältnisses der Sozialwissenschaften zu ihrem Gegenstandsbereich, eben der menschlichen Vergesellschaftung, inne zu werden.
Diese Eigenart besteht darin, dass die Sozialwissenschaften konstitutiv verflochten, um nicht zu sagen: verstrickt sind in ihren Gegenstandsbereich. Weil die Sozialwissenschaften selbst ein Moment der sozialen Lebenswelt sind, weil die Sozialwissenschaften zugleich ein Teil ihres Gegenstandsbereichs sind, also weil die Sozialwissenschaften verflochten sind in das **Dreieck von Kultur, Gesellschaft und Person**, ist es ihnen aufgegeben, über diese ihre besondere Stelle nachzudenken, diese Besonderheit in ihre Denkgrundlagen und Theoriebildung mit einzubeziehen.

   - An dieser Stelle und in diesem Kontext ist es geraten, beispielhaft an den unterschiedlichen Gebrauchs- und Bedeutungszusammenhang des Beiwortes „sozial“ zu erinnern.

Im alltäglichen Sprachgebrauch dient das Wort „sozial" eher und vornehmlich zur ethischen Qualifizierung: ein „sozialer Mensch", eine „soziale Einstellung" etc.; wohingegen im sozialwissenschaftlichen Verwendungszusammenhang das Wort „sozial" als spezifische Kennzeichnung zur Abhebung vom „Individuellen" fungiert, also die Figuration der Intersubjektivität und Interaktion zu bezeichnen pflegt.
Weil die Sozialwissenschaften Moment ihres Gegenstands bilden, ist etwas besonders gefordert, was auf den ersten Blick überflüssig erscheinen mag. Sozialwissenschaften im besonderen Maße bedürfen der **Selbstreflexion** auf den sozialen Zusammenhang, in dem sie sich bewegen:
von der Problemstellung über die Sprachform und Theoriebildung bis zur Frage des Verwertungszusammenhangs ihrer Forschungsergebnisse. Selbstreflexion, Selbstaufklärung ist mithin ein Lebenselixier der Sozialwissenschaften.

4. Gewiss, und auch dies ist ins Zentrum der Herausarbeitung der Eigenart des Sozialen sowie den Wissenschaftsdisziplinen vom Sozialen zu stellen: Sozialwissenschaften haben es nicht mit Naturgesetzen strictu sensu zu tun, wenn mit Naturgesetz gemeint ist, dass die Prozessabläufe keine Alternativen zulassen, sich ohne praktisches Zutun der Menschen je schon vollziehen, dass eine Art endogener Notwendigkeit, Zwangsläufigkeit ihnen einwohnt. Die Naturwissenschaften sinnen darauf, die Prozesslogiken zu entdecken, zu decodieren in der Perspektive praktischer Verfügung über die Naturprozesse.
Für **Gesetzmäßigkeiten** jedweder Art ist, jenseits aller Fragen nach fundierenden und ursächlichen Zusammenhängen kennzeichnend, dass es sich um **Gleichförmigkeiten** handelt, die wie auch immer, beobachtet werden können.
„Es kann Wissenschaften geben", so Peter Winch in seiner Grundlagenstudie „The Idea of Social Science", „wo immer es Gleichförmigkeiten gibt". Das gilt im Übrigen sowohl für die Physik wie für die Psychoanalyse, um weit auseinander liegende Wissenschaftszweige herbeizuzitieren.
Wenn auch die Sozialwissenschaften es nicht mit Naturgesetzen zu tun haben, so sind sie doch mit Gleichförmigkeiten konfrontiert, mögen diese Gleichförmigkeiten in der Perspektive der Suche nach

sozialen Gesetzmäßigkeiten, Strukturgesetzen oder Entwicklungstendenzen beleuchtet und entsprechend so benannt werden.

- Unumgänglich aber zuvor noch kurze Erläuterungen zur **Eigenart der Gleichförmigkeiten**, denen sich Sozialwissenschaften gegenübersehen:

Wie in den Naturwissenschaften sind auch in den Sozialwissenschaften **Gleichförmigkeiten** mit geeigneter Einstellung des Blicks zu beobachten und zu beschreiben. In der sozialen Zeit treten Gleichförmigkeiten als **Regelmäßigkeiten** auf. Auch hierin sind Natur- und Sozialwissenschaften durchaus verwandt, dass derartige Regelmäßigkeiten des Auftretens von Fällen und Vorgängen registriert und mit geeigneten Verfahren und Instrumenten gemessen werden können: etwa die Häufigkeit des oder die Intervalle zwischen dem regelmäßigen Auftreten einer Erscheinung. Hier hat die **Statistik** ihren strategischen Sinn.
Nun aber gilt es, die **Eigenart sozialer Regelmäßigkeiten** ins Auge zu nehmen. Ein berühmtes Diktum, der erste Satz aus dem nicht weniger berühmten „Tractatus logico-philosophicus" des in der Folge international einflussreichen Wiener Philosophen Ludwig Wittgenstein aus dem Jahre 1921 pointiert:

- „Die Welt ist alles, was der Fall ist."

Ergänzt wird dieses Diktum durch zwei weitere, gerade auch für die Grundlagenbetrachtung der Sozialwissenschaften bedeutsame Aussagesätze:

- „Die Welt ist die Gesamtheit der Tatsachen (ich füge hinzu: einschließlich der Bewusstseinstatsachen), nicht der Dinge."

Und weiters:

- „Was der Fall ist, die Tatsache, ist das Bestehen von Sachverhalten."

Gerade auch die Sozialforschung hat es mit Tatsachen zu tun, in der Formulierung des französischen Soziologen Emile Durkheim: mit dem fait social, bzw. mit **sozialen Tatsachen**. Die Faktizität sozialer Tatsachen gründet in den Strukturen intersubjektiver Beziehungen,

basiert in den jeweiligen Strukturen der gesellschaftlichen Arbeit. Soziale Tat-Sachen sind Produkte menschlicher Taten, intersubjektiven, i.e. sozialen Handelns. Als soziale Tatsachen, als social facts werden sie freilich von der Wissenschaft identifiziert, bestimmt und als solche anerkannt (oder nicht).
Wenn die Tatsache das ausmacht, was der Fall ist, richtet sich der Blick auf die nähere Bestimmung sozialwissenschaftlich interessierender **Gleichförmigkeiten** und also **Regelmäßigkeiten**.

- Wir kennen **Fälle** aller Arten. Aus sozialwissenschaftlicher, speziell dann soziologischer Sicht ist vorderhand der **Normalfall** von Interesse.

Daneben haben natürlich auch andere Fall-Sorten wissenschaftliche Relevanz. Es handelt sich dabei um gleichsam **auffällige Fälle**, soz. Fälle, Vorgänge und Ereignisse, die aus der Reihe tanzen; d.h. Vorfälle von der Art, dass sie nicht nach Maßgabe des zu Erwartenden auftreten, sondern Unregelmäßigkeiten anzeigen: der Unfall, der Zwischenfall, der Anfall, der Ausfall, der Einfall und zumal der besonders filmfähige Überfall. Ganz abgesehen vom Zufall, der dem menschlichen Geist seit seinen Anfängen Kopfzerbrechen bereitet hat.
Ereignisse und Vorgänge, deren Charakteristikum es ist, unerwartet, unvorhergesehen, überraschend, das kann auch heißen: plötzlich, ein- oder aufzutreten, rechnen dem Typus des **Ausnahmefalls** zu. Häufen sich Ausnahmefälle, könnte dies entweder auf Schwächen der Theorie oder auf gesellschaftlichen Wandel hindeuten.
Gegenüber dem Ausnahmefall erscheint der Normalfall zugleich als **Regelfall**. Der Normalfall als Regelfall, etwa verzeichnet in Häufigkeiten und Fallzahlen, kann als Regelmäßigkeit beobachtet werden. Dann ist die Kraft der Theorie, des erklärenden Verstehens bzw. verstehenden Erklärens gefordert, die Gleichförmigkeiten und Regelmäßigkeiten, den Normal- bzw. Regelfall zu interpretieren. Der Normalfall ist in den Natur- und in den Sozialwissenschaften der Regelfall.

- Für den Bereich der Sozialwissenschaften hat es mit dem **Regelfall** jedoch eine besondere Bewandtnis:

In der spezifisch sozialwissenschaftlichen Auslegung der Ausdrücke Regelfall bzw. Normalfall stoßen wir ins Innere der Eigenart des Sozialen. Die **Normalität**, Gleichförmigkeiten und Regelmäßigkeiten, im Bereich des gesellschaftlichen Geschehens zeichnet sich dadurch aus, dass sie, die Normalität, wesentlich bestimmt wird durch **Regeln** und **Normen**, die nicht Naturdeterminanten entspringen, sondern hervorgegangen sind und hervorgehen aus den sozialen Interaktionen der Menschen.
Zu unterscheiden ist also die Ebene der beobachteten faktischen Regelmäßigkeiten des Verhaltens und des Auftretens von Erscheinungen und Vorgängen einerseits von der Ebene der mitnichten stets unmittelbar sichtbaren und direkt beobachtbaren Normierungen und Regulierungen des Verhaltens durch geltende soziale Normen und Interaktionsregeln andererseits. (Das Verkehrsschild ist wohl sichtbar, nicht aber zwangsläufig eine das Verhalten steuernde moralische Norm oder eine Regel des sozialen Umgangs miteinander. Der weltgeschichtliche Weg von sichtbaren Norm-Tafeln (in Stein oder auf Papier) zu unsichtbaren, verinnerlichten Normen stellt sich als ein Schlüssel zum Verständnis der Eigenart des Sozialen dar.

- Kurz, die **Geltung** von sozialen Normen und Regeln muss verstehend erschlossen werden, um sie erklären zu können.

Festzuhalten ist, die Sozialwissenschaften haben es nicht einfach nur mit regelmäßigem Verhalten zu tun, sondern wesentlich mit einem von sozialen Regeln geleiteten regelmäßigen Verhalten und Handeln, häufig verdichtet in Symbolisierungen. Bildhaft gesprochen:
In sozialwissenschaftlicher Perspektive ist das durch **„Erwartungs- und Ereignisfahrpläne“** normierte und strukturierte gesellschaftliche Leben der Menschen thematisch.
Die Normalität, der Regel- und Normalfall, ist also in den Sozialwissenschaften im Lichte normativer Regulierungen des Verhaltens, im Lichte der Geltung sozialer Normen zu interpretieren. Regelmäßigkeit und normenregulierte Interaktion stehen in einem Zusammenhang, der der besonderen Untersuchung bedarf.
Um die Eigenart des Sozialen zu verdeutlichen, sei diese Unterscheidung noch hinzugefügt:

- Verletzung einer naturwissenschaftlich-empirisch fundierten **technischen Regel** im Bereich des instrumentellen Handelns ist per se zum Scheitern, d.h. zum Misserfolg verurteilt. Die „Strafe“ ist das Scheitern an der Realität.

- Demgegenüber wird die Verletzung einer **sozialen Regel**, d.h. die Abweichung von einer geltenden sozialen Norm, werden etwa Frevel, Sünde oder Rechtsbruch, durch **Sanktionen** geahndet, die mitnichten in Naturgesetzen verankert sind. Sanktionen werden vielmehr ihrerseits durch Konventionen, d.h. soziale Normen geregelt. (Auf das Problem der „Normgeltung“ sowie des „abweichenden Verhaltens“ ist noch in Abschnitt III. „Sozialwissenschaftliche Terminologie“ bei der Darlegung der Grundbegriffe **Norm** und **Wandel** zurückzukommen).

5. Es kennzeichnet die Eigenart des Sozialen, die menschliche Vergesellschaftung, dass auch ihr Strukturen, Prozessverläufe, **Zwänge** einwohnen. Nirgends besser formuliert, nur schwer aber ins Deutsche zu übersetzen, als von Durkheim in dem Begriff „contrainte sociale“. Die Menschen sind nicht nur mit der Objektivität der Naturprozesse und deren Gesetzmäßigkeiten konfrontiert, sondern auch mit dem gleichsam stummen Zwang gesellschaftlicher, normativ strukturierter Verhältnisse, d.h. der **zwingenden Normativität der sozialen Welt**, in die wir hineingeboren, wie Max Weber sagt, „hineingestellt“ sind.
   Allerdings, und dies ist die **Differenz zwischen Naturzwang und Sozialzwang**: die sozialen Prozessstrukturen sind im Unterschied zu denen der außermenschlichen Natur Resultat des menschlichen Handelns und Treibens – und mithin des Unterlassens. Weil soziale Prozessstrukturen, wiewohl von einiger objektiver, normativer Macht, um nicht zu sagen: Übermacht, Resultat menschlicher Praxis sind, wohnt sozialen Prozessstrukturen das **Potential der Veränderung** ein; d.h. die Möglichkeit, dass es auch anders gehen kann. Zu beachten ist das Potential der Abweichung, die Möglichkeit der Veränderung und Einleitung von sozialem Wandel, mithin Revolutionen.

- Wir können aus Unwissenheit oder wissentlich dem Naturgesetz zuwiderhandeln bei Strafe des Scheiterns an der Realität (mit Implikationen, Folgen und Folgeproblemen von Schäden). Schäden freilich können auch dann eintreten, wenn wir nicht unmittelbar an der Realität scheitern. Technisch erfolgreiches Handeln kann sich später als Schaden herausstellen: etwa in Form von unvorhergesehenen Kollateralschäden oder ungeahnten, nicht prognostizierten oder nicht prognostizierbaren **Spätfolgen**.

- Wir können aus Unwissenheit oder wissentlich dem iuristischen Gesetz, spezifischer Ausdruck einer sozialen Norm, zuwiderhandeln. Dann gehen wir das Risiko von Schadensfolgen in Form von **Sanktionen** ein.
  Im Unterschied aber zum Naturgesetz können wir – unter Umständen – das iuristische Gesetz, Resultat menschlicher Praxis wie jede soziale Norm, ändern oder gar abschaffen. Ein lehrreiches Beispiel ist z.B. die „Schreibrechtsreform".
  Freilich wäre es naiv zu vermeinen, dass die **normativen Strukturen** menschlicher Vergesellschaftung, so mir nicht dir nichts auszuhebeln, abzuändern oder zu verändern wären. Normgestützte soziale Strukturen, etwa die, die aus dem „Stoffwechsel des Menschen mit der Natur" hervorgegangen sind:
  Fest **institutionalisierte** Gleichförmigkeiten und Regelmäßigkeiten, wie die sozial Rhythmik von Arbeit und Freizeit oder soziale Hierarchien, haben die normative Kraft des Faktischen auf ihrer Seite. (Dass Naturrhythmen in der Gesellschaftsgeschichte sukzessive von sozial normierten Zeitrhythmen überformt, mithin abgelöst worden sind, Nachtarbeit ist ein Beispiel, sei an dieser Stelle nicht übergangen).
  In der Frage des **Ausmaßes der Petrifizierung**, der Versteinerung, der Verfestigung, des Statuarischen, der häufig statutorisch in Satzungen und Gesetzen ausformulierten normativen Strukturen unterscheiden sich bis in die Gegenwart herein die diversen sozialwissenschaftlichen Paradigmen, die theoretische Grundkonzeptionen.

- Vereinfacht gesagt: **Strukturalistische** Konzeptionen tendieren dazu, die Regelungsmacht normativer Strukturen für das menschliche, das soziale Handeln zu betonen, mithin die Gleichförmigkeiten und Regelmäßigkeiten zu hypostasieren, zu verdinglichen bis zur universalisierten Unausweichlichkeit und Unabänderlichkeit.

- Demgegenüber neigen **aktorzentrierte** Sichtweisen und Konzeptionen dazu, die Freiheit, den Spielraum sozialen Handelns zu unterstreichen, bis hin zur Hypostasierung, Hoch- und Überbewertung von deren Grundlage: der normbrechenden bzw. normauflösenden

Spontaneität des Menschen. Nicht alles in der sozialen Welt ist so ohne weiteres in Interaktionen aushandelbar: Institutionen sind mächtige Dämme gegen das spontane Wollen der Menschen (vgl. III.2.1. „Institution).

Wie weit, wie nachhaltig normative Strukturen der menschlichen Vergesellschaftung den Menschen Spielraum, buchstäblich: Handlungsspielraum gewähren oder ihn einschnüren, ist keine Frage luftiger Theorie, sondern eine der empirischen Analyse jenes ***contrainte sociale***, des Drucks gesellschaftlicher und politischer Verhältnisse. Schließlich: soziale Normen, normative Strukturen, Regelhaftigkeiten und Gleichförmigkeiten definieren zugleich, was **normal** ist. Nicht nur lautlich sind soziale **Normen**, die für Gleichförmigkeiten und Regelmäßigkeiten sorgen, mit **Normalität** verwandt.
An dieser Stelle ist noch eine sozialwissenschaftliche Frage einzublenden, deren Beantwortung ganz unterschiedliche Sozial- und Politiktheorien erzeugt hat:

- Ist die soziale Abweichung als Indiz für Sozialpathologie zu disqualifizieren oder ist die gelegentlich sozialen Wandel einleitende soziale Abweichung nicht auch als Quelle des Neuen zu qualifizieren?

6. Eine Charakteristik der Eigenart des Sozialen bzw. der Spezifik von Sozialwissenschaften wäre unzulässig unvollständig, überginge sie das Problem von **Prognosen**. Seit den Anfängen der modernen Sozialwissenschaften, seit den Tagen des Schöpfers des Wortes „Soziologie“, Auguste Comte, sind namentlich die objektivistischen Sozialwissenschaften (s. I.1.) von dem Wunsch beseelt bzw. hängen dem Traum an, auf der Grundlage gesicherter Forschungsergebnisse verlässliche Prognosen über soziale Entwicklungen zu stellen. Man möchte es den Naturwissenschaften gerade darin gleichtun, nicht zuletzt um öffentliche Legitimität und Reputation zu erzielen. In den formelhaften, berühmten Wortes Comtes: „prévoir pour pouvoir“ – voraussehen um zu können. Forschungsbefund – Prognose – Planung – Steuerung von ökonomischen, sozialen, kulturellen, kommunikativen, politischen und mithin auch psychischen Prozessen.
Diesem technokratischen Traum stehen freilich die bisherigen Erfahrungstatsachen im Umkreis von Prognosen weithin entgegen. Wan-

del, Krise und Prognose – ein fürwahr komplexes, enttäuschungsreiches Feld.
Soviel ist einzumerken: wie gesichert auch immer gesellschaftliche Tendenzen, soziale Prozesslogiken, Regelmäßigkeiten und Gleichförmigkeiten, im Wege von Forschung konstatiert werden mögen, im Unterschied zu Gesetzmäßigkeiten innerhalb von Naturprozessen gründen Sozialprozesse in der gesellschaftlichen Praxis der Menschen ein. Wiewohl diese durchaus sozialen Determinanten unterworfen ist, speist sie sich dennoch aus der Möglichkeit „Es könnte auch einmal anders gehen als immer schon". Just deshalb, d.h. nicht einfach wegen des quantitativen Aspekts der jeweiligen Menge der zu generierenden Daten, der zu berücksichtenden und zu gewichtenden Faktoren (Kapazitätsproblem), kommt der Prognostik in der Sphäre des gesellschaftlichen Lebens, der sozialen Evolution von Grund auf ein anderer Status zu als im Bereich der Erforschung von Naturprozessen.
Zumindest die gesellschaftsgeschichtlich bedingte Begrenztheit der Gültigkeit von Prognosen, überhaupt der sozialwissenschaftlichen Prognosefähigkeit sollte tunlichst und buchstäblich in Rechnung gestellt werden, um nicht Illusionen, Freud zufolge: wunschgeleitete Irrtümer, anheim zu fallen. (Noch immer ist der Aufsatz von Max Horkheimer „Traditionelle und Kritische Theorie" von 1937, wiederabgedruckt in Horkheimer (1988), als äußerst instruktive Lektüre für den angesprochenen Problemzusammenhang der konstitutiven Grenzen sozialwissenschaftlicher Prognostik empfehlenswert).

3. Zur Eigenart der Sozialwissenschaften in Bezug auf die Geschichtswissenschaften: Differenzen und Korrespondenzen

Auch unter dem Blickwinkel des Verhältnisses zwischen Sozial- und Geschichtswissenschaften lässt sich die **Eigenart des Sozialen** konturieren. In typisierender Vereinfachung lässt sich formulieren:

1. Die **Sozialwissenschaften** richten ihr Augenmerk eher auf die **Erwartungs- und Ereignisfahrpläne**, d.h. auf die Gleichförmigkeiten, Regelmäßigkeiten, auf die Regelwerke des Alltags und die erwarteten

Ereignisfolgen. Orientierungspunkt sind die Strukturen des Handelns und der Lebenswelt.

2. Die **Geschichtswissenschaften** demgegenüber setzen eher historiographisch an, d.h. sie richten ihre Interesse auf die **Chronik der Ereignisse**, auf unerwartete Begebenheiten und Konstellationen, auf Entscheidungssituationen, die als Weichenstellungen vermutet bzw. eingestuft werden, den Charakter von Wendepunkten besitzen. Häufig ist diese Fokussierung verflochten mit einer ausgeprägten, geisteswissenschaftlich tradierten Neigung, Geschichte als Chronik der „Großen Ideen" herausragender „Köpfe" zu schreiben.
Orientierungspunkt sind die Situationen und Personen des Handelns. (Dem entspricht, nebenher gesagt, die politische Rhetorik nicht nur unserer Tage, die mit Vorliebe von „historischen Tagen" oder „historischen Stunden" spricht, um irgendeinem Vorgang, etwa einer Vertragsunterzeichnung oder einem Fernsehduell die Weihe von herausragender, außeralltäglicher Bedeutung zu verleihen).
Jedoch ist sogleich einzuwerfen, dass in der gegenwärtigen disziplinären, vor allem aber in der Forschungswirklichkeit die Gegenüberstellung: Fahrplan vs. Ereignis sich weitaus verwickelter darstellt. Mögen auch dem Grundriss nach die Sozialwissenschaften um den Pol der **Strukturgeschichte** sich gruppieren, die Geschichtswissenschaften dagegen um den Pol **Ereignisgeschichte** sich zentrieren, so sind doch in einer Reihe von sozial- bzw. geschichtstheoretischen Konzeptionen das In- und Zueinander, manchmal auch Miteinander, der Arbeitsfelder und Forschungsstrategien nicht zu übersehen.

- Innerhalb der Sozialwissenschaften gibt es Teildisziplinen, Theorien, Ansätze, kurz: Erkenntnisstrategien, die so gefasst sind, dass sie auf eine **Kooperation** mit geschichtswissenschaftlichen Disziplinen sich zubewegen. Längst haben sich sozialwissenschaftliche Forschungszweige etabliert, die mit ehedem geschichtswissenschaftlich ausgelegten Verfahren arbeiten. So hat sich in der Soziologie die ältere historiographische Biographik in eine soziobiographische Forschungsrichtung umgewandelt. Allerdings, die geschichtswissenschaftliche Biographik hat ihren Blick stets auf die „historische Persönlichkeit", die sog. Verantwortungs- und Entscheidungsträger, geheftet, heute rangieren diese unter der Kategorie der „Prominenz" und „Sympathieträger". Demgegenüber richtet die neuere **sozialwissenschaftliche Biographieforschung**

ihr Augenmerk auf Personen und häufig minoritäre Populationen der Alltagswelt, des Everyday Life.
Zu konstatieren ist, dass die biographiewissenschaftliche Forschung sich verknüpft mit einer historisch-zeitgeschichtlich akzentuierten Soziologie und Sozialpsychologie der Generationen bzw. des Kultur- oder Wertewandels im Prozess der Abfolge der Generationen. (Als Lektüre zum Einstieg sei empfohlen Martin Kohli (Hg.): Soziologie des Lebenslaufs, 1978).

- Umgekehrt gibt es in den **Geschichtswissenschaften** Erkenntnisstrategien, Paradigmen und Forschungsschwerpunkte, die dezidiert auf eine Verschränkung, Kooperation mit sozialwissenschaftlichen Forschungsperspektiven hin ausgelegt sind; nicht zuletzt unter dem Rezeptions-Einfluss der französischen strukturalen Historiographie.
  Seit den 70er Jahren des letzten Jahrhunderts sind im deutschsprachigen Raum Theoriekonzeptionen entwickelt worden, die mit Nachdruck die Abkehr geschichtswissenschaftlicher Forschung von der Fixierung auf Ereignis- und Personengeschichte vorangetrieben und eine Wende zur **Sozialgeschichte** als Geschichte von Prozessstrukturen und Institutionen eingeleitet haben. Hier hat gleichsam ein Kehraus überkommener Vorstellungen wie „Männer machen Geschichte" stattgefunden. Statt geistes- und ideengeschichtlicher Biographik der „Großen Persönlichkeiten" zu schreiben, wird Wert gelegt auf Untersuchungen zur „**Gesellschaftsgeschichte**", worin geschichts- mit sozialwissenschaftlichen Perspektiven kombiniert werden. (Zur Herausbildung und Konzeptualisierung der „Gesellschaftsgeschichte" eignet sich vorzüglich der von Hans-Ulrich Wehler herausgegebene Sammelband „Geschichte und Soziologie", 1984).
  In Erinnerung an Max Webers kulturwissenschaftliche Grundlegung der Soziologie und Sozialforschung, die dezidiert als **historische Sozialwissenschaft** konzipiert ist, erscheint es als sinnvoll, weil forschungsproduktiv, sozialwissenschaftliche Erkenntnisstrategien stets so anzusetzen, dass sie sich den Dimensionen der durch gesellschaftliche Praxis hindurchgehenden geschichtlichen Dynamik, Konstellationen und Wendezeiten nicht verschließen. Im Gegenteil.
  Sozialwissenschaftliche Denkweisen heute lassen sich durchaus auch danach taxieren, inwiefern und inwieweit sie den **geschicht-**

lichen Charakter menschlicher Vergesellschaftung in ihren Grundlagen-Konzeptionen und ihrem Forschungsdesign gebührend, d.h. problem- und sachangemessen, zur Geltung bringen.
- Die Eigenart des Sozialen bewegt sich zwischen den Momenten Kultur und Natur, Praxis und Struktur, Geschichte und sozialer Statik und verlangt dementsprechend differenzierte Konzeptualisierungen. Dabei ist praxisvermittelte Geschichtsdynamik nicht in eins zu setzen mit Vorstellungen einer nach Automatismen abrollenden sozialen Evolution.

Schließlich sei eine seltsame Verwandtschaft nicht übergangen: Die Verwandtschaft zwischen geisteswissenschaftlich orientierter **Sinngeschichte** innerhalb der Geschichtswissenschaften und den mit biologisch-informationstheoretischen Modellen operierenden, objektivistisch-evolutionsparadigmatischen Erkenntnisstrategien innerhalb der Sozialwissenschaften, einschließlich der neueren **Systemtheorie**. Auch wenn beide Seiten diese Verwandtschaft in der Denkweise vielleicht mit Entrüstung von sich weisen würden, zu übersehen ist sie dennoch nicht.

Sinngeschichte und **Evolutionstheorie** haben – in wissenssoziologisch-kritischer Perspektive betrachtet – ein Erbe angetreten. Es ist das Erbe der okzidental-christlichen Gesamtdeutung der Weltgeschichte als Heilsgeschehen (Heilsplan), gleichwie profaniert zur Generalthese der unaufhörlichen Differenzierung, wonach sich das Leben vom Einfachen zum Komplexeren und zur Interdependenzzunahme hin bewege. Seltener explizit, jedenfalls implizit ist mitgesetzt die Vorstellung eines inneren Telos, eines inneren Ziels, einer durchgängigen Entwicklungsrichtung in der menschlichen Vergesellschaftung, häufig formuliert in diversen Stadiengesetzen (meist drei: Altertum, Mittelalter, Neuzeit); z.B. bei Comte, Schöpfer des Namens „Soziologie“: vom theologischen über das metaphysische zum positiven, i.e. modernen Stadium.

Freilich, dass **Weltgeschichte** als Heilsgeschichte zu entziffern sei, werden moderne Evolutionstheoretiker kaum unterschreiben. Sie votieren heute für den offenen Ausgang der Evolution – ohne Hoffnung auf Transzendenz. Gleichwohl spukt in **objektivistischen Evolutionsparadigmen** das, was Aristoteles Entelechie genannt hat: die Vorstellung, dass die Entwicklung ihr Ziel (innere Entwicklungsgerichtetheit) in sich selber habe – eben Entwicklung und Ausformung dessen, was im Stoff keimförmig angelegt sei.

Sogar noch in moderne **Emanzipationstheorien** ist die freilich aufklärerische Entelechie-Vorstellung präsent, wonach die Weltgeschichte auf

Emanzipation des Menschen von Zwängen und Bevormundung hin als „Heilsziel" angelegt sei. Dafür gibt es gewiss empirische Anhaltspunkte und Belege. Aber, die Dialektik menschlicher Praxis sollte in der Grundlegung der Sozialwissenschaften so konzipiert sein, dass sie nicht auf eine Profanisierung der älteren, heilsgeschichtlichen Konzeptionen sich vereidigen lässt. **Ratio und Risiko**, Fortschritt und Katastrophe, Heilsgeschehen und Unheilstendenzen, um mit theologischen Metaphern zu sprechen, dies offenbart nicht zuletzt das 20. Jahrhundert, das der Historiker Eric Hobsbawm „Jahrhundert der Extreme" bezeichnet hat, sind ineinander verschränkt. Und „Zukunft", Lieblingsvokabel in der politischen Rhetorik, ist für die Sozialwissenschaft erst einmal eine Leerformel und Futurologie kaum eine Wissenschaft zu nennen.

- **Sozialwissenschaften**, die der Eigenart des Sozialen, der menschlichen Vergesellschaftung im Medium von **geschichtlicher Praxis und Kommunikation**, sich widmen, sind gut beraten, gegenüber jedweder Teleologie, d.h. Lehre von der inneren Zielgerichtetheit und Zielstrebigkeit der Evolution, agnostisch sich zu verhalten. D.h., von Vorprojektionen à la Futurologie oder Rückprojektion à la Sinngeschichte als Decodierungen eines inneren Ziels der Weltgeschichte, heute als „Globalisierung" etikettiert, sich fernzuhalten, jedenfalls diesbezüglich Skepsis walten zu lassen.

- **Sozialwissenschaften** haben es immer auch mit **Selbstaufklärung** über menschliche Vergesellschaftung zu tun. Und zur sozialwissenschaftlichen Selbstaufklärung gehört allemal, dass menschliche Praxis nicht nur vorgesehene sondern zumal auch nicht vorhergesehene Folgen, mithin unbekannte Folgewirkungen, zeitigt. Das verbietet Spekulationen über das Wohin!

- **Sozialwissenschaften** haben es mit **Feldern**, haben es, um einen Ausdruck von Pierre Bourdieu zu verwenden, mit **Kräftefeldern** zu tun: mit sozialem Handeln und mit gesellschaftlichen Konstellationen und Entwicklungstendenzen, worin dieses Handeln statthat.

- **Sozialwissenschaften** haben es ebenso mit Gleichförmigkeiten und Regelmäßigkeiten, Strukturen und Prozessverläufen zu tun wie mit **Spannungsfeldern**, erzeugt von sozialen Kräften. **Handeln** und **Norm** erscheinen deshalb als geeignete Schlüssel- und Einstiegsbegriffe zur Konturierung der Grundlagen der Sozialwissenschaften.

- Man kann die Eigenart des Sozialen, die Denkgrundlagen der **Sozialwissenschaften** gewiss auf verschiedene Weise ins Licht rücken. Wie immer auch dies geschieht, Einführung in die Grundlagen der Sozialwissenschaften sollte auf keinen Fall heißen, die Vielfalt, die **Pluriformität der Denkweisen** derart auf einen Nenner zu bringen, derart zu nivellieren, dass der Uniformierungsdruck die lebendige Produktivität der diversen, gelegentlich auch **kontroversen** Perspektiven und Ansätze zum Verschwinden bringt in einem sterilen Einerlei. Mag die Architektur der Flughäfen einander immer ähnlicher werden, sich einander assimilieren zur trostlosen Uniformität, Sozialwissenschaften demgegenüber können und dürfen angesichts der **Pluriformität der Welt**, des menschlichen Lebens nicht zur sterilen, wissenschaftlich unproduktiven Uniformität sich fehlleiten lassen.

- Es ist kein Schaden, die Bedeutungswurzeln zweier altgriechischer Begriffe zu vergegenwärtigen:
  Theorie, abgeleitet vom Tätigkeitswort *ϑεᾶσϑαι* (qeâsqai): sehen, ansehen, bedeutet: das Anschauen, das **Betrachten**, die Lehre.
  Drama bedeutet, abgeleitet vom Tätigkeitswort *δρᾶν* (drân): **Handeln**. Sozialwissenschaften beobachten das Handeln, stehen selbst im Verhältnis von Theorie und Drama. Sie bedürfen also in der Fundierung ihrer Grundlagen der Reflexion zwischen Theorie und Drama, Denkweise und Handlung, Wissenschaft und Handlungsfelder.

- Wenig Grund gibt es zur Verachtung der **Theorie** in der Perspektive der Glorifizierung von **Methode**. Von Max Weber stammt die stichhaltige Bemerkung, dass die Methode für sich, ohne Problemstellung, ohne Forschungsfrage, nichts leistet. Augenzwinkernd sei daran erinnert, tätige Muße, theoretisches Verhalten versprach den Griechen Eudämonia: Glückseligkeit.

- Sozialwissenschaften haben es, wie alle Wissenschaften, mit Regelmäßigkeiten und Gleichförmigkeiten zu tun – aber mit Regelmäßigkeiten und Gleichförmigkeiten spezifischer Natur: diese sind hervorgegangen und gehen stets hervor aus der **gesellschaftlichen Praxis** der Menschen.

- Der Eigenart des Sozialen inne zu werden, der Grundlagen sozialwissenschaftlicher Denkweisen sich zu vergewissern, ist es folglich ratsam, denjenigen Bereich der Humanwissenschaften im Auftakt

zur Kenntnis zu nehmen, worin sich Natur-, Geschichts- und Sozialwissenschaften verschränken, worin der Mensch in seiner Verschränkung als geschichtliches Natur- und Kulturwesen thematisch ist: in der **Philosophischen Anthropologie**.
Kant hatte schon Recht: Der Mensch ist **Bürger zweier Welten**, der Natur und Kultur. Gegen den philosophischen Gedanken sich abzusperren, ist töricht, verurteilt die Wissenschaft ebenso zur Sterilität wie zur paradigmatische Uniformität. Bedeutende Physiker haben daran keinen Zweifel gelassen. Der Rekurs auf die Philosophische Anthropologie, Schnittstelle zwischen Naturform und Kulturform des Menschen, mag in einem scheinbar paradoxen Diktum des Anthropologen und Sozialwissenschaftlers Helmuth Plessner seine Begründung finden:

„Der Mensch ist von Natur aus künstlich."

In dieser Perspektive erscheint der Mensch als der Produzent seiner selbst. Die Idee der gesellschaftlichen Praxis lässt sich von der Idee des Subjekts, des **Handlungssubjekts** schwerlich trennen.

III. Sozialwissenschaftliche Terminologie – Exempla

Problemkritische Einführung

„definierbar ist nur, was keine Geschichte hat"
Nietzsche, Zur Genealogie der Moral

Wenn der Ausdruck „Terminologie" fällt, könnte der Eindruck entstehen, ich hätte vor, die Leserin, den Leser ununterbrochen mit Begriffsdefinitionen zu traktieren, die brav notiert und archiviert werden, um sie sogleich schleunigst zu vergessen. Nicht so.

„Terminus" bedeutet: Begriff, Fachausdruck. Wohl sollen sozialwissenschaftliche Fachausdrücke vorgestellt werden. Aber nicht schlichtweg in der Form von Begriffsformeln von A wie „Arbeitsteilung" bis Z wie „Zielkonflikt". Vielmehr sollen die Fachausdrücke

- als exemplarische Termini in ihrem jeweiligen konzeptiven Zusammenhang vorgestellt werden,
- als Termini innerhalb eines Gewebes, genannt Denkweise, als Fachausdrücke innerhalb einer in sich korrespondierenden **sozialwissenschaftlichen Terminologie**, deren Einzelmomente sich gegenseitig erhellen, gleichsam wie in einer Partitur ergänzen.

Dahinter steht eine bestimmte Auffassung über Definitionen, über die Bedeutungswelt der Begriffe. Wie in der Alltagskommunikation so bedarf es auch in der wissenschaftlichen, fachwissenschaftlichen einer Grundverständigung darüber, worauf Ausdrücke, Fachausdrücke sich beziehen, etwa dass der Ausdruck „soziale Norm" sich auf die Regelung und Regulierung zwischenmenschlichen Verhaltens, auf soziales Handeln bezieht. Aber eine solche definitorische Vorverständigung kann in Forschung und Wissenschaft doch nur der Anfang sein. Anders, im Anfang sollte nicht die ein-für-alle-Mal fertige Definition stehen, nach der Devise Friss-oder-Stirb. Begriffsdefinitionen, sollen sie die gesellschaftliche Wirklichkeit aufordnen, sie transparent werden lassen, dürfen gerade nicht den Charakter von idées fixes, von Fixsternen am Firmament der Forschung einnehmen. Warum?

- **Definitionen** legen fest, präjudizieren, was unter einem Terminus, Fachausdruck, Begriff gefasst, verstanden werden soll. Als Vorverständigung haben Definitionen eine deiktische Funktion: sie zeigen hin auf das, worum es sich nunmehr handeln soll im Auftakt einer wissenschaftlichen Betrachtung und Untersuchung. Als „operationale Definitionen" legen sie fest, auf welchen Sachverhaltsausschnitt die Forschungsoperationen, etwa Experimente, bezogen werden sollen. Als Vorverständigung sind Definitionen gleichsam Zeigegesten und keine fertigen, gar endgültigen Resultate.

- **Termini**, ausgereifte Fachbegriffe, wissenschaftliche Definitionen haben einen Doppelcharakter:

  - sie sind einerseits Resultat von wissenschaftlichen Erfahrungen, gleichsam Zwischenberichte, gefasst in klar umrissenen kommunikativen Verständigungen; sie sollten aber keine Endberichte sein im Sinne ewiger Festlegungen;
  - andererseits sollten Begriffsdefinitionen, Fachausdrücke, zumal sozialwissenschaftliche Termini so angelegt sein, dass sie offen sind für neue wissenschaftliche Erfahrungen, für neue Forschungsergebnisse, und vor allem auch für eine in der geschichtlichen Zeit sich wandelnde gesellschaftliche Wirklichkeit. Bei aller Festgelegtheit sollte eine Sozialwissenschaftliche Terminologie entwicklungsoffen sein, durchlässig für Korrektur, Modifikation, Veränderung, Neukonfiguration.

- Und ein weiteres kommt hinzu. Termini, Fachausdrücke, Begriffsdefinitionen sind menschliche Setzungen, **Artefakte**, um nicht zu sagen: Fabrikate. Die Eigenart dieser Fabrikate, dieser Setzungen besteht darin:
  es werden Merkmale für die Bestimmung eines Begriffs gewonnen, etwa in der Form „Soziale Normen" sollen heißen: Regulative des zwischenmenschlichen Verhaltens.

- Interessant nun stets bei **Begriffsdefinitionen** ist nun nicht nur, was als Begriffsmerkmale gewonnen und definitorisch festgelegt wird. Aufschlussreicher, und dies gerade in den Sozialwissenschaften, ist, welche Merkmale draußen bleiben, was **nicht** in die Festlegung eines Begriffs aufgenommen wird. Das beginnt bei der Akzentuierung des semantischen Gehalts. Um im Beispiel zu bleiben: man kann „Sozi-

ale Normen“ definieren als Regulative zwischenmenschlichen Verhaltens. „Soziale Normen“ können aber auch definiert werden als Zwänge, denen das zwischenmenschliche Verhalten unterworfen ist. Oft liegt, gerade in den Sozialwissenschaften, das Ganze in der Nuance, denn mit Regulativ und Zwang werden unterschiedliche Assoziationen, unterschiedliche Vorstellungswelten aufgerufen, in der Politologie etwa keineswegs irrelevant.
Kurz: Definitionen sollten nicht in der Manier von Willkür erfolgen!

- Gleichwohl, in wissenschaftlichen Fachausdrücken, in Definitionen, in Terminologien stecken menschliche Dezisionen, Entscheidungen. Solche **Entscheidungen** bürgern sich dann, nicht zuletzt nach dem „Gesetz der Gewohnheit“, innerhalb der Science Community ein, verdrängen andere Definitionen, bilden sich zu Begriffstraditionen aus. Zuletzt ist vergessen, dass wissenschaftliche Fachausdrücke **gemacht** sind; sie erscheinen wie Fixsterne am wissenschaftsterminologischen Firmament, sind ihrerseits Regulative, wenn nicht gar – dank autoritativer Prominenz – Zwänge, Definitions- und schließlich Zitierzwänge. Und als autoritatitive Definitionszwänge rufen solche wissenschaftlichen Termini dann die Gefahr hervor, dass eine fixe Definition am Anfang einer Untersuchung vorentscheidet, was am Ende herauskommt. Zu beachten ist also stets die Gefahr der Tautologie beim Definieren von Begriffen durch Begriffe nach dem plakativen Muster: eine Soziale Norm ist ein Regulativ und Regulative sollen Soziale Normen heißen …

- Schließlich, und das betrifft in einzigartiger Weise sozialwissenschaftliche Terminologien, wohinter in der Regel Patterns, Gewebe, Muster von Weltsichten, von Ansichten der gesellschaftlichen Wirklichkeit und häufig implizite, wertende Ansichten über die gesellschaftliche Wirklichkeit sich verbergen, **sozialwissenschaftliche Termini** erwachsen häufig aus der Alltagssprache heraus, haben ihren „Urgrund“ im alltäglichen Sprechverkehr der Menschen innerhalb ihrer jeweiligen kulturellen Kontexte. Sie sind deshalb oft „vorbelastet“ durch den alltäglichen Sprachgebrauch. Auch dieser Aspekt ist in der kritischen Selbstreflexion sozialwissenschaftlicher Begriffsbildungen und Begriffsdefinitionen tunlichst zu beachten.

- Um im Beispiel zu bleiben: im wissenschaftlichen Ausdruck Soziale Norm schwingen zwei Assoziationen aus dem Alltagsbewusstsein mit: Im Wort Norm schwingt Normalität im Sinne von Normgerechtigkeit, um nicht zu sagen: Konformismus mit; und im Beiwörtchen Sozial schwingt alles Mögliche mit. Wer „sozial" sagt, kann ein ethisches, moralisches, karitatives Moment meinen: ein sozialer Mensch, der für den berühmt-berüchtigten „guten Zweck" spendet. (Wie ist es eigentlich um die Masse der Zwecke bestellt ...). „Sozial" innerhalb der sozialwissenschaftlichen Terminologie, hier Soziale Norm, meint nun keine moralische Attitüde, kein ethisches Verhalten, sondern einen Tatbestand, einen Sachverhalt: den der impliziten oder expliziten reziprok eingespielten Verpflichtetheit zwischenmenschlichen Verhaltens.

Wenn also diese Einblicke in sozialwissenschaftliche Denkweisen nach dem Muster „Sozialwissenschaftliche Terminologie" konzipiert sind, so sollten stets die vorangegangenen Bemerkungen erinnert werden. Es geht nicht um die letztgültige Fixierung von wissenschaftlichen Fachausdrücken und deren Revue, sondern um deren **Explikation**, um die Darstellung der sozialwissenschaftliche Sichtweisen, Problemlagen und Problemstellungen, wie sie sich den terminologischen basics niedergeschlagen haben.

- In sozialwissenschaftlicher Terminologie sind stets Momente der Herausbildung, Entwicklung, Verfestigung ebenso wie der Wandlungen des Bildes, der Vorstellungen von der gesellschaftlichen Wirklichkeit enthalten; einschließlich der Spuren vergangener und der Male aktueller wissenschaftlicher Differenzen und Kontroversen.

- An wissenschaftlichen Terminologien überhaupt, gleich ob Natur-, Geschichts- oder Sozialwissenschaften, lassen sich zudem Begriffskarrieren ablesen, Auf- und Abstiege von Begriffen, gelegentlich bis zu deren Verschwinden, sei es dass sie für die Forschung obsolet geworden, etwa dass sie aus politisch-wissenschaftspolitischen Gründen, aus Peinlichkeit aus dem Verkehr gezogen worden sind. Zwei Beispiele: es ist noch nicht gar so lange her, und tangierte noch meine Studentenzeit, unter anderem auch in Wien, während der 60er Jahre, dass Fachausdrücke wie „Rasse" und „race-relations" in der Science Community sich unbeschwert von aller Vergangenheit tummelten, dass disziplinäre Etikettierungen, labels, wie „Völkerkunde" und „Volkskunde" ungeniert ob der Hypothek, die auf ihnen lastet, die Institutsschilder zierten.

Oder umgekehrt das Beispiel eines Aufstiegs. Es ist noch nicht lange her, da ist der Fachausdruck **Habitus**, der heute querbeet in den Sozialwissenschaften en vogue ist, vordem aber das Dasein eines Mauerblümchens gefristet hat. Manchmal hängt der Aufstieg und Erfolg sozial und kulturwissenschaftilcher Begriffe ganz einfach davon ab, welche Sprache die Hegemonie innerhalb der Science Community inne hat und ob im Falle einer nichthegemonialen Sprache Übersetzungen vorliegen. Es war einmal, da war das Lateinische so hegemonial wie heute das Tagungsenglisch. Erst als Bourdieus sozial- und kulturtheoretisches Schlüsselwerk „La distinction. Critique sociale du jugement" von 1979, mit Anfang der 80er Jahre in deutscher Übersetzung vorlag: „Die feinen Unterschiede", der kantisierende Untertitel freilich ist kaum wahrgenommen worden: „Kritik der gesellschaftlichen Urteilskraft", begann der Aufstieg der Bourdieuschen sozialwissenschaftlichen Denkweise, mitsamt der ihr eigenen Begriffssprache: Praxisformen, Habitus, Symbolisches Kapital, Lebensstil, innerhalb der sozial- und kulturwissenschaftlichen Kommunikationswelten.

Ganz anders etwa das Schicksal nicht minder bedeutender Sozial- und Kulturwissenschaftler wie etwa Maurice Halbwachs oder Marcel Mauss, die zwar innerhalb der disziplinären Grenzen der Ethnologie, heute: Sozial- und Kulturanthropologie, Wissenschaftsbedeutung haben, kaum aber in der ganzen Breite der Sozialwissenschaften.

Mit der konzeptiven Idee „Sozialwissenschaftliche Terminologie", mit dem für diese Einführung gewählten Verfahren eines explizierenden Problemaufrisses soll in das Gewebe der Begrifflichkeiten eingeführt werden, die das sozialwissenschaftliche Denken fundieren und justieren. Es handelt sich um Termini, die zugleich Titel für wesentliche, tief greifende Problemlagen in den Sozialwissenschaften bilden. Die hier präsentierte Reihe von sozialwissenschaftlichen Begriffen ist fraglos selektiver Natur. Statt im Dschungel der Traditionen, Gegenströmungen, Ausdifferenzierungen der Denkweisen nach Schulen, Schulkämpfen, Regionen und allemal auch Zufallskonsstellationen und –karrieren vollends die Orientierung zu verlieren, versucht das hier gewählte Darstellungsverfahren aus Gründen der Übersicht, Ortung und Ordnung, Orientierungs- und Ankerpunkte zu bilden.

- Die Auswahl umfasst Begriffe, genauer: **co-reflexive Begriffspaare**, denen nicht nur exemplarischer Charakter zugemessen werden kann, sondern den Zugang zum sozialwissenschaftlichen Denken zu ebnen vermögen:

HANDELN	und	NORM
INSTITUTION	und	KULTUR
STRUKTUR	und	FUNKTION
MACHT	und	HERRSCHAFT
KONFLIKT	und	WANDEL

Hinweise zur diesbezüglichen **Intensivliteratur** finden Sie im Anhang nach dem erweiterten Literaturverzeichnis, Seite 209.

1. Handeln und Norm

Eine Vorklärung tut not. Es ist heute längst nicht mehr so, wie in der alteuropäischen Tradition des Nachdenkens über Kultur, Gesellschaft und Politik üblich gewesen, dass in jedweder Grundlegung sozialwissenschaftlichen Denkens die Figuration des Menschen, des Individuums, des menschlichen Subjekts als eine oder gar die basale Einheit einbezogen bzw. gesetzt wird. Das mag überraschen, verwundern; aber das Sichwundern ist mitnichten die schlechteste Form, Problemzusammenhängen sich zu nähern. So bewegen sich die neueren Systemtheorien, das Werk des renommierten Soziologen Niklas Luhmann mag hier als repräsentativ erwähnt werden, gleichsam jenseits alteuropäisch-anthropologischer Fundierung der Sozialwissenschaften.

Von Aristoteles über Hegel bis zu Max Weber und Hannah Arendt ist das menschliche Lebewesen anthropologisch-philosophisch in den Mittelpunkt der Wissenschaften vom Sozialen und Politischen gestellt worden. In humanwissenschaftlicher Perspektive wird es in mehrfacher Hinsicht grundbestimmt:

- Der Mensch ist ein **handelndes** Wesen.
- Handeln wird als **motiviertes** Verhalten interpretiert (Motiv: Beweggrund)
- Das Modell des (motivierten) Handelns ist nach dem Muster des teleologischen Handelns (Telos: Ziel, Zweck) gebildet. **Teleologisches**

Handeln meint: der Aktor verwirklicht seinen Zweck, das antizipierte Ziel eines erwünschten Zustands, indem er in einer jeweils gegebenen Situation Erfolg versprechende Mittel auswählt und in geeigneter Art und Weise anwendet.

- Das teleologische Handlungsmodell gilt unter der Voraussetzung, dass das menschliche Lebewesen zurechnungsfähig, d.h. zum **handlungsfähigen Subjekt** sozialisiert ist.

- Der Mensch ist ein zoon politikon (ξωον πολίτικον), ein politisches Lebewesen, das durch die Teilhabe an der Polis, der **öffentlichen Sozialität**, in den Status des Menschen erhoben ist.

Wo die Sozialwissenschaften in okzidental-anthropologischer Tradition fundiert werden, wo anthropologische Prämissen, d.h. Annahmen und Aussagen über die menschliche Natur, mithin einzelmenschliche Natur gemacht werden, dort also, wo menschliches Verhalten, einzelmenschliche Aktivität in die Grundlegung des sozialwissenschaftlichen Denkens einbezogen oder gar ins Zentrum gestellt werden, lassen sich – auf deren Gesamt betrachtet – zwei basale Orientierungen und Akzentsetzungen ausmachen:

- eine eher **verhaltenstheoretische** Fundierung der Sozialwissenschaften

- eine eher **handlungstheoretische** Fundierung der Sozialwissenschaften.

1.1. Verhalten – Zur verhaltenstheoretischen Konzeptualisierung der Sozialwissenschaften

Für verhaltenstheoretische Sozialwissenschaften erscheint der Mensch wesentlich als tierverwandtes **animal**, als Lebewesen der besonderen Art des Verhaltens. Dabei wird der Modus des Verhaltens primär als **Reaktion** verstanden, als Reaktionsbildung auf Stimuli, auf Reize und Situationen; situative Reizauslöser, die zum Antwortverhalten nötigen. Es dominiert eine **deterministische** Sicht des Verhaltens über eine subjektzentrierte Sicht des Handelns.

Bei aller unterschiedlicher Provenienz, d.h Herkunftslinien der verhaltenstheoretischen Denkweisen, bei aller unterschiedlicher Observanz, d.h. Ausprägung der Forschungsinteressen und -orientierungen, lassen sich gleichwohl einige konstitutive Momente ausfällen, welche **verhaltenstheoretisch** orientierte Sozialwissenschaften kennzeichnen.

1. Verhaltenstheoretische Sozialwissenschaften sind in der Regel am **objektivistischen** Wissenschaftsideal exakter Naturwissenschaften experimentellen Zuschnitts orientiert, um nicht zu sagen: sie sind davon verzaubert (vgl. I.1. „Objektivistische Erkenntnisstrategien").

2. Verhaltenstheoretische Sozialwissenschaften sind bemüht, Immer-und-Überall geltende Invarianten des menschlichen Verhaltens herauszupräpieren und sie in basalen Theorien zu formulieren. Muster: Immer-wenn-dann.

3. Verhaltenstheoretische Sozialwissenschaften tendieren dazu, von Grundannahmen einer von Geschichte und sozialem Raum unabhängigen **menschlichen Natur** auszugehen. D.h. menschliche Natur wird als Konstante, als von Kulturspezifik unabhängige Universalie gesetzt. (Meist lugt freilich der okzidentale Mensch als Urbild der menschlichen Natur hervor).

4. Die Frage nach der Beschaffenheit der menschlichen Natur wird aus den Sozialwissenschaften ausgelagert. Anders herum, die Bestimmung der Invarianten der menschlichen Natur wird aus **anderen** Wissenschaftsdisziplinen importiert; etwa den psychologischen Lerntheorien oder jüngst den zum Determinismus neigenden Neuro-Wissenschaften.

5. Verhaltenstheoretsiche Sozialwissenschaften tendieren dazu, den Subjektcharakter des menschlichen Lebewesens zugunsten **naturdeterministischer** Anschauungen vergleichsweise gering zu veranschlagen.
   Eine Wissenschaftsgeschichte verhaltenstheoretischer Sozialwissenschaften, die hier nicht einmal im Ansatz und in Umrissen gegeben werden kann, würde zutage fördern, dass es im Verlaufe des 20. Jahrhunderts merkliche Verschiebungen gegeben hat in Bezug auf den Import der Annahmen über die menschliche Natur.
   Grob gesprochen:
   Ist früher die Ethologie, die Vergleichende Verhaltensforschung (siehe Konrad Lorenz: Transfer von Tierbeobachtungen auf die

menschliche Verhaltensebene) der Lieferant für die Basisannahmen über die menschliche Natur gewesen, so hat sich in jüngster Zeit die Rezeption zu den Neuro-Wissenschaften hin verschoben. Der Bogen spannt sich vom älteren Behaviorismus B. F. Skinners und seinem „Ratten-Paradigma" zur neuesten Neurobiologie, dem „Hirn-im Labor-Paradigma".
Festzuhalten ist, verhaltenstheoretische Sozialwissenschaften, von G. C. Homans über K.-D. Opp bis zu J. S. Coleman (s. dessen dreibändige Grundlegung „Foundations of Social Theory", 1990; dtsch. „Grundlagen der Sozialtheorie" 1991–1994), entnehmen immer noch ihre Grundannahmen über die verhaltensbestimmende menschliche Natur (Human nature) entweder

- der Ethologie
- der biologischen Anthropologie (Physical Anthropology)
- der Humanbiologie, d.h. Dressur-, Konditionierungs- oder lerntheoretischen Zuschnitts
- der Psychologie, wesentlich naturalen, biologisch oder heute zunehmend neurobiologischen Charakters, will sagen: neurobiologischer Hirnforschung labortheoretisch-experimentellen Zuschnitts
- oder von allem etwas

6. Vor dem skizzierten Hintergrund zielen verhaltenstheoretische Sozialwissenschaften auf allgemeine, in der menschlichen Natur verankerte **Gesetzmäßigkeiten**. Sie finden solche Orientierungsmarken in Ansätzen des älteren Utilitarismus, der nicht mehr ganz so frischen Belohnungs-, Bestrafungsparadigmen und jüngst in Rational-Choice-Konzeptionen situations- und spieltheoretischer Ausformulierung.

7. Verhaltenstheoretische Sozialwissenschaften tendieren zu einem „**methodologischen Individualismus**" bei der Beschreibung und Erklärung des sozialen Verhaltens, des Social Behavior. D.h., die gleichsam molekulare Basis- und Beobachungseinheit bildet das individuelle Verhalten (in Situationen), woraus dann beobachtungsserial Daten summiert und aggregiert werden, schließlich zu Theorien sozialer Gesetzmäßigkeiten menschlichen Verhaltens komponiert werden.

8. Dem „methodologischen Individualismus" verhaltenstheoretischer Sozialwissenschaften ist eine Tendenz zum **Reduktionismus**, implizit oder expliziert, eigen. Dies in zweifacher Hinsicht: Reduktion des menschlichen Verhaltensrepertoires auf eine naturale Bestimmungsbasis, d.h. das Rückbeziehen auf invariante Determinanten der menschlichen Natur; zum anderen Reduktion auf das je individuelle Verhalten als basale Einheit.

9. Die Neigung verhaltenstheoretischer Sozialwissenschaften weist auf deterministische Konzeptualisierungen, was nicht zuletzt sinnfällig wird in der Bevorzugung des Begriffs des **Verhaltens** gegenüber dem des Handelns. Wird im letzteren die subjektzentrierte (motivierte) Aktivität betont, so im Begriff und Paradigma des Verhaltens der Akzent auf (passivische) Reaktivität gelegt. Dem entspricht die in den verhaltenstheoretischen Sozialwissenschaften merkliche Vorliebe für gruppen- oder sonst wie, aber auf jeden Fall **experimentell** gewonnene Beobachtungsdaten, eingedenk des naturwissenschaftlichen Leit- und Vorbilds. Experimentalsituationen sind aber künstlich-kunstvolle Anordnungen!

   Pointiert formuliert:

   Verhaltenstheoretische Sozialwissenschaften träumen von der Exaktheit und Solidität des Labors bzw. der klinischen Beobachtungssituation und den dort gewonnenen Beobachtungen in messbarer Form, in der Hoffnung auf gesicherte **Verhaltensprognosen**.
   For example aus der klinischen Beobachtungswelt: die Lokalisation situationsangemessenen (Normal-)Verhaltens in bestimmten Hirnregionen, hier: des präfrontalen und orbitofrontalen Kortex sowie der Befund, dass dessen Verletzung bzw. Beschädigung anomisches, zu deutsch: „zügelloses" Verhalten auslöst, d.h. zur Pseudopsychopathien bzw. Pseudodepressionen führt. Derartige Befunde der Neurobiologie sind es, die in verhaltenstheoretischen Sozialwissenschaften willkommen geheißen werden, von ihnen begehrt sind, weil sie das Prinzip des naturalen Reduktionsimus des Sozialen sowohl wie den „methodologischen Individualismus" überzeugend zu bestätigen scheinen.
   Wie aber, wenn die soziale Norm kein dem Individuum innewohnendes Abstraktum ist, sondern außerhalb ihrer existiert, und es die externale soziale Norm erst erwerben muss im Zuge der Ontogenese,

der Sozialisation, der individuellen Vergesellschaftung? (Wir kommen dezidiert auf das Problem der Sozialen Norm zurück, auf das Verhältnis zwischen naturaler und sozialer Determiniertheit menschlichen Verhaltens und Handelns).

10. Zuletzt, verhaltenstheoretische Sozialwissenschaften fügen sich in **lineare** Evolutionstheorien ein. D.h., in ihren Konzeptionen des Sozialen wird weniger die Eigenart des Sozialen akzentuiert, als das natural-evolutionäre **Kontinuum** zwischen tierischem und menschlichen Verhalten zugrunde gelegt; im Unterschied zu prononçiert handlungs- und symboltheoretischen Denkweisen und Konzeptualisierungen, worin der Akzent auf die **Diskontinuität** in der Evolution vom Tier zum Menschen gesetzt wird. Hier ist Kultur nicht die lineare Fortschreibung von Natur. Oder, um noch einmal den scheinbar paradoxalen Satz des Anthropologen Plessner aufzugreifen:

    „Der Mensch ist von Natur aus künstlich".

1.2. Handeln Philosophische Anthropologie als Fundierung handlungstheoretischer Sozialwissenschaften

Handlungstheoretische Denkweisen im emphatischen, ausdrücklichen Sinne, ungeachtet ihrer Herkunft aus der deutschen Phänomenologie, dem US-amerikanischen Pragmatismus, notiert unter der Sammelbezeichnung „Symbolischer Interaktionismus" oder auch der Tradition der Marxschen Praxeologie, handlungstheoretische Grundlegungen der Sozialwissenschaften rekurrieren implizit oder explizit auf eine wie immer auch ausbuchstabierte **philosophisch** unterkellerte Anthropologie, i.e. Lehre von der Eigenart der menschlichen Lebewesen, der menschlichen Existenz und des menschlichen Handelns. Hier liegt der Akzent weniger auf der Physical Anthropologie, der biologischen Anthropologie als auf der **Sozial- und Kulturanthropologie**.

An dieser Stelle seien, zur Vertiefung der Problemstellungen moderner Anthropologie, drei Literaturhinweise geben:

- Gisela Grupe u.a.: Anthropologie. Ein einführendes Lehrbuch, – Berlin 2005

- Rainer Knußmann: Vergleichende Biologie des Menschen. Lehrbuch der Anthropologie und Humangenetik, 2., völlig neu bearbeitete Auflage, Stuttgart 1996
- Christoph Wulf: Anthropologie. Geschichte, Kultur, Philosophie, Reinbek 2004

Für unseren Zweck, ein Grundverständnis für die **handlungstheoretische** Fundierung der Sozialwissenschaften zu gewinnen und hierüber ein Verständnis für die Eigenart des menschlichen Handelns und hierüber wiederum für die Eigenart des Sozialen zu gewinnen, greife ich auf wesentliche Denkmotive und –ansätze zurück, wie sie im Werk von Arnold Gehlen und Helmuth Plessner niedergelegt sind. Beider Denken ist mithin einflussreich geworden u.a. in jenem im Auftakt bereits genannten sozialwissenschaftlichen Grundlagenwerk von Peter Berger und Thomas Luckmann: Die gesellschaftliche Konstruktion der Wirklichkeit" (engl. 1966, dtsch. 1969).

(Aus wissenschaftspolitischen Gründen heraus wird Gehlens Werk eher verschämt zitiert; wohingegen das Werk Plessners, dessen Philosophische Anthropologie heute – im Dialog zwischen Neurobiologie (!), Anthropologie, Philosophie und Soziologie – eine Art Renaissance erfährt, weil Plessners Grundlegung der Sozialwissenschaften offenkundig eher korrespondenzfähig ist mit den jüngsten Modellierungen in den Neuro-Wissenschaften).

Die beiden hier eingeblendeten Schlüsselwerke zum Verständnis des Zusammenhangs zwischen **Norm** und **Handeln** als für die Eigenart des Sozialen konstitutiv seien eigens benannt:

- Helmuth Plessner: Die Stufen des Organischen und der Mensch. Einleitung in die philosophische Anthropologie (zuerst 1928, zweite Aufl. 1966; zu finden in: H. Plessner, Gesammelte Schriften IV., Frankfurt 2003
- Arnold Gehlen: Der Mensch. Seine Natur und seine Stellung in der Welt (zuerst 1940, 13. Aufl. Wiesbaden 1986).

Eine Studie oder Vorlesung über moderne Philosophische Anthropologie, in der die Natur- und Kulturgeschichte des bzw. der Menschen konzeptionell verschränkt ist, hätte natürlich auf die groben und feinen Unterschiede des Plessnerschen und Gehlenschen Entwurfs der Anthropologie, der Lehre vom Menschen als Natur- und Kulturwesen einzugehen. In dieser Einführung in „Grundlagen sozialwissenschaftlicher

Denkweisen“ wird von den Differenzen abgesehen und stattdessen diejenigen Denkfiguren aufgegriffen, die beiden Autoren gemeinsam und die zum Verständnis der Eigenart des Sozialen, des menschlichen Handelns und des Verhältnisses von sozialer Normierung und menschlichem Handeln von erhellender Bedeutung sind.

Eine strategische **Differenz** sei jedoch genannt, weil sie auch innerhalb des Gesamtspektrums sozialwissenschaftlicher Denkweisen manifest ist, gleich ob diese auf die Philosophische Anthropologie zurückgreifen oder nicht.

- In Gehlens Anthropologie ist der Schwerpunkt des Erkenntnis-, Forschungs- und auch des gesellschaftspolitischen Interesses auf die Seite der **Norm** (bzw. **Institution**), der sozialen Normierung des menschlich-zwischenmenschlichen Verhaltens gelegt, ohne freilich den Aspekt der Spontaneität menschlichen Handelns zu vernachlässigen oder gar auszublenden. Man könnte von einem **domestikatorischen** Akzent sprechen.

- In Plessners Anthropologie, derjenigen eines 1933 emigrierten Anthropologen und Soziologen, liegt der Schwerpunkt stärker auf der Seite des **Handelns**, des menschlichen Handlungspotentials, der menschlichen Handlungsmacht (s. Plessners Aufsatzsammlung: „Macht und menschliche Natur“; Gesammelte Schriften V., Frankfurt 2003). Man könnte von einem **emanzipatorischen** Grundimpuls sprechen.

Wo immer auch die Differenzen und inzwischen namentlich von der neueren verhaltensbiologischen Forschung georteten Schwachstellen der Philosophischen Anthropologie liegen mögen, ihr Grundzug liegt darin, dass sie für die empirische Forschung offen ist und als Anthropologie dezidiert handlungstheoretisch ansetzt. D.h., sie ist im Kern als entwicklungsgeschichtliche, als **Historische Anthropologie**, die den Subjektaspekt menschlicher Vergesellschaftung betont, ausgelegt.

Zwischen den Polen **Norm** und **Handeln**, Institution und Individuum, Struktur und Subjekt bewegt sich das ganze Spektrum der Sozialwissenschaften, jüngere Neo-Institutionalisten dort, postmoderne Existentialisten hier, Neo-Strukturalisten dort, die subjektive Praxis betonenden Individualisierungstheoretiker hier. Zwischen jenen Polen, und das Ganze ließe sich in Sonderheit an der Entwicklung der Sozialwissenschaften in Frankreich, zuletzt namentlich an Pierre Bourdieu und dessen Werkbiographie, zeigen, aber auch für die neuere Entwicklung in England, – zwischen den Polen Norm und Handeln haben sich bedeutende sozialwissenschaftliche Denkweisen gebildet, die auf eine **Vermittlung** zwischen Norm und Handlung, Struktur und Praxis sinnen.

Ich erwähne die beiden einflussreichen Exempla:

- Pierre Bourdieu und L.J.D. Vacquant: „Résponse. Pour une anthropologie reflexive" (1992; dtsch. „Reflexive Anthropologie", Frankfurt 1996)
- Anthony Giddens, The Constitution of Society. Outline of the theory of structuration" (1964; dtsch. „Die Konstitution der Gesellschaft. Grundzüge einer Theorie der Strukturierung", Frankfurt 1988).

Kurz, die beiden Autoren sind um eine grundlagen-theoretische Vermittlung zwischen Struktur, Praxis und Prozess, zwischen sozialer Norm und menschlichem Handeln bemüht.

- Zurück zur Philosophischen Anthropologie aus der Feder Plessners und Gehlens. Beide sind im übrigen der Ansicht gewesen, dass Sozialwissenschaften, gleich ob Sozialanthropologie, Soziologie, Politologie oder Publizistik, mehr sind denn bloß eine Angelegenheit der akademischen Sphäre, der Science Communtiy, des Labors oder gar des stillen Kämmerleins. Beide wollten Sozialwissenschaften als in Referenz zur gesellschaftlichen **Öffentlichkeit** und im Zusammenhang von gesellschaftspolitischer Verantwortung stehend sehen: Sozialwissenschaften, die nicht vor **gesellschaftlicher Zeitdiagnose** zurückscheuen.

  In der Perspektive des Verhältnisses von sozialer **Norm** und menschlichem **Handeln**, als der zentralen Doppelaspektivität menschlicher Vergesellschaftung und Kulturentwicklung, lässt sich der Grundriss der Philosophischen Anthropologie in pointierender Verknappung in zwei Generalthesen fassen:

1. Dort, wo beim Tier Verhalten und Umweltverhältnis wesentlich vom **Instinktprogramm** reguliert werden, vom je umwelt- und artspezifischen, nervenbahn-geleiteten Reizauslöser-Reaktions-Schema, tritt beim Menschen wesentlich die **kulturspezifische soziale Norm** ein und in Kraft, reguliert ein symbolisch vermittelter, aus der menschlichen Kooperation und Kommunikation hervorgehender Rahmen („Fahrplan"), Verhalten und Handeln sowie das Verhältnis zur Welt.

Das Tier ist in seine artspezifische Umwelt eingepasst. Der Mensch demgegenüber ist gezwungen und in der Lage, seine Welt bzw. Welten zu erzeugen und umzuschaffen, zunächst wesentlich in unmittelbarer Auseinandersetzung mit der Natur, stets aber verschränkt mit dem Aufbau einer sinninnervierten, symbolisch strukturierten Ordnung der Beziehungen und des Verkehrs der Menschen untereinander. Der philosophisch-anthropologisch unterbaute sozialwissenschaftliche **Welt**-Begriff ist **außerbiologischer** Natur. Der Mensch kann in vielen Umwelten leben, weil er auf keine artspezifische hin angelegt ist, sondern Umwelten in Welt, in Sozial- und Kulturwelten umzuschaffen genötigt und fähig ist.
Illustrativ formuliert: der Mensch kann in Erdhöhlen und auf Bergplateaus, auf Schiffen und Bohrinseln ebenso wie in der Wüstenei leben, weil er, freilich nicht schrankenlos, über einen offenen Entwicklungshorizont verfügt, seine Welt, seine Lebensbedingungen produziert, reproduziert, um- und neu schafft. Das genau ist mit jenem Plessnerschen Diktum gemeint: „Der Mensch ist von Natur aus künstlich".

2. Nunmehr wendet sich der Blick von der äußeren auf die innere, subjektive Welt. An die Stelle, wo beim Tier weithin das naturale **Instinktprogramm** Verhaltenssicherheit garantiert, das Verhaltensrepertoire präformiert und die Entwicklungsperspektiven determiniert, tritt beim Menschen die **soziale Normierung**, die an die naturalen Dispositionen und Möglichkeiten anknüpft. Es ist primär die **erworbene** soziale Prägeform, welche dem menschlichen Verhalten und Handeln Sicherheit gewährt und verbürgt, indem sie, die soziale Normierung, das Verhaltens- und Handlungsrepertoire zwar nicht durchdeterminiert, wohl aber präskribiert, vorschreibt. Der Restriktionsgrad der Präskriptionen, Vorschriften definiert zugleich jene Verhaltensspielräume und womöglich alternative Handlungsmöglichkeiten, die heute mit Vorliebe als „Kreativität" und „Innovation" fetischisiert werden.
Durch tätige Konstitution seiner Welt(en), im Zuge kulturspezifisch-variationsreicher sozialer Normierung seiner Verhaltensweisen und Handlungskreise, seiner Beziehungen und Verkehrsabläufe, erzeugt der Mensch zugleich, wiederum unter Vorgaben naturaler Dispositionen und Entwicklungsmöglichkeiten, seine **innere Natur**, seine Innenwelten. Deren Bogen reicht vom Schamempfinden und Schuldgefühl über die Institution des Gewissens bis zu den sublimsten Formen reflexiver Innerlichkeit, kurz: den Modi der **Selbstthematisierung**.

- Die **Zweite Natur** (Kultur) ist also durch eine Doppelaspektivität charakterisiert: die Verschränkung von äußerer Sozial- und Kulturwelt einerseits und Herausbildung von Innenwelt, nennen wir es ruhig erst einmal Seele, andererseits. Nicht so ganz zufällig haben **Anima** (Hauch, Seele) und **Animal** (Lebewesen) die nämliche Wortwurzel.

Ob der Mensch ein gottverlassenes Wesen ist, mag dahingestellt bleiben, ebenso ob die Theologie zu den Sozial- oder Geisteswissenschaften zu rechnen ist. Beschreiben aber lässt sich der Mensch ein ganzes Stück weit als instinktverlassenes Wesen. Genauer: Im Unterschied zum Tier, und bislang spricht alle Forschung dafür, verfügt der Mensch nur über Instinktresiduen, die offenbar nicht hinreichen, das Sozialleben zu garantieren. Die Philosophische Anthropologie spricht in diesem Zusammenhang gelegentlich von **Instinktverunsicherung**. In diese Offenheit, in diesen Mangel an instinktgesteuerter Festgestelltheit tritt die soziale Normierung gleichsam als Kompensation, als funktionales Substitut ein. An die Stelle der animalischen Varietät tritt der, wie uns namentlich **Ethnographie** und **Ethnologie** lehren, ungeheuere Variantenreichtum, die scheinbar unerschöpfliche Variabilität kultureller Muster und Ausprägungen. Mit einer gewissen historischen Ironie notiert: von der Monogamie bis zu Polyamorie et vice versa.

Menschliches Handeln und dessen Hervorbringungen sind also variantenreich und entwicklungs-, d.h. veränderungsoffen. Die immer noch schlüssigste Übersicht über Grundformen menschlicher Aktivität findet sich bei der Philosophin und Politologin Hannah Arendt in deren empfehlenswerter Studie: „Vita activa oder Vom tätigen Leben" („The Human Condition", zuerst 1958; in deutscher Übersetzung seit 1967 in mehreren Auflagen). Hannah Arendt beschreibt die Human Condition, die condition humaine, die menschliche Situation wesentlich in **handlungstheoretischem** Licht, eben in der Perspektive der **Vita Activa**. Dort findet sich auch die wohlbegründete Fundierung der (okzidentalen) Sozialwissenschaften im Raum der **Polis** und **Öffentlichkeit**, als Konstitutionsmedien der menschlichen Welt. Dort findet sich nicht nur die Beschreibung des Menschen als ein Zoon politikon, als ein gesellschaftliches und politisches Lebewesen. Dort ist zudem eine sozialwissenschaftlich äußerst fruchtbare, brauchbare Kategorisierung der menschlichen **Tätigkeit** entwickelt. Im Anschluss hieran ließe sich die variantenreiche Welt der menschlichen **Artefakte**, die Sozial-, Kultur-,

Werkzeug- und Dingwelt, worin das Tun der Menschen sich vergegenständlicht, ausdifferenzieren.

- Hannah Arendt unterscheidet:

• **Arbeiten**	–	Typus: Animal laborans, das arbeitende Lebewesen
• **Herstellen**	–	Typus: Homo faber, der geschickte, kunstfertige, Werkzeuge erzeugende Mensch
• **Handeln**	–	Typus: zoon politikon, der interagierende Mensch, d.h. der sprechende, auslegende, kommunizierende, verhandelnde, partizipierende, kooperierende, tauschende, mithin täuschende, der Mensch im intersubjektiven Austausch; der politische Mensch
• **Denken**	–	Typus: Animal rationale. (An den man, mit Descartschem Zweifel befallen, heute nicht durchweg glauben möchte). Grundfiguration des denkenden Menschen: cogito ergo sum / ich denke, also bin ich rogo ergo sum / ich frage, also bin ich dubito ergo sum / ich zweifle, also bin ich – Maxime: take nothing for granted

- Im Verständnis von Hannah Arendt ist menschliches Handeln dann als „**sozial**" zu qualifizieren, wenn es, vom Handelnden aus gesehen, also in der Perspektive des Aktors, am Verhalten anderer orientiert ist. Dabei ist das Handeln und Verhalten beider in der Regel auf ein Drittes bezogen: die **Soziale Norm**; ein Artefakt, das in Sprache, Bildwerk, sogar in musikalischen Noten ausgedrückt werden kann (In Satzzeichen etwa sind soziale Normen und Interaktionsfiguren in grammatikalischer Regelform inkorporiert. Das Ausrufezeichen z.B. als imperative Geste). Ohne soziale Normierung wäre, eben weil keine sichere Instinktsteuerung verlässliche Richtmaße garantiert, zwischenmenschlicher Fließverkehr nicht möglich, nicht denkbar.

- Wesentlich zu beachten ist:
  Instinkte sind schon **natural** konstituiert. Im Unterschied zu den Verhalten bahnenden Instinkten werden soziale Normen im menschlich-zwischenmenschlichen Handeln, d.h. **kultural** konstituiert. Sie stellen

Artefakte dar. Freilich Artefakte der besonderen Art: sie haben keinen dinglichen, stofflichen Charakter – als Regulative sind sie Abstraktionen, Generalisierungen, Verallgemeinerungen („Realabstraktionen“). Als solche haben sie mehr oder weniger verpflichtenden Charakter innerhalb des jeweiligen Geltungsbereichs: Das tut *man* nicht.

Die Eigenart sozialer Normen besteht nun darin, dass sie mit der Zeit den Charakter von Selbstverständlichkeiten annehmen können. Soziale Normen können derart selbstverständlich werden, dass sie – etwa in der Status- und Rollenverteilung der Geschlechter – für **natürlich** gehalten werden. Soziale Normen tendieren tatsächlich dazu, dass sie wie Naturgesetze angesehen, missinterpretiert werden. Das meint Durkheims **contrainte sociale** oder Marxens **stummer Zwang der Verhältnisse**. In Zeiträumen über Generationen hinweg werden soziale Normen tradiert, gewinnen sie als weitergegebene Regelwerke, in die jede neue Generation hineingeboren, hineingestellt wird, die Macht von Traditionen. Sie gewinnen **Geltungsmacht** über die Individuen.

Wenn soziale Normen zu quasi-natürlichen Selbstverständlichkeiten genommen, verdinglicht sind, chosieté-, Ding-Charakter (Durkheim) angenommen haben, dann ist an ihnen vergessen oder verdrängt worden, dass eben diese Normen geschichtliches Produkt, Resultanten zwischenmenschlichen Verhaltens und Handelns sind. Genau diese Gewordenheit sozialer Normen wird gleichsam nicht mehr wieder erkannt. Die restriktive Macht eines Gefüges sozialer Normen schränkt den spezifischen Handlungscharakter menschlicher Tätigkeit ein und verstärkt umgekehrt den Anteil des bloßen, normgetreuen Verhaltens. Kurz: Soziale Normen sind keine Ewigkeitswerte. Mögen Naturgesetze beherrschbar sein, soziale Normen demgegenüber, wiewohl sie das Leben, den Alltag und Sonntag der Menschen regulieren, regeln, determinieren, sind grundsätzlich veränderbar, modifizierbar, weil eben Produkt menschlicher Praxis. Recht eigentlich an der Geschichtlichkeit der sozialen Geltung von Normen und Normgefügen setzen Sozialwissenschaften ein, ist die Differenz zwischen Natur und Kultur manifest.

- Ein weites Feld freilich, bis ins Dunkle der Vorzeit zurückreichend, ist die Herausbildung, die Entstehung, die **Genese** normativer Kulturgefüge. Hier kann mitnichten die **Phylogenese**, das Werden der menschlichen Gattung rekonstruiert werden. Hier, im Tier-Mensch-

Übergangsfeld, sind Spezialdisziplinen gefragt: vor allem die Ur- und Frühgeschichte. Zur Einführung in die Frühgeschichte der Menschwerdung sei empfohlen: Friedemann Schrenk: Die Frühzeit des Menschen. Der Weg zum Homo Sapiens", 2003. (Homo sapiens ist vielleicht ein zu locker dahingesagter Euphemismus, Homo demens, der törichte Mensch, wäre auch eine Hypothese angesichts so mancher Erscheinungen in Geschichte und Gegenwart).

- Im Unterschied zur Phylogenese, zur Gattungs- und Stammesgeschichte des Menschen, thematisiert die **Ontogenese** [onto – einai = sein ; ὢν / on = seiend!] die individualgeschichtliche Subjektwerdung der Menschen. Die Einsozialisierung des und der Neugeborenen in die Welt der sozialen Normen, die soziokulturellen Bildungsprozesse des einzelmenschlichen Subjekts sind allemal ein Kernbereich namentlich der Sozialwissenschaften gleich welchen einzeldisziplinären Zuschnitts.

- Rekapitulieren wir an dieser Stelle in Kürze die leitenden Gesichtspunkte der **Philosophischen Anthropologie**, insoweit sie für die Fundierung sozialwissenschaftlicher Denkweisen, namentlich **handlungstheoretischer** Natur, von Relevanz sind:

    1. Der Mensch erscheint als „biologisches Sonderproblem", das bereits im Ansatz den Einschluss einer **sozial- und kulturwissenschaftlichen** Perspektivik nahe legt. (Im übrigen und nicht zufällig hat alle Theologie just an dieser Stelle, dem Sachverhalt des „biologischen Sonderproblems", ihren Einsatzpunkt).

    2. Der Mensch ist das „nicht festgestellte Tier" (Nietzsche).
    Er ist zum **Handeln** genötigt. Der Mensch muss gegenüber seiner Mitwelt tätig und Stellung nehmend sich verhalten. Er muss den sinnhaften Aufbau seiner Welt leisten.

    3. Der Mensch kann – im Gegenlicht der Instinktdeterminiertheit und Spezialisiertheit des Tieres – als „**Mängelwesen**" beschrieben werden. Allerdings darf der Mangel an Instinktsicherheit und artspezifischer Spezialisierung nicht in eins gesetzt werden mit Evolutionsnachteilen. Umgekehrt, und nur so sollte Gehlens am US-amerikanischen Pragmatismus geschärfte handlungs- und sprachteoretisch fundierte Anthropologie rezipiert und kritisch

fortgeschrieben werden, mangelnde Instinktfixierung und Unspezialisiertheit sind nachgerade als **Evolutionsvorteile** zu interpretieren, insofern als hieraus – im Wege eigentätig-flexibler, arbeitsteilig sich ausdifferenzierender, das Lern- und Fähigkeitsspektrum stets erweiternder Lebensbewältigung – ein äußerst hohes hirn- und körperfunktionelles Entwicklungsniveau hervorgegangen ist. Hier sind die naturgeschichtlich vorbereiteten, eminenten Evolutionsvorteile der menschlichen Lebewesen zu orten, die den Weg zur Überlegenheit über andere Animales gebahnt haben: etwa statt instinkthafter Mimikry in Gefahrensituationen Täuschung durch künstliche Tarnung (z. B. Tarnanstrich). Ursprung der Vernunft in der List. Anzunehmen ist, dass die Entfaltung der Vernunft ihrerseits die Schwächung der Instinkte vorangetrieben hat.

4. Folglich kann der Mensch als „**Möglichkeitswesen**" beschrieben werden. Die vitale Einschränkung aufgrund mangelnder Instinktsicherheit, fehlender Spezialisiertheit und Nichteingepasstheit in eine artspezifische Umwelt erweist sich umgekehrt als strategischer Vorteil: sein Feld ist die Welt und nicht eine artspezifische Umwelt; diese seine Welt produziert er im Stoffwechsel mit der Natur. Hier liegt der Ursprung aller **Ökonomie**.
   Der Mensch verwandelt seine „Mängel" in den Vorteil tätiger Erzeugung seiner selbst und seiner Welt.
   Selbsterzeugung im Medium der **Plastizität** seiner Antriebe, Bedürfnisse, Sinne. Fähigkeit zum Erwerb und **Selbstaufbau** seiner Fertigkeiten und Fähigkeiten.
   Offener Horizont seiner Lernpotentiale. Mit Nachdruck unterstreichen die jüngsten Befunde der Neurobiologie die schier unbegrenzt erscheinende, neuronale Plastizität des menschlichen Gehirns („synaptische" und „kortikale Plastizität").

5. Im Unterschied zur artspezifischen Festgelegtheit des Tieres auf eine spezifische Umwelt ist der Mensch durch „**Weltoffenheit**" charakterisiert. Als „weltoffenes" Wesen verfügt er über die Potenz, seine jeweils gegebenen Bedingungen zu überschreiten: Verwandlung der Natur in Welt mit offener Perspektive.

6. Instinktreduktion, Unspezialisiertheit und Weltoffenheit zwingen den Menschen zur permanenten Erzeugung seiner Lebensbedingungen und Lebensmöglichkeiten. Seine anthropologische

Konstitution verweist ihn auf die Produktion der wirtschaftlichen Grundlagen seines Daseins, auf die **Erzeugung** des sozialen Rahmens seines Daseins und die **Ausbildung** eines sinnhaften, kulturellen Lebenskosmos: Arbeiten. Herstellen. Handeln. Kommunizieren. Planen. Entwickeln. Denken. Steuern.
Hannah Arendt zufolge ist Marx durchaus eine Schlüsselgestalt der Grundlegung der Sozialwissenschaften.

7. Der Mensch lebt nicht, er muss sein Leben führen:
   Lebensführung im Medium sozialer Praxis (Handeln) und sozialer Ordnung (Norm) sowie **Interaktion** und **Kommunikation** ermöglichende und garantierende Symbolwelten (Mimik, Gestik, Sprache sowie Speicherung und soziale Weitergabe des Wissens zum Zwecke erweiterter Reproduktion des Lebens).

8. Führung des Lebens beinhaltet zum einen Aufbau, Ausbau und Umbau beweglicher Handlungsfähigkeit entsprechend dem offenen Welthorizont. Führung des Lebens beinhaltet zum anderen (reflexive) Bearbeitung und Organisation seiner Triebpotentiale zu Handlungsantrieben (Motive): Vertagen, Verschieben, Umschieben, Sublimieren.
   Mit guten Gründen lässt sich sagen, dass es sich bei spezifisch menschlichen Bedürfnissen um **sozial interpretierte** sowohl wie **kulturell bearbeitete Bedürfnisse** handelt. D.h., ihnen kommt nicht einfach krude Natur zu, vielmehr sind sie wesentlich geschichtlichen Charakters.

9. Führung des Lebens beinhaltet weiters lebenslanges **Lernen**: soziale Fundierung von Basiskompetenzen. Erweiterte Reproduktion von Fähigkeiten und Fertigkeiten auf der Grundlage von Spezialisierungsoffenheit.

10. Aufgrund seiner mangelnden Instinktfixiertheit, Unspezialisiertheit und Weltoffenheit erscheint der Mensch als ein Gattungswesen, das offenkundig in überaus langen Fristen und wesentlich extrauterin einen verwickelten Prozess der **Sozialisation** und **Ich-Bildung** durchlaufen muss, um seine kulturelle und soziale Handlungsfähigkeit zu erwerben, aufzubauen.

Der Mensch braucht auffällig lange, um – buchstäblich – auf die Beine und in die Schlappen zu kommen, um Handlungsfähigkeit und Handlungsautonomie zu gewinnen.
Der „**Funktionsstil der Vertikale**“ ist dem Menschen zwar gleichsam in die Wiege gelegt, aber ohne spielendes Lernen, Probehandeln, lernendes Handeln ist der Selbstaufbau der Handlungsfähigkeit, der Aufbau der Kommunikationskompetenz nicht zu erreichen.
„Funktionsstil der Vertikale“ meint Verwirklichung natürlicher Dispositionen und Potentiale:
Aufrechter Gang. Bewegliches operativ-funktionelles System von Auge, Hand und Sprechen. Werkzeugerfindung, –herstellung und zumal Tradierung des erworbenen technischen Erfahrungsniveaus. Die Technik, Werkzeuge werden zunächst nach dem Vorbild und den Vorgaben der leiblichen Organe entwickelt: von der Greifhand zum Bagger.
„Funktionsstil der Vertikale“ heißt schließlich vor allem: Umgewichtung der Handlungsfähigkeit auf den Vorrang des zerebral zentrierten Seh- und Handfeldes in der Perspektive des Tele-/Fern-Handelns. Tasten. Sehen. Greifen. Begreifen (Hand und Handeln). Der Modus des Sehens und vor allem des Sprechens stiftet die Möglichkeit von **Distanz**, technische und soziale, und nicht zuletzt Distanz zu sich selbst, begründet das für Reflexion konstitutive Selbstverhältnis.

11. Der Mensch ist ein Grenzen setzendes und Grenzen überschreitendes Wesen (Differenz zum instinktgebundenen tierischen Revierverhalten): er verfügt über das Vermögen zur **Transzendenz**, Überschreiten seiner selbst. Als gesetzte **Grenzen** (sozialer Daseinsrahmen, kulturelle Lebenswelt, symbolischer Kosmos) sind diese Grenzen zugleich **Schwellen**.
Als Grenzen setzendes Wesen ist der Mensch ein Emigrant der primären Symbiosen, der sekundär soziale Beziehungen herstellt. Das Bild vom Menschen als Grenzen setzendes (Grenzen erweiterndes und überschreitendes) Wesen ist wesentlich bestimmt von seinen Unterscheidungsleistungen (**Distinktion** als Leistung des Trennens):

- Hier und Dort (sozialer Raum)
- Zuerst und Dann (soziale Zeit); Gestern . Heute . Morgen
- Die Anderen und ich (Außenwelt/Innenwelt)

Schlüsselbilder der Grenze: die Haut, das Kleid.
Dies ist gemeint mit dem kulturanthropologischen Bonmot:
„Im Kleid steckt die ganze Anthropologie".
D.h., handelnd und lernend, spielend und imaginierend baut der Mensch sein Selbst auf im Medium der Verkörperung seiner selbst für sich und für andere in Form von Erscheinungsbildern, Rollen etc. (Das lateinische **persona** ist zu übersetzen mit: Maske).
Dies ist nur möglich, weil dem Menschen eine biologische Eigennatur zukommt, die ihn aus dem Reich des Lebendigen und der Lebewesen heraushebt: ein offenkundig einmaliger, sonst nicht versuchter Versuch der Natur:
Der Mensch ist **Leib** und hat seinen **Körper**. D.h., er kann – dank einer im Selbstverhältnis eingründenden Fähigkeit zur Transzendenz – seinen Leib exzentrisch (von außen) orten und vor allem instrumentieren (bis zum Rekordverhalten und zum Fitness-Studio).

12. Der Mensch ist ein **riskantes** Wesen.
Mit dem Zwang zur Handlung, zur Produktion und Reproduktion seines sozialen Daseinsrahmens und seines sukzessive in plurale Welten sich ausdifferenzierenden Kultur-, Symbol- und Wissenskosmos, mit der Notwendigkeit sein Leben zu führen, kurz: mit der Grundkonstellation der Weltoffenheit ist eine weitere kulturanthropologische Eigenart gesetzt.

Der tierischen Umwelt wohnen Gefahren ein. Auch der Mensch ist in der objektiven Welt, der Natur, **Gefahren** ausgesetzt. Darüber hinaus aber ist er, aufgrund der praktischen Selbsterzeugung seiner Lebenswelt nicht nur mit selbstproduzierten gesellschaftlichen Krisen und Katastrophen konfrontiert, sondern auch mit selbstprodzierten Naturkatastrophen (z.B. Überschwemmung). Die vom Menschen erzeugte Sozial- und Kulturwelt kennt demnach nicht nur Gefahren, sondern nachgerade auch (selbstproduzierte) **Risiken**. Risiken in Form von Folgen und Folgeproblemen, wie sie aus der Selbsterzeugung der Welt, der Lebensbedingungen und Lebensmöglichkeiten, wie sie aus Wissenschaft und Technik, sozialer Ordnung und Verfügbarmachung der außer- und menschlichen Natur hervorgehen.

Die Folgen und Folgeprobleme können manifest werden, oder eben auch latenter Art sein, d.h., sie können über lange Zeit hinweg verborgen bleiben. Anders, Weltoffenheit und Handlungsnotwendigkeit, wohinein der **Zwang zur Entscheidung** zwischen Alternativen gehört, offenbaren das menschliche Leben als riskiertes und damit riskantes Dasein. Zur *conditio humana* gehört konstitutiv die **Kontingenzerfahrung**, religionssoziologisch betrachtet: eine der wesentlichen Quellen für Religion.
Weltoffenheit bedeutet wesentlich, der Mensch lebt und handelt in geschichtlich erzeugten Konstellationen für die nach hinten gilt: „es hätte auch anders kommen können", und zeitlich nach vorne: „es kann auch anders kommen" – bis zur möglichen Selbstzerstörung der menschlichen Welt.
In diesem Zusammenhang ist auf die Dialektik aller Wissensprozesse aufmerksam zu machen: Wissensfortschritt heißt erstens immer auch Entwertung bisherigen Wissens; zweitens Eröffnung stets neuer Horizonte des Nochnichtwissens und das bedeutet: **Ungewissheit**, die Kehrseite von **Möglichkeit**.

13.) Den Menschen zeichnet die (Überlegenheit verleihende) Fähigkeit zur Imagination, Phantasie aus. D.h., der Mensch kann aus sich in imaginäre Situationen versetzen.
Fähigkeit zur **Imagination** bildet den Schlüssel für Planung im Nexus von Phantasie und Probehandeln (Modelle, Experimente etc.).

14. Der Mensch ist ein selbstthematisches Wesen.
In Welt-, Menschen- und Selbstbildern ortet und ordnet er seine „Stellung im Kosmos".
Basislinie seiner bisherigen **Selbstthematisierung** lautet:
Abhebung von der Natur, vom Tier in Sonderheit.
Inthronisation seiner selbst als Geist, als Geistwesen: Logos (Philosophie).
Von der Techno*logie* über die Onto*logie* bis zur Sozio*logie* …
Die Selbstthematisierung ist verknüpft mit ethischen Diskursen, pointiert in Kants anthropologischer Fragetriade:

- Was können wir wissen?
- Was sollen wir tun?
- Was dürfen wir hoffen?

15. Aus der Sicht der Philosophischen Anthropologie ist der Mensch ein „die Tierheit hinter sich lassendes Tier", freilich ohne je die Naturbasis, das Animalische verlassen zu können.
Der Mensch lässt seine Tierheit hinter und gleichsam unter sich, indem er, wegen seiner biologischen Sonderstellung, gezwungen ist, sein Leben zu führen, sich eine „Zweite Natur" zu schaffen und ständig erweiternd sich und seine Welt zu reproduzieren; stets freilich in Anknüpfung an die außer ihm und in ihm schlummernden **Naturpotentiale**. (Der Stoffwechsel mit der Natur: Kernaspekt aller ökonomischen Verhältnisse und sozialen Strukturen, mit implizierten Möglichkeiten und Risikopotentialen). Ökonomie: Selbsttranszendenz der Menschen.

16. Trotz funktionierender Naturbeherrschung bleibt der Mensch und seine Welt an die Natur zurückgebunden. (Naturbeherrschung verweist – ganz im Sinne der Hegelschen Herr-Knecht-Dialektik – auf die Abhängigkeit des Menschen von der Natur, aller Hybris des philosophischen und wissenschaftlichen Geistes zum Trotz).
Deshalb kann dem Menschen Weltoffenheit nicht ohne jede Einschränkung zugesprochen werden: Noch stirbt er, wenngleich sich die Zeugungsbedingungen bereits durch „künstliche Kultur" verändert haben.
Weltoffenheit, und dies im Lichte der **Möglichkeiten** und **Schranken** zu erforschen, ist dann Sache der Humanwissenschaften, einschließlich und besonders der Sozial- und Kulturwissenschaften:
- Es finden sich Schranken im Bannkreis der Natur: physiologische Determinanten (Aspekt **biological patterns**)
- Es finden sich Schranken im Bannkreis der sozialen Ordnung und des kulturellen Kosmos: Jede kulturelle Systembildung, d. h. jede **vollzogene** Möglichkeit, d.h. Resultate erzeugende Handlung, ist zugleich eine Einschränkung der Weltoffenheit, indem sie die Menschen an Gewohnheiten und Normen bindet (Aspekt: **cultural patterns**).
- **Cultural patterns** zeugen vom „**fragmentarischen** Charakter" menschlicher Weltoffenheit. Diese darf weder mit der zirkulären Geschlossenheit tierischer Umwelten verglichen werden, weil es sich um ein fundamental anderes Entwicklungsniveau handelt (siehe die These von der evolutionären Diskontinuität!); noch aber darf der Sachverhalt des fragmentarischen

Charakters menschlicher Weltoffenheit im Traumbild von der Perfectibilité des Menschen, in der Idee von der planifikatorischen Vollkommenheit der Welt zum Verschwinden gebracht werden (Technokratische Utopien). Aus meiner Sicht setzt hier die Kritik eines allzu fortschritts*gläubigen* operativen Machbarkeits- und Perfektionierungswahns an, schlägt hier die Stunde einer verantwortlichen Sozial- und Kulturforschung.

17. Ohne auf das benachbarte Gelände der sozialwissenschaftlichen Verfahren, Methodik, übergreifen zu wollen, sei in diesem Zusammenhang ein Gesichtspunkt dennoch im Anschluss an die Einsichten der Philosophischen Anthropologie zur Sprache und zur Geltung gebracht:
Keine Labor-, keine Experimentalforschung, deren Aussagekraft und Aussagewert zurückgebunden ist an **künstlich** hergestellte **Umwelt-Situationen**, ersetzt die intentionale Wahrnehmung, die Beobachtung der Menschen in ihren jeweiligen **Welt**-Konstellationen, in ihren Lebens-, Handlungs- und Wirkungs-Feldern, in den sozialen Schwere- und Kräftefeldern, um einmal eine physikalische Analogie zu gebrauchen.
Hinzu kommt, Reflexion auf die Bedingungen des Beobachtens und die Selbstreflexion auf die Bedingungen des Beobachters ist Bedingung für eine angemessene Bestimmung der Gültigkeit bzw. wissenschaftlichen Geltung von Aussagen über das Beobachtete – sei es im Sozialforschungslabor sei es im Alltagsfeld. Denn die Phänomenologie, (nicht erst seit) Luhmann, lehrt, dass der Beobachter beim Beobachten nicht sich beobachten kann.
Und auch dies ist zu berücksichtigen: **Wissenschaft** ist ihrerseits ein Organon der Produktion von Welt; und Humanwissenschaften, Sozial- und Kulturwissenschaft in Sonderheit sind beteiligt an der Legitimation ihrer Ordnung wie an deren In-Frage-Stellung, d.h. Problematisierung

- Fassen wir die **Philosophische Anthropologie** mit Blick auf eine handlungs- und normtheoretische Fundierung der Sozialwissenschaft zusammen:

  - Die Menschen leben in ihren Handlungen und **Interaktionen**; einschließlich ihren Unterlassungen.

- Die Herausbildung menschlicher **Subjekte** erfolgt im Medium von Handlungen und Interaktionen.

- **Verhalten** kann beschrieben werden als (wie immer auch konditionierte) Reaktion auf Situationen.

- **Handeln** kann beschrieben werden als (aktive) Bewältigung und gegebenenfalls Veränderung von Situationen und deren Bedingungen (motiviertes Verhalten). Es ist allemal aufschlussreich für den eigenartigen Zusammenhang zwischen Handeln, Subjekt und normativem Zwang, wenn in der Sprache des Alltags angelegentlich davon gesprochen wird, jemand habe – gleichsam unbefugt – „eigenmächtig gehandelt". Die Sprachfigur „sich eigenmächtig verhalten" ist bekanntlich weniger als geläufig.

- Mit Bezug auf diese handlungsbezogene Konzeption kann **Lernen** interpretiert werden als intelligente Überwindung von Hindernissen, wobei der (eingestandene) Irrtum ein wesentliches Moment von Lernfortschritten darstellt.

- Von **sozialem Handeln**, eingelagert in Interaktionsstrukturen ist dann sinnvoll zu reden, wenn die subjektzentrierte Bewältigung von Situationen symbolisch, in Sonderheit sprachsymbolisch, wenn sie über **soziale Normen** vermittelt ist. In der prägnativen Formulierung Talcott Parsons:

  - „We prefer the term „action" to „behaviour" because we are interested not in physical events of behaviour for their own sake, but in their patterning, their patterned meaningful products … **Human action** is cultural in that meanings and intentions concerning acts formed in terms of symbolic systems."

  Frage zur Reflexion: Warum heißen die Action-Filme Action-Filme und nicht Behavior-Filme …

- Schließlich sei eine weithin in Philosophie und Anthropologie geteilte Überzeugung von Herder über Nietzsche bis Plessner und Gehlen erwähnt, die bis ins wissenschaftliche Prinzip der **Falsifikation** hinein wirksam ist:

Das „**Nein**“-sagen-können sei ein anthropologisches Monopol, komme unter den animals einzig dem Menschen zu. Gewiss ein Indikator für „Willens- und Handlungsfreiheit“. Kurz:

„Der Gegenstand Mensch ist der komplexeste, den es überhaupt gibt“.

(Gehlen)

- Zeit endlich, zu den normativen Strukturierungen der menschlichen Lebens-, Handlungs- und Wirkungsfelder sowohl wie den sozialen Normierungen der menschlichen Handlungsweisen überzugehen – in Erinnerung an die Grundüberlegung der Philosophischen Anthropologie:
dort, wo beim Tier das **Instinkt-Programm** waltet, wo das Schema Reiz – Reaktion das Repertoire und die Vollzüge des Verhaltens steuert, tritt beim Menschen, in konstitutiver kultureller Über-, Durch- und Neuformung der naturalen Bedingungen und Potentiale, wesentlich das **Norm-Programm**, das ganz anders geartete, nämlich symbolisch vermittelte Schema von Handlung und Norm als maßgebliche Steuerung der **Lebensführung** in Geltung.
Um aber von vornherein Missverständnissen mit Nachdruck vorzubeugen, Fehl-Deutungen entgegenzuwirken, sei sogleich diese Klarstellung vorgenommen:
Norm und Handlung sind **nicht** identisch; dazwischen besteht eine Kluft, deren Grad und Ausmaß weithin historisch, kulturell und individuell variieren. Die Menschen sind mehr denn bloß Sklaven ihrer Normen, jedenfalls können sie das sein, was im Kontext der sozialwissenschaftlichen Termini **Konflikt** und **Wandel** (s. Abschnitt III.5.) darzulegen sein wird.

- Darüber hinaus ist noch kurz auf **Grenzbereiche** und **Grenzformen** menschlichen Verhaltens einzugehen. In derartigen Grenzbereichen scheinen jene Instinktresiduen beim Menschen stärker zur Wirksamkeit gelangen; nicht zuletzt oder gerade deshalb, weil hier die Normstrukturen versagen oder die sozialen Normierungen jäh sich auflösen. Nicht ohne Grund gibt es nicht erst seit heute hierfür Trainingsprogramme, Extra-Schulungen für den außeralltäglichen, den kleinen und großen Katastrophenfall, bei dem die Normalstrukturen überfordert, die verinnerlichte Normjustierung ihre orientierende und kontrollierende Kraft verliert, die Dinge und Ereignisse

buchstäblich aus der inneren und äußeren Kontrolle geraten (z.B. Katastrophenübung!).
Zur Veranschaulichung eine kleine Beispielsreihe der Schwellen-Zonen normativer Regulierungen: Es kann sich handeln um Lachen (Explodieren) und Weinen (Implodieren), überhaupt um den Ausbruch von Affekten (Wut, Jähzorn), um bedrohliche Panik-Situationen, hervorgerufen durch den jähen Einbruch des radikal Unvorhergesehenen. Vielleicht auch, ich bin kein Experte in Fragen der Liebe, vielleicht auch ist dieses Phänomen, jedenfalls sozialwissenschaftlich betrachtet, die **Liebe**, jedenfalls unterm Aspekt der Genese, eine Art Einbruch des Unerwarteten, Unvorhergesehenen. Tendenzen zur sozialen Normierung wiederum sind kaum zu bestreiten, wenn es um den Versuch geht, Liebe in der sozialen Zeit zu stabilisieren, sie Auf-Dauer zu stellen. Die hieraus resultierenden Probleme ein Forschungs- und Handlungsfeld eigener Art: von der Analyse bis zur Therapie.

1.3. Norm

- Prämisse aus der Philosophischen Anthropologie:
  Wo beim Tier Instinktregulierung regiert, tritt beim Menschen wesentlich die **Normregulierung** ein. Die Form menschlicher Vergesellschaftung ist stets **Artificium**.

1. Die **Normgebundenheit** des sozialen Verhaltens und Handelns bezeichnet einen universellen Sachverhalt menschlichen Lebens.

2. Soziale Normen sind **auf Dauer** gestellt und können von Einzelnen nicht beliebig außer Kraft, d.h. außer Geltung gesetzt werden.

3. In mundialem Maßstab betrachtet weist die soziale Normierung des menschlichen Lebens eine **uferlose Variabilität** auf.

4. Soziale Normen regeln **Interaktionen** in Gestalt von

- Verpflichtungen
- Berechtigungen

5. Soziale Normen sind

   - **übertretbar**

   - **suspendierbar** (Normen können zeitweilig außer Kraft gesetzt werden: z.B. politischer Ausnahmezustand; bestehende Normen können auf Dauer, für immer außer Geltung gesetzt werden: Normwandel, Entstehung und Bildung neuer Normen).

   - **Übertretbarkeit** von Normen:
     Problem der Devianz, des abweichenden Verhaltens („auf Abwege geraten") bis hin zur Delinquenz

   - **Suspendierbarkeit** von Normen:
     Problem des sozialkulturellen Wandels

6. Soziale Normen sind mehr oder weniger durch **Sanktionen** gestützt. Die Geltungskraft sozialer Normen kann an dem Grad faktischer Sanktionen abgelesen werden.
   Sanktionen können auftreten in Gestalt von:

   - demonstrativer Missbilligung einer Abweichung bzw. Normverletzung
   - Diskriminierung (soziale Ächtung)
   - Repressalien
   - religiöse und/oder rechtsförmige Strafen

   Sanktionen verweisen stets auf **Gruppenöffentlichkeiten**, die als Instanzen sozialer Kontrolle fungieren.

- Einen Sonderfall der Devianz stellt der **Skandal** dar.
  Der Skandal und die Folgen können als Indikator für die Geltungskraft einer (verletzten) Norm interpretiert werden.
  Ob ein Skandal vorliegt in den Augen der **Gruppenöffentlichkeit** ist abhängig
  - vom Ausmaß der Normabweichung (Inzest, Pädophilie – Tabuverletzung als Extremform der Normabweichung)
  - vom Grad der faktischen Sanktionsfolgen
  - von der Nachhaltigkeit der Sanktion seitens der Öffentlichkeit

(Normwandel: Was einmal Skandal war, ist nunmehr Normalität).
Was einmal Skandal gewesen ist, kann späterhin durchaus in illuminierte kulturelle Tradition sich verwandeln (Exemplum: Skandalstücke Arthur Schnitzlers).

7. Einen Spezialfall sozialer Normen stellen **Rechtsnormen** dar (Gewaltmonopol des modernen Staates).
   Von sozialen Normen als Rechtsnormen kann dann gesprochen werden, wenn Sanktionsautoritäten in einer Zentralinstanz konzentriert sind, die kraft alleiniger Sanktionsgewalt die Geltung einer Reihe von sozialen Normen garantiert und schützt (**Staat**).
8. Soziale Normen können in Spannung zueinander stehen, in Konflikten eklatieren
   (Mythisches Exemplum Antigone: die religiöse Bestattungsnorm gerät in Konflikt mit der Loyalitätsnorm gegenüber dem König).
   Normenkonflikte treten dort auf, wo konkurrierende Ansprüche an das soziale Verhalten und Handeln gestellt werden (z.B. religiöse Asylpflicht in Konflikt mit staatlichem Asylrecht).
9. Soziale Normen werden intergenerativ im Sozialisationsprozess tradiert.
   Im Zuge der **sozialen Weitergabe** (Sozialisation) werden soziale Normen
   - habitualisiert (Gewohnheitsbildung; „Gewohnheit“: gelerntes Sollen)
   - internalisiert (Innere Steuerung normgerechten Verhaltens und Handelns)

10. Soziale Ordnung im menschlichen Lebenszusammenhang, d.h. normenregulierte soziale Interaktionen, ist nur möglich, wenn auf die **intersubjektive Geltung** sozialer Normen vertraut werden, wenn auf ihre reziproke Einhaltung gerechnet werden kann (**Erwartungs- und Ereignisfahrplan**).

    Demzufolge verbürgen soziale Normen
    - Erwartungssicherheit,
    - Verhaltensregelmäßigkeit.
      H. Popitz: „Jede Gesellschaft lebt auf Kredit“.
      [credo: ich glaube; creditur: es wird geglaubt]

F. Nietzsche / H. Arendt: **Moral** ist gebunden an das Geben und Halten von Versprechen

11. Paniksituationen, Extremereignisse und –vorgänge stellen Grenzfälle der Geltung normativ geregelter Interaktionen dar. Sie verweisen auf die normative Regelung von **Ausnahmesituationen** („Katastrophenfall").

12. Soziale Normen regulieren das zwischenmenschliche Verhalten ebenso wie sie das zwischenmenschliche Verhalten von chronischen Augenblicksimprovisationen **entlasten** (siehe Terminus: Institution, Abschnitt III.2.1.).

13. Soziale Normen sorgen für faktische **Typisierung** von
    - Verpflichtungen
    - Berechtigungen (bzw. umgekehrt: beschränkte Zulassung: Off limits, Numerus clausus)

    Jede Gesellschaft kennt unterschiedliche Geltungsbereiche für Normen:
    - **Allgemeine** Normen
      Allgemeine Normen sind solche, die für alle Mitglieder gelten (Gleichheitsprinzip)

    - **Partikulare** Normen
      Partikulare Normen sind solche, die nur für Teilkategorien von Personen gelten (Normierte und legitimierte Ungleichheit).

    - Partikularnormen können sich beziehen auf:
      - **Situationen**, für die bestimmte Interaktionsnormen gelten (Kopfbedeckung an heiligen Stätten; Regelung von Sprechhandlungen: Du / Sie; Kleidervorschriften, Lachverbote usf.)

      - **Handlungen**, für die bestimmte Normen gelten
        (z.B. Unterscheidung offizieller von intimen Handlungen)

      - **Personen** (soziale Figurationen, Rollen), für die bestimmte Normen gelten.
        Basis-Anknüpfungspunkte: **Herkunft**, **Geschlecht**, **Alter**.
        Diese normativen Zuweisungen sind verkoppelt mit Strukturen sozialer Arbeitsteilung.

In den **sozialnormierten Typisierungen** manifestieren sich soziale Differenzierungen:

- **Stratifikatorische** Differenzierung:
  Klassen-, Schichten-, milieuspezifische Geltung von Normen

- **Funktionale** Differenzierungen:
  sektorale Geltung von Normen auf jeweils der gleichen Ebene einer sozialen Hierarchie

14. Soziale Normen
    - **begrenzen** die individuelle Bewegungsfreiheit der Menschen (Obligation) und

    - **ermöglichen** zugleich den Handlungsspielraum der Menschen, indem sie Verkehrsformen sichern und Kollisionen reduzieren (Option).

15. Soziale Normgefüge, d.h. graduell abdifferenzierte Verbindlichkeiten und Berechtigungen, zeugen von der Wirklichkeit im Sinne von **Wirksamkeit von Gesellschaft**.
    Wirklichkeit als Wirksamkeit in der Gestalt von sozialen Normen hat Emile Durkheim definiert:
    „Das, was uns Widerstand leistet, müssen wir als wirklich ansehen."
    In der Formulierung von Thomas Hobbes:
    „Freiheit bedeutet genau genommen das Fehlen von Widerstand, wobei ich unter Widerstand äußere Bewegungshindernisse verstehe."

    Zur Ergänzung:
    Spätestens seit Sigmund Freud ist expliziert, dass soziale Wirklichkeit auch in der Form innerer Bewegungshindernisse wirksam ist: „Gewissen" – Scham und Schuld.
    - Soziale Wirklichkeit in der Form von sozialen Normgefügen bezeichnet eine dem menschlichen Subjekt entgegenstehende Objektivität:
      Gegen-Stand als Widerstand

    - **Provokation** stellt den Fall einer intentionalen, öffentlichen Performance eines Verstoßes gegen geltende Normen und in Normen inkorporierte Wertvorstellungen dar.

16. Der **Grad** der sanktionsgestützten Verbindlichkeit sozialer Normierung kann beschrieben werden zum einen
   - als Abstufung zwischen: 1. Kann-Vorschriften
     2. Soll-Vorschriften
     3. Muss-vorschriften
   - als Modalität positiver bzw. negatorischer Normregulierung:
     - **Gebot**
       „Du sollst den Sabbat heiligen"
     - **Verbot**
       „Du sollst nicht morden"
       An der Geschichte der „Tätowierung" lässt sich exemplarisch der Zusammenhang zwischen Normgeltung und Sanktionsgrad darstellen: Tätowierung zwischen bestrafungswürdigem Frevel und tolerierter Selbstsignifizierung.

17. Interaktionen steuernde und regelnde soziale Normen sind zurückgebunden an
   - **Werte**
   - **Interessen**

18. Werte

Der Ausdruck „Wert" ist äußerst mehrdeutig. Der Bedeutungsbogen reicht vom profanen Wertpapier oder dem cash value bis zu den idealischen kulturellen Werten wie Nächstenliebe oder Menschenwürde.

Merkmale zur Kennzeichnung „**kultureller Werte**":

- Werte stellen keine Natur-, ontologische oder Ewigkeitsmarken dar. Kulturelle Werte sind **geschichtlicher** Natur, gehen hervor aus der gesellschaftlichen Praxis der Menschen

- Werte sind **kulturspezifisch-lebensweltlicher** Natur

- Werte stellen **Ressourcen** für Handlungsorientierungen und Handlungsmotive dar.

- Werte werden in soziale Normen inkorporiert: **soziale Geltung** von Werten

- Werte stehen (zumal heute) in **Wettbewerb** miteinander. Sie konkurrieren gegeneinander darum, in sozialen Normen institutionalisiert oder darüber hinaus in Rechtsnormen gegossen zu werden.

- Die Geltung von Werten bzw. Wertorientierungen bewegt sich auf einer **Skala** zwischen frei flottierenden, mehr oder weniger unverbindlichen Werten auf dem einen und rechtsverbindlich fixierten, sanktionsgestützten Werten auf dem anderen Pol.

- Werte unterscheiden sich sowohl nach ihrem Grad der Normierung wie nach ihrer Stellung in der jeweiligen gesellschaftlichen **Werte-Hierarchie**:
  zwischen Diesseitsglück und Jenseitsheil.

- Werte unterscheiden sich je nach der **Reichweite** ihrer Sollgeltung:
  - persönliche Wertorientierungen (personal)
  - gruppenspezifische Werte (mikropartikular)
  - kulturkreispezifische Werte (makropartikular)
  - Werte, die Anspruch auf universale Geltung stellen:
    „Menschenwürde" (universal)

- Werte können miteinander in Spannung stehen bzw. in Konflikt geraten: z.B. Universalanspruch eines Wertes vs. lebensweltlich-partikularer Geltung eines Wertes („**Wert- und Kulturkonflikte**")

- In der menschheitlichen Gesellschaftsgeschichte, namentlich in der okzidentalen Moderne, haben sich unterschiedliche **Wertsphären** (M. Weber) ausdifferenziert, die ebenfalls in einem Spannungsverhältnis zueinander stehen und in Konflikten eklatieren können.
  Wertsphären stellen u.a. die Wirtschaft, die Wissenschaft, Ethik und Moral, Liebe, Kunst und Wissenschaft dar.
  So kann etwa der künstlerische Wert eines Films mit dem moralischen Wertvorstellungen einer Gesellschaft in Konflikt geraten (Beispiel: Pornographie-Debatte)

- Werten kommt **kein Wahrheitscharakter** zu: Die Geltung etwa von wissenschaftlichen Wahrheitskriterien liegt auf einer anderen Ebene als die Geltung von moralischen Wertstandards.

- Werte können als kulturell interpretierte **Bedürfnisse**, angelegentlich in Sprachform vergegenständlicht, aufgefasst werden.

19. Interessen

- Interessen stellen reflexiv gewordene Ansichten darüber dar, was für die je eigene (Person, Gruppe, Organisation, Gesellschaft, Kulturkreis etc.) als
  - **Selbsterhaltung**
  - **Selbstbehauptung**
  - **Selbsterweiterung**

  erforderlich und zuträglich erscheint.

- Interessen, zumal sozial-ökonomische und politische, wecken Legitimationsbedarf (Max Weber: „Glück will legitim sein"). Interessen treten auf als **interpretierte Interessen**
  - Allgemeininteresse (Problem der Verallgemeinerung von nichtverallgemeinerungsfähigen, partikularen Interessen)
  - Partikulare Interessen

- Partikulare Interessen treten in der Regel als konfligierende Interessen auf (Stabilisierungsmodus: Kompromiss. Es macht demgegenüber wenig Sinn von „Wertkompromissen" zu sprechen).

20. Werte und **Interessen**

- Wertorientierungen und interessengesteuerte Motivierung des Handelns sind keineswegs deckungsgleich.

- In Handlungsmotiven kann sich die **Spannung** zwischen übergreifender Wertorientierung und partikularer Interessenorientierung geltend machen („innerer Konflikt")

- Spannungsverhältnisse zwischen wertorientiertem und interessegeleitetem Handeln sind an der sozialen Tagesordnung: z.B. Fairplay vs. Doping.

- Durkheim zufolge ist in sozialwissenschaftlicher Perspektive: „Wie ist soziale Ordnung möglich?", nichts so **labil** wie die Dynamik der Interessen (Problem der Anomie).

- **Werte** als Handlungsorientierung in sozialen Interaktionen changieren zwischen dem Status als Fixsterne auf der einen und interessegesteuerten Lippenbekenntnissen auf der anderen Seite.

- Erst die sanktionsgestützte Geltung und Kraft **sozialer Normierung**, zunehmend rechtlich unterkellert, verbürgt stabilisierte soziale Interaktionen und reguliert die soziale Dynamik konfligierender Interessen.

2. Institution und Kultur

Vorbemerkung:

Wie häufig bei Ausdrücken mit der Endung –**ion** umgreift auch der Terminus Institution sowohl den Aspekt des zuständlichen Resultats, der verfestigten Struktur, wie den des Prozesses. Zur unterscheidenden Verdeutlichung wird hier der Aspekt der Prozesshaftigkeit mit dem Terminus **Institutionalisierung** bezeichnet, der der strukturellen Verfestigung mit dem der **Institution**.

2.1. Institution

Zunächst ein etymologischer Hinweis zum Einstieg:

instituere (instituo, institutus):	einrichten
Das Feld der Wortbedeutungen:	1. hinstellen, hineinstellen 2. errichten, aufrichten, anlegen 3. veranstalten, unternehmen, beginnen 4. Neues einsetzen, einführen, anordnen 5. Altes ordnen 6. unterweisen, unterrichten, bilden, lehren

Das **Problem der Institutionen** ist im Lichte der Doppelfrage zu verhandeln:

- Wie ist gesellschaftliches Leben möglich?
- Wie ist soziale und kulturelle Ordnung möglich?

Verständigungs-Definition von **Institution** als sozialwissenschaftlichem Terminus:

- Es gibt plausible Gründe dafür, die Geburt der Institution aus dem Geist der (archaischen) **Religionen** heraus zu interpretieren (Aspekt der Genese, in der historisch ausgelegten Sozial- und Kulturanthropologie ebenso wie in der Religionssoziologie thematisch)

- Unter einer Institution ist ein Aggregat von Normen zu verstehen. **Norm-Aggregat** meint: Aufeinanderbezogensein mehrerer Normen zu einem System generalisierter Verhaltensererwartungen

- Soziale Institutionen als Norm-Aggregate sind zu unterscheiden von den **faktischen** sozialen Interaktionen; genau so wie faktisches, empirisch beobachtbares Handeln und Verhalten von der Ebene der sozialen Normierung (Hiatus/Kluft: Bedingung für Abweichung!)

- Institutionen als Norm-Aggregate regulieren die sozialen Interaktionen und sozialen Beziehungen zwischen Menschen, die stets in bestimmte Positionen gestellt sind (soziale **Position**),
denen ein bestimmter Rang beigemessen wird (sozialer **Status**),
und mit denen bestimmte Aufgaben und Spielräume, Pflichten und Rechte verknüpft sind (soziale **Rolle**)

- Institutionen sind in ihrer Geltung und sozialen Wirksamkeit abgestützt durch **Traditionen** und **Legitimationen**. Diese verleihen Institutionen imperativische bzw. normative Kraft
- Institutionen sind nicht gleichsam ein Haufen von sozialen Normen und Wertorientierungen. Als strukturierte Aggregate verleihen sie Gesellschaften Stabilität und Ordnung. Institutionen bilden den **Rahmen** des gesellschaftlichen Lebens sowohl in der Dimension des persönlichen wie in der des öffentlichen Lebens. D.h., Institutionen beinhalten auch Regelwerke für die individuelle und soziale Performance, für die Möglichkeiten und Grenzen der **Selbstdarstellung**.

- Solcherart Norm-Aggregate sind in der sozialen Lebens- und Alltagswelt stets bezogen auf **empirische Assoziationen** von Menschen, d.h. auf Vereinigungen, Zusammenschlüsse gesellschaftlicher Individuen.
  Schlüssel-Institutionen: u.a. Familie, Ehe, Nachbarschaft
  Beispiel: Familie als soziale Institution:
  Positionsbeschreibungen, Statusbeschreibungen und Rollenbeschreibungen für Vater, Mutter, Tochter, Sohn oder sonstige Nah- und Fernverwandte, d.h. es handelt sich um Norm-Aggregate zur Regulierung der Beziehungen zwischen Eltern und Kindern oder zwischen Geschwistern (zu verinnerlichende Normen)

- Institutionen, durch Norm-Aggregate geprägte Assoziationen, können zu Organisationen formalisiert sein, bis hin zur rechtlichen Fixierung, d.h. zur Verrechtlichung von Institutionen („Betrieb“, „Universität“, Familie als Objekt des „Familienrechts“).
  Nichtformalisierte Institution: z.B. Freundschaft

- Wiewohl Institutionen zählebig sind, unterliegen sie dennoch dem soziokulturellen Wandel (Manchmal bleibt von einer Institution nur noch Fassade übrig). Institutionen stehen im Falle der inneren Ausdifferenzierung vor dem Problem der Bewältigung der wachsenden sozialen Komplexität. Reduktion des Komplexitätsproblems durch **klare Regelungen** (bis zur Rechtsförmigkeit) der Zugehörigkeit bzw. der **Mitgliederrolle**.

  - Die Schlüsselfrage:
    – „wie bringt es der Mensch angesichts seiner Weltoffenheit und Instinktreduktion fertig, trotz ebendiesem Mangel an Instinktsteuerung zu einem stabilen sozialen Zusammenhang, zu einem gesellschaftlichen Fließverkehr zu gelangen?“
    (A. Gehlen)

Damit ist das **Problem der Institutionen** aufgeworfen:
Leitthese: Die Institution kompensiert den Mangel an Instinkt
„Wie die tierischen Gruppen und Symbiosen durch Auslöser und durch Instinktbewegungen zusammengehalten werden, so die menschlichen Gruppen durch Institutionen“
(A. Gehlen).

- Institution ist zunächst unter zwei Aspekten zu betrachten:
  1. Stabilitätsfunktion
  2. Entlastungsfunktion

1. Aspekt der **Stabilität**

Im Zentrum steht das Problem des Auf-Dauer-Stellens sozialer Interaktionen und sozialer Beziehungen (z.B. Stabilisierung der Liebe zur Partnerschaft bis hin zur Institutionalisierung, weiters Verrechtlichung der Ehe).

Im Lichte des Stabilitätsaspekts erscheinen Institutionen als Prägeformen des Verhaltens und reziprok aufeinander bezogenen Handelns.

Die Skala der Stabilitätsformen reicht von der Ebene der eingeschliffenen, bewusstlosen **Gewohnheiten** bis herauf zu den reflexiv gestalteten sozialen **Normierungen**.

- **Gewohnheiten**
  - Gewohnheiten sind aufzufassen als eingespielte, wie in Rillen gespurte, quasi-automatisch funktionierende, weithin vorproblematisch-bewusstlos ablaufende **Mechanismen** des
    - Sich-Verhaltens
    - Handelns
    - Fühlens
    - Wertens
    - Stellungnehmens
    - Denkens

  - Gewohnheiten schlagen sich nieder als
    - spezialisierte **Fertigkeiten** im Rahmen der Bewältigung des Alltagslebens
    - spezialisierte **Einseitigkeiten** des Verhaltens in Interaktionen

  - Gewohnheiten fungieren gleichsam als **Außenhalt** für den instinktverarmten, instinktunsicheren Menschen
  - Gewohnheiten machen das Verhalten und Handeln **eigenstabil**

  - Gewohnheiten liefern ihren eigenen **Antrieb**

  - Gewohnheiten haben den Vorzug, dass sie vorproblematisch und chronisch aktualisierbar sind, weil im individuellen und sozialen Gedächtnis **gespeichert**.

- Gewohnheiten gehen über bzw. sind zusammengefasst in **Habitualisierungen**, d.h. in funktionellen Komplexen von aufeinander abgestimmten Gewohnheiten (Wecker hören, Aufstehen, Radio anstellen, Zähneputzen, Anziehen etc.).

- Als auf Dauer gestellte, habitualisierte Formen, als Gewohnheitskomplexe wirken Gewohnheiten als stabilisierende sowohl wie entlastende **Verlaufs-Muster** des Alltagslebens – bis hin zu habituellen Ticks und kognitiven Tickets, Denk-Schablonen.

- Im Wege der Gewohnheitsbildung, Habitualisierung wird der zwischenmenschliche Verkehr:
  stabil und
  fließförmig.
  D.h.: aufgrund von sozialen Institutionen werden Verhalten und Handeln erwartbar, vorhersehbar, zuverlässig (Erwartungs- und Ereignisfahrplan).
  Ansatzpunkt für eine „Soziologie des Handys" unter dem Forschungsvorzeichen:
  Deregulierung der Fahrpläne durch Zunahme handyvermittelter Improvisation?

- In **außerfahrplanmäßigen** Situationen tendiert das Verhalten dazu, auf „instinkthafte", unberechenbare Reaktionen zu regredieren (s. o. Panik-Situation: Ausnahmeverhalten).

- Im Zuge des Problematischwerdens, des Zerfalls von habitualisierten Formen eröffnet sich die Perspektive **krisenhafter** Zustände. Problematisch-, Reflexivwerden von Gewohnheiten entzieht diesen die Eigenstabilität: Denken wohnt ein Moment der Verhaltens-, der Handlungshemmung ein.

- Auf der gesellschaftlichen Ebene eröffnet sich bei der Erosion von Gewohnheiten, Habits, zumal beim Poröswerden von Institutionen die Perspektive von **Devianz**, **Anomie** und **Wandel**.

- Gewohnheiten, Routinebildungen, Habitualisierungen können zu:
  Kann-,
  Soll-,

Muss-Regeln (Obligationen)
aufgewertet, überhöht und symbolisiert werden (Riten, Zeremonien).

- Zu **Obligationen** erhöht bilden bestimmte Habits Kernbereiche der Selbstrepräsentation einer Gruppe, einer Gesellschaft.

● **Soziale Normierungen / Rechtliche Normierungen**

Im Unterschied zu Gewohnheitskomplexen, allerdings bei fließenden Übergängen, stellen soziale Normierungen und zumal rechtliche Normierungen **reflexive** Formen der Durchbildung von Institutionen dar. (vgl. oben: Terminus **Norm**)

Übrigens: auch die Bildung sozialwissenschaftlicher Termini kann durchaus nach dem Muster: Gewohnheit, Routine, Habitualisierung, Normierung, erfolgen!

2. Aspekt der **Entlastung**

Eingründend in den Entlastungscharakter der alltäglichen Gewohnheitskomplexe wohnt Institutionen neben dem Stabilitäts- ein hiermit verkoppeltes **Entlastungsmoment** ein:

- Gewohnheiten sorgen für **Entlastung** der Verhaltens- und Handlungsabläufe, indem sie den Zwang zur Dauer-Improvisation und –entscheidung reduzieren bis minimieren.
  Auf diese Weise werden Zeit und Energie frei für mehr und andere Tätigkeiten.

- Institutionen **entlasten** vom Zwang zur Dauerentscheidung in wechselnden Situationen.

- Gewohnheiten **entlasten** vom Aufwand stets neuer Motivbildungen. Das Motiv, der Beweggrund ist der Gewohnheit selbst eingebaut: Immer-schon. Weiter-so.

- Institutionen **entlasten** von Motivationsarbeit, insofern der Sinn und die Richtung der Antriebspotentiale vorproblematisch justiert ist.

- Institutionen **entlasten** von der Sinnfrage, indem der Sinn von Tun und Lassen vorproblematisch feststeht.

- Institutionen **entlasten** von dem Dauer-Zwang zur Orientierung, insofern die Orientierungsmarken und –muster vorproblematisch fixiert sind.

Zwischenfazit:

- Institutionen wohnen Stabilisierungs- und Entlastungsfunktionen ein

- Institutionen garantieren, stabilisieren und justieren sowohl die sozialen Interaktionen wie die je individuelle Lebensführung

- Institutionen gründen in Gewohnheiten und Habitualisierungen, d.h. in Traditionen

- Institutionen sind via Sozialnormen und etwaige Rechtsvorschriften sanktionsgestützt

- Institutionen sind mit Legitimation versorgt. Die Basislegitimation bilden die vorproblematischen Gewohnheiten, Traditionen

- Wenn Institutionen porös werden, unter Problematisierungsdruck geraten, steigt der Bedarf an (sekundären) Legitimationshilfen

- Institutionen bilden eigene Symbolwelten aus

➢ Weitere Ausdifferenzierung des Paradigmas
Sozialkulturelle Institutionen

1. Im Ursprung bilden Institutionen **Transzendenzen ins Diesseits**: Gruppen, Kollektive verkörpern, vergegenständlichen sich in Institutionen, in deren Traditionen und Symbolen

2. Institutionen haben die Eigenschaft,
    - die Grenzen der Einzelindividuen zu übersteigen (**Sozialität**),
    - die Grenzen der Sterblichkeit der Einzelindividuen zu übersteigen (**Intergenerativität**).
    D.h., Institutionen überleben Personen und Generationen, sorgen für soziale Verstrebungen über Generationen hinweg.

3. Dank der Institutionen umgreift Gesellschaft stets mehr als das Jetzt des Soziallebens. In Institutionen ist das **soziale Gedächtnis** gespeichert, Grundlage für die sozialkulturelle Existenz von Kollektiven gestern und morgen.

4. Ursprünglich eingebaut in religiöse Formen besitzen (bis dato) die Institutionen der
   - **Arbeit** (soziale Teilung der Arbeit)
   - **Herrschaft** (Unter- und Überordnung)
   - **Familie** (biologische Reproduktion und soziale Aufzucht/ Sozialisation)

   einen Erfüllungswert für eine kontinuierte Bewältigung des gesellschaftlichen Lebens. Institutionen sind **Kristallisationskerne** sowohl der materiellen als auch der kulturell-symbolischen Reproduktion.

5. Die Eigenart von Institutionen äußert sich zudem darin, dass sie, einmal initiiert zur Bewältigung von Problemen und Herausforderungen des gesellschaftlichen Lebens, gegenüber den Menschen sich verselbständigen:
   Sie gewinnen **überpersönliche** Macht, Geltung, Autorität.

6. Unter den Bedingungen und im Rahmen etablierter, tradierter und vorproblematisch legitimierter Institutionen verhalten sich und handeln die Menschen
   - nicht nur von ihren Bedürfnissen her,
   - sondern
     - sie verhalten sich **in** und **zu** den Institutionen / Normierungen
     - vor allem: sie handeln und verhalten sich **von** den Institutionen her, die ihre Bedürfnisse gleichsam vorinterpretieren.
       Anders,
     - Verhalten und Handeln erfolgen aus der **determinierenden** Perspektive der Imperative, Vorgaben und Obligationen der Institutionen
     - Verhaltensantriebe und Handlungsmotivierungen erfolgen ebenfalls aus der Perspektive der **determinierenden** Institutionen, insofern sie von hier aus mit justierenden Antrieben und motivbildenden Orientierungen versorgt werden.

7. Institutionen sorgen im Medium von gelenkten Konditionierungs- und Lernprozessen, via Gewohnheitsbildung, Habitualisierung,

Normierung und Orientierung, für die **Verinnerlichung** ihrer Imperative. Als **internalisierte Imperative** bilden sie gleichsam den inneren Kompass der Lebensführung:
Selbststeuerung im Wege von Selbstregulierung der Antriebspotentiale, sprich: **Selbstbeherrschung**.
Über die psychischen und psychosomatischen Kosten, den **Leidensdruck** selbstgesteuerter Lebensführung bzw. der Innenfestigung der Individuen durch Verinnerlichung von Institutionen nach Maßgabe verinnerlichter institutionaler Präskriptionen und Imperative informiert insbesondere die **Psychoanalyse** (zur Lektüre eignet sich die klassische Studie des Wiener Arztes Sigmund Freud, „Das Unbehagen in der Kultur" von 1930).
Bei der Verinnerlichung der Institutionen sind die Ebenen der
- **primären** (familialen) Sozialisation und der
- **sekundären** (schulischen, medialen etc.) Sozialisation

zu unterscheiden.

8. Institutionen beschreiben die
   - Regulative des sozialen Raums (**Struktur**):
     (Wir – Ihr; Oben – Unten etc.)
   - Regulative der sozialen Zeit (**Rhythmus**):
     (Werktag – Sonntag; Arbeitszeit – arbeitsfreie Zeit etc.)

9. Institutionen garantieren feste, dem Anspruch nach friktionsfreie Formen des Soziallebens in den interaktiven Dimensionen von
   - **Kommunikation** und
   - **Kooperation**.

   Sie sorgen dafür, dass Interaktionsstrukturen nicht stets wieder nach dem Ende einer Kommunikations- und Kooperationssituation zerfallen, sondern für Reprisen, Wiederaufnahmen **anschlussfähig** bleiben.

10. Institutionen bilden die Voraussetzung für die Fortentwicklung von sozialen Formen und Gebilden zu Organisationen und Systemen. **Systeme** sind im Grundriss formalisierte, funktionszentrierte Institutionen – bis hin zur Verrechtlichung der Sollregeln und Imperative in Paragraphen und Satzungen.

11. Institutionen können nicht zuletzt deshalb in Organisations- und Systemform überführt werden, weil sie die Binnenstrukturen für die

gesellschaftlichen Individuen derart nivellieren, dass diese **austauschbar** werden.
Diese Austauschbarkeit wiederum ist die Bedingung für Systembildung.
Grundlage der Austauschbarkeit ist die Durchbildung von Routinen, d.h. vorgeschriebene Selektivität von Verhalten und Handeln, auf den Ebenen der:
- Kommunikation
- Kooperation

und vor allem des
- Tauschs.

12. Institutionen garantieren eine vorproblematische, hohe und imperative **Selektivität** in Bezug auf
    - Situationen
    - Symbole
    - Objekte
    - Instrumente

13. Institutionen sorgen
    - auf der **pragmatischen** Ebene dafür, dass das **Passende** getan wird bzw. das zum Scheitern verurteilte vorweg unterlassen wird
    - auf der **moralischen** Ebene, dass das **Richtige** getan wird bzw. das ethisch nicht lizenzierte Verhalten unterlassen wird.

➢ Zur **Legitimität** von Institutionen
1. Institutionen beziehen ihre primäre Legitimität aus der **Heiligkeit der Tradition** und des Immer-schon-Bewährten.

2. Als überpersönliche Mächte gewinnen die Institutionen **Eigengesetzlichkeit**, deren Geltungskraft um so stärker ist, je mehr sie für
   - selbstverständlich
   - normal
   - natürlich
   - ewig
   - d.h. unveränderlich

   gehalten werden.
   Institutionen beziehen ihre primären Legitimitätsressourcen aus der normativen Kraft des sozial überkommenen und sozial vererbten Bestehenden, des Faktischen.

3. Institutionen sind von innen her mit Ursprungs- bzw. Gründungsideen erfüllt, die freilich mit der historischen Dauer verblassen können. Deshalb müssen Institutionen für geeignete Gegenmaßnahmen wider das Verbleichen der Ideen sorgen: **Kontinuierung** der Ideen durch Symbole und Erinnerungsfeiern.

4. In the long run sind Institutionen potentiell mit dem Problem konfrontiert, dass sie funktionslos, überflüssig werden können aufgrund gesamtgesellschaftlicher Wandlungsprozesse. Ihre einst konstitutiven Ursprungsideen tendieren dazu, zu bloßen Funktions- und Verhaltens**formeln** zu gerinnen, wenn ihr Dasein sich zur Hülse deformiert, die Tradition Totenstarre annimmt.

5. Problematisch werdende, unter dem Zweifel von Daseinsberechtigung geratene Institutionen (z.B. das Rechtsinstitut der Ungleichheit der Geschlechter), sind ob ihrer Fortexistenz gezwungen, nach neuen Begründungen Ausschau zu halten, auf sekundäre Legitimationen zurückzugreifen: Legitimität beginnt, in bloße **Ideologie** umzuschlagen.

➢ **Institutionalisierung**

Der Aspekt der Entstehung und Herausbildung von Institutionen ist ein eigenes Forschungsfeld.

Zur Genese von Institutionen seien einige Gesichtspunkte kurz vorgestellt:

- Institutionalisierung kann zum einen vornehmlich aus einem Gründungsakt heraus bzw. von einer Gründungsidee her erfolgen. Variante der bewussten **Initiierung**, z.B. Entstehung einer neuen Religion mit neuen Wert- und Normvorstellungen, die schließlich in neuen Rechtsinstitutionen zusammengefasst werden, durch einen charismatischen Religionsstifter.
- Institutionalisierung neuer Sozialformen kann zum anderen gleichsam unauffällig, unspektakulär aus Alltagsprozessen heraus erfolgen. Variante: **bewusstlose** Institutionalisierung. (Bewusste Initiierung und bewusstlose Institutionalisierung können ineinander übergehen).
- **Bewusstlose Institutionalisierung** in Gestalt nicht-intendierten Werdens von Institutionen vollzieht sich in mehreren Stufen:

1. Die Erfahrung von Segnungen bzw. von Vorteilen spontaner sozialer Interaktion: **Bewährung** von Kooperationsformen.

2. Wahrnehmung der Vorzüge bewährter Interaktion, Kooperation und Kommunikation insbesondere in der Perspektive der Ersparung von Zeit und Energien, d.h. der **Entlastung** von situativer Dauer-Improvisation.

3. **Routinisierung** der sozialen Interaktionen im Wege wechselseitiger Abstimmung gewohnheitsmäßigen Handelns.

4. Verstetigung bewährter sozialer Interaktionen zu sozialen Beziehungen im Wege erfolgreich erwarteter **Regelmäßigkeiten**: soziale **Typisierung** der reziproken Erwartungen zu Erwartungsstrukturen in Richtung auf Ausprägung eines **Erwartungs- und Ereignisfahrplans**, einschließlich soziokultureller Kalendarien für Besonderheiten (z.B. Namenstag, Geburtstag – medienpolitisch formuliert: das Prinzip der „festen Sendeplätze").

5. Verselbständigung und **rituelle Überformung** reziproker Handlungsverpflichtungen zu sozialkulturellen Normen.

6. Ausdifferenzierung eines entsprechenden **Symbolsystems** (einschließlich z.B. Erkennungszeichen, Embleme, Flaggen).

7. Institutionalisierung mündet, wenn nicht schon von vornherein nach der Variante der Initiierung: Gründungsidee, Gründungsakt, erfolgt, schließlich ein in einen Prozess der **Idealisierung**. Hierunter ist die Fixierung von leitenden Ideen (idées directrices) und deren systematische Verknüpfung zu **Wertestandards** und Modellen der Lebensführung zu verstehen.

8. Zur Institutionalisierung gehört schlussendlich die Einrichtung von Institutionen der **sozialen Weitergabe**, der primären und sekundären **Sozialisation** (vom Mysterienbund bis zur öffentlichen Schule).

- Hannah Arendts politisch-anthropologischer Philosophie zufolge zeichnet es die spezifisch menschliche Vergesellschaftung aus, dass

ihr, der sozialen Wirklichkeit und Wirksamkeit von Routinisierung, Kontinuierung, Traditionalisierung, kurz: der Verdinglichung zum Trotz, die **Möglichkeit des Neubeginnens** einwohnt.
Anders ausgedrückt: das eingangs der Darlegungen zum Terminus "Institution" erinnerte lateinische Tätigkeitswort "instituere" kann auch in der Bedeutung: "Neues einsetzen, einführen" übersetzt werden.
Angesprochen ist die Eigenart der Zweiten Natur, im Unterschied zu den blind ablaufenden Naturprozessen:
Kultur, die Welt der Artefakte und der Prozesse ihrer Erzeugung und Erneuerung.
Im Lichte seines Entwurfs Philosophischer Anthropologie, der Kernannahme über die manifeste Lockerung der Instinkt-Determination der menschlichen Lebewesen, hat A. Gehlen das Phänomen der **Institution** pointiert als:

„Instinkt, wenn er Geist hätte".

2.2. Kultur

Zum Einstieg:
Rückerinnerung an Schlüsselbestimmungen der Philosophischen Anthropologie:

- „Der Mensch ist von seiner natürlichen Ausstattung her gezwungen zur **Künstlichkeit**"

- „Der Mensch hat keine festgelegte arteigene Umwelt: er muss seine **Welt** erzeugen"

- „Der Mensch lebt nicht, sondern muss sein Leben führen" (**Lebensführung**)

In seinen „Vorlesungen über die Geschichte der Philosophie" hat Hegel die Eigenart des Geistes, wir können erweitern: die Eigenart der menschlichen **Kultur** wie folgt in Differenz zur **Natur** gesetzt:

„Die Natur ist, was sie ist."

Hingegen ist die **Kultur** die Tat des Menschen:

- in Gestalt der vergegenständlichten, materiellen Kultur

- in Gestalt „sich zu wissen", d.h. Kultur zugleich als Prozess der Selbstthematisierung, Selbstbeschreibung und Selbstbestimmung.

Hieraus hat die Philosophische Anthropologie als Eigenart der menschlichen Vergesellschaftung, als Eigenart der Kultur herausgestellt:
den Modus der **Indirektheit** (bis zum Dekor und zur Pose).

Die Menschen leben im Medium von **Vermittlungen** (Verhältnisse, Normen, Geld).

Die Sphäre der Indirektheit der menschlichen Existenz kann als **Kultur** angesprochen werden.

Der Ausdruck „Kultur" erscheint heute gleichsam wie eine Währung, die eine anhaltende Inflation erlebt. Der Ausdruck **Kultur** gleicht dem von Inflationsgeld:

eine Liste ohne Ende mit Komposita, in denen das Wort Kultur auftritt:

- Gartenkultur
- Unternehmenskultur
- Esskultur
- Politische Kultur
- Festkultur
- Friedenskultur
- Sprachkultur
- Wohnkultur
- Führungskultur
- Körperkultur
- Diskussionskultur
- Geheimdienst-Kultur
- Heuchelei-Kultur usf. usf.

Genug, denn ein Ende der Zähler über dem Nenner „Kultur" ist nicht abzusehen.

Ob seiner Vagheit einerseits und seines inflationären Gebrauchs andererseits neigte man leicht zum Verzicht auf das Wort und Zusatzwort **Kultur**. Und dennoch, so scheint es, können die Humanwissenschaften im weiteren Sinne und die Sozialwissenschaften im engeren auf den Ausdruck „Kultur" nicht verzichten. (Zur Orientierung im Dickicht der Bedeutungen Gerhard Hauck: Kultur. Karriere eines sozialwissenschaftlichen Begriffs, 2006).

Im Rahmen dieser Einführung in die „Grundlagen der sozialwissenschaftlichen Denkweisen“ kann es einzig darum gehen, sich um eine gewisse Klärung, Konturierung der Umrisse des Ausdrucks „Kultur“ zu bemühen, Schneisen ins Dickicht der Verwendungsweisen, Paradigmen, Theorien, Forschungsansätze zu schlagen.

Präzisierungen, Bestimmungen von Dimensionen dessen, was Kultur heißen soll, sind gut beraten sich zu vergegenwärtigen, dass die heute kursierende Trennung zwischen Natur und Kultur keineswegs bis in die mythische Vorzeit menschlicher Vergesellschaftung zurückreicht. In archaischen und mythischen Weltbildern sind außermenschliche Natur und menschliche Kultur ineinander verwoben, unauflöslich konfundiert. D.h., die Vorstellung von menschlicher Kultur als eine von der außermenschlichen Natur aparte Welt ist ein historisch-gesellschaftliches **Spätprodukt**, endgültig erst vollzogen zum Beginn der Neuzeit mit der Institutionalisierung der (experimentellen) Naturwissenschaften und der beginnenden Hegemonie ihrer Weltmodelle und Bilder von der Natur.

- Beachte: sinnvoll ist es, in sozialwissenschaftlichen Theorie- und Forschungszusammenhängen von Kultur im **Plural** zu sprechen: **Kulturen**.
  Warum?
  Im Plural wird die Idee der Vielfalt und Ebenbürtigkeit der Kulturen erinnert. Kontrapunkt zu einer tiefsitzenden Tradition, die je eigene Kultur zur Kultur überhaupt zu küren und Fremdkulturen als „primitiv“ abzuwerten, oder ihnen gar den Status von Kultur („Barbaren“, „Wilde“) abzusprechen.
  Wird Kultur im **Singular** verwendet, dann sinnvollerweise im Fundierungszusammenhang der Philosophischen Anthropologie zur Konzeptualisierung der Verschränkung von Kultur und Natur.

Zur Aufhellung der okzidentalen Sichtweise eignet sich einmal mehr eine etymologischer Erinnerung; nicht zuletzt deshalb, um nicht ins Beliebige abzugleiten. Sie mag ein ganzes Stück weit helfen, die **Eigenart des Kulturellen** auszuzeichnen.

Sogleich ist darauf aufmerksam zu machen, dass die Bedeutungsgehalte der Begrifflichkeit im Lichte **geschlechtsdifferentieller** Teilung der gesellschaftlichen Arbeit ans Licht treten.

Aus dem **antiken, patriarchalen Diskurs** der lateinischen Bestimmungen von Kultur, die bis heute für das okzidentale Verständnis von Kultur leitend geblieben sind:

- CULTIO (Terrae):
  - Bearbeiter, Bebauer (der Erde)

- CULTRIX:
  - Betreuerin, Pflegerin, Bewohnerin, Tempelhüterin, Verehrerin
  dazu das Moment des **Sesshaften**: Agrikultur

- CULTURA
  - Bearbeitung, Bebauung, Pflege
  - Ausbildung, Veredelung
  - Verehrung, Huldigung
  (Hinweis auf subjektive Kultur: Kultivationspädagogik)

- CULTUS (adjektivisch):
  - gepflegt, bearbeitet, angebaut
  - geputzt, geschmückt, zierlich
  - gebildet, fein, verfeinert
  vgl. Raffinerie, raffiniert, im Sinne von verfeinernder Veredelung.
  Der Bezug von Cultus zu Religion (und heute zu Kulturindustrie und Medienwelt: z.B. Kultfilm, Kultband etc.) ist offenbar.

- CULTUS (substantivisch):
  - Bearbeitung, Kultur
  - Anbau, Anpflanzung
  - Pflege, Bildung, Erziehung, Verehrung*
  - Kleidung, Schmuck, Tracht
  - Lebensweise, Lebenseinrichtung, (Institution)
  (* ad: Verehrung: Überhöhung, Transzendierung: **Kultus** entlang der religionssoziologischen Differenzierung Durkheims: **heilig** – **profan** – mit entsprechend symbolischen Überhöhungen)
  Ersichtlich, dass das ganze Ensemble von **Kultivationen**, Um-, Überformung bzw. Durchbildung der Natur, der menschlichen und außermenschlichen, umgriffen ist.

Weiters ist eine bemerkenswerte Verschränkung von subjektiver und objektiver Kultur zu verzeichnen. Der Hinweis auf Messer und Schere hellt auf, worin Kultur konstitutiv besteht:
Aller Formbildung, **Formgebung**, Formgestaltung wohnt, wie den künstlichen Definitionen in der Wissenschaft, die Gewalt des Wegschneidens, Abschneidens, Stutzens ein. **Kultur ist das Resultat von Schnitten:** Gegenbild zum „Wildwuchs". (Kleine Beispiele aus dem Kulturleben: das geschorene Schaf; das abgezogene Fell; die geschnittene Hecke; die ausgeschnittene Bluse; das schnittige Auto).

- CULTER:
  Messer (in der mehrgesichtigen Bedeutung von Messer für den Kultus, den Weinbau und Messer als Waffe im Kampf)

- CULTER TONSORIUS:
  Bartschere (s. mönchische Tonsur als religiös-kulturelle Auszeichnung)

Zu den Bedeutungsdimensionen des Tätigkeitswortes **colere**, dem sich der Pauschalausdruck „Kultur" letztlich verdankt:

- COLERE [colo, colui, cultus]:
  - durchseien, reinigen
  - bebauen, bearbeiten, **bewirtschaften** (Ökonomie, Oikos)
  - Ackerbau betreiben
  - ansässig weden, bewohnen
  - Sorge tragen (s. Nachhaltigkeit)
  - schmücken, putzen, pflegen
  - Umgang pflegen, besuchen (Sozialverkehr)
  - verehren, anbeten, heilig halten, feiern (Kultus, Religion)

- COLONIA:
  - Kolonie
  - Niederlassung
  - Köln

Kultur bezieht sich also auf Tätigkeit und Resultat, auf das ganze Spektrum der Um- und Durchformung der menschlichen und außermenschlichen Natur.

Einmal herausgebildet, zählt die **Kultursphäre**, die beim Menschen an der Stelle der tierischen Umwelt steht, nun allerdings zu den quasi-**natürlichen** Lebensbedingungen des unspezialisierten, instinktarmen, weltoffenen menschlichen Lebewesens. „Natürlich“ heißt dabei: Zweite Natur als objektive, vom Menschen erzeugte Kultur, als sozial wirksame **Wirklichkeit**.

- **Kultur** ist ein anthropologisch-sozialwissenschaftlicher Grundbegriff. Weil der Mensch von Natur aus Kulturwesen ist, verschränken sich in den Humanwissenschaften Kulturwissenschaften und Humanbiologie:
  Der Mensch ist biologisch zum soziokulturellen Management gezwungen.

- Unabsehbar die konzeptiven Ideen zur **Aufgliederung der Kultur** bzw. Kulturprozesse in analytische Dimensionen.
  Besonders forschungsbrauchbar in sozialwissenschaftlicher Perspektive die Differenzierungen in:

  - Objektive und Subjektive Kultur
    (Gegenständliche und den lebendigen gesellschaftlichen Individuen eigene Kultur: von Sprechkultur bis Pediküre)
  - Materielle und Geistige Kultur
    (mit Bezug auf die Unterscheidung von materieller und kulturell-symbolischer Reproduktion des gesellschaftlichen Lebens)
  - In epochenspezifischer Hinsicht:
    archaische Kulturen, Hochkulturen, Spätkulturen etc.
  - In herrschaftstheoretischer Sicht:
    klassen-, schicht-, milieuspezifische Kulturen.
    Majoritätskulturen, Gegenkulturen, Subkulturen, Volkskultur, Massenkultur etc.
  - Kultur als vergegenständlichtes Resultat und Kultur als Praxis/ Prozess (Kulturstile)

- Die sozialwissenschaftlich interessierenden Dimensionen der **Eigenart des Kulturellen**, von Kultur lassen sich weiter ausdifferenzieren.
  Unter **Kultur** (weiter Kulturbegriff) kann verstanden werden:
  1. Inbegriff der
     - **Sachmittel** (Werkzeuge, Technik: Organverlängerung, Organersatz, Organtranszendenz)

- **Vorstellungsmittel** (Phantasie, Planung, Technologie)
- **Institutionen** („Sozialmittel“, „Sozialmilieu“), mit denen die Gesellschaft sich erhält: Arbeitsteilung, Familie, Gruppen, Organisationen, Normen)

2. Inbegriff aller darauf fundierten **Folge-** bzw. **Anschluss**institutionen:
   von Magie und Ritualen bis hin zu den modernen Systemen und Superstrukturen, den ökonomisch-technisch-wissenschaftliche Komplexen

3. Inbegriff der **Sinn- und Subsinnwelten**:
   - Bedeutungszuweisungen, Welt- und Selbstthematisierung, Sinnsedimentierungen und Sinnbildung durch Auslegung, Interpretation, Erfindung, Findung, Wissensbestände, Wissensformen etc.
   - Kultivation, Erziehung, Pädagogik, „innere Subjektwelten“, Fähigkeiten, Kompetenzen, Praxis-/ Tätigkeitsformen, Mentalitäten, Gedächtnisspeicher, Religionen, Wissenschaften: Arbeits-, Interaktions-, Kommunikationsweisen

4. Inbegriff der **symbolischen Ordnung**:
   Selbstrepräsentation von Gesellschaften in Sprache, Zeichen, Bilder, Hymnen, Architektur als Garantien des anschlussfähigen intersubjektiven Verstehens und Interagierens sowie zur Stiftung und Stabilisierung des Zueinandergehörens.

5. Inbegriff der **Wertorientierungen**; Wertressourcen auf der Basis von Distinktionen:
   - Wert des Daseins (im Diesseits)
   - Wert des Lebens und Zusammenlebens
   - Wert der Eigenkultur
   - Wert der Fremdkulturen etc.

6. Im deutschsprachigen Raum erst in den letzten Jahrzehnten, nachdem der alte, von Feindschemata durchwirkte Gegensatz von „Zivilisation“ und „Kultur“ („Kulturbeutel“) mehr oder weniger überwunden worden ist,
   gilt Kultur zudem als Inbegriff der
   - sozialen Formen des Lebens (way of life)

- sozialen Modi der Performance, Selbstdarstellung, Selbstpräsentation von Menschen im Everyday-life, im Alltag.
  Kurz: Inbegriff der **Alltagskulturen**

7. Die Momente der Sachmittel, Anschlussinstitutionen, Sinnwelten, symbolischen Ordnungen, der Wertorientierungen und überhaupt des way of life, der Alltagskulturen verdichten, verfugen sich jeweils zu:
   - Typen **kultureller Kristallisationen**. Darin sind inkorporiert:
     - Institutionen (wertegestützte Norm-Aggregate)
     - Mentalitäten (kathektische (κάϋεχις/kathexis: das Festhalten, die Behauptung), bewertende, kognitive Schemata)
     - Habitus (habitualisierte Lebensformen):

   - **Habitus** als subjektive kulturelle Kristallisation.
     (Personen, Kollektive, Gesellschaften)
   - Offen bleibt die höchst schwierige Frage nach der **kulturellen Evolution**.
     (Ansatzweise wird darauf im Abschnitt III.5. „Konflikt und Wandel“ eingegangen)

   Im Ausgang der Darlegungen zum Terminus „Kultur“ werden einige resümierende Pointierungen vorgenommen mit direktem Bezug auf die Texte von:

   - Hans-Georg Soeffner (1988):
     Kulturmythos und kulturelle Realität(en) und
   - Karin Knorr Cetina/Richard Grathoff (1988):
     Was ist und was soll kultursoziologische Forschung
     (beide in: „Kultur und Alltag“, Soziale Welt, Sonderband 6, 1988)

- **Markierungen** zu Soeffner, „Kulturmythos und kulturelle Realität(en)“:
  - „**Kultur** gewährleistet und schafft eine weitgehend ausgedeutete Welt für und durch Interpreten.“
  - „In der **Kultur** repräsentiert sich unsere spezifische Einstellung zur Welt und zu uns selbst.“
    (Welt- und Selbstthematisierung)
  - „Von der Auffälligkeit der so genannten ‚hohen Kulturleistungen‘ bis zu auffälligen Unauffälligkeit der Ubiquität kultureller

Akzente in allen menschlichen Lebensbereichen spannt sich der große Bedeutungshorizont all dessen, was mit **Kultur** oder **kulturell** bezeichnet wird."

- **Universalität** von Kultur:
  in Berücksichtigung einer unerschöpflichen, komplexen Welt der **Kulturen** (Pluralität, Pluriformität)
  (a) in der Dimension des Erdkreises (Orbis)
  (b) in der Dimension je einzelner Gesellschaften (Societas):

- **Kultur** objektiviert, vergegenständlicht sich in **Werten**: Firmament / Fixsterne der Orientierung des gesellschaftlichen Lebens und der Einzelleben. Normierte Werte. Freiflottierende Werte (s.o. Terminus „Norm", III.1.3.)

- **Kultur** ist differenzierbar:
  1. nach **„kulturellen Einstellungen"**
  (basic beliefs: religiös-kulturelle Grundüberzeugungen etwa vom Wert des Daseins)
  Die Einstellungen sind ausgeprägt und werden manifest in Wahrnehmungs-, Handlungs-, Lebensstilen
  Der **Stil** wiederum justiert, richtet, lenkt
  nach außen: den Blick auf die Welt
  nach innen: den Blick auf und in das Selbst
  Doppelbewegung: Wir kultivieren uns, indem wir unsere Welt erzeugen, verfeinern; wir kultivieren uns durch Sinnbildungen, Wertbildungen und deren Symbolisierungen

  2. nach **„pragmatischen / alltagspraktischen Einstellungen"**
  „‚**Kultur**' in diesem Sinne ist also weder bloße Instanz oder unveränderlich vorgegebene Symbolwelt, noch freischwebende, ästhetisch reflexive Einstellung, sondern jener **Bedeutungsrahmen**, in dem Ereignisse, Dinge, Handlungen, Motive, **Institutionen** und gesellschaftliche Prozesse
  dem **Verstehen** zugänglich, verständlich beschreibbar und darstellbar werden" (Bedingung für **Hermeneutik**)

  D.h. **Kultur** als:
  - **Sinnhorizont**
  - **symbolischer Ordnungsrahmen**

(z.B. Wikipedia: was wissenswert ist oder weniger wissenswert oder nicht wissenswert, was weggeschnitten wird).

- **Äther**, nach G. Simmel ein Ungefähr von Evaluationen (z.B. bedeutsam bei der Erforschung des **sozialen, kulturellen Klimas**, incl. öffentliches Meinungsklima, der kulturellen Atmosphären, ein schwer zu Fassendes, schwierig zu Messendes).

Kurz: Die Menschen sind stets in ihren Wahrnehmungen, Handlungen, Bewertungen, Orientierungen in ein historisch gewordenes Bedeutungsgewebe eingesponnen.

- Soeffners Variation der PHIL ANP-Formel Plessners „Der Mensch ist von Natur aus künstlich“:

  - **Kultur** bildet das „Zweite Vaterland“ des Menschen, aktive Anpassung des Menschen an seine eigene Natur.
    Zu beachten die Implikation: „Mutterland Natur“, wenn die Kultur das (patriarchalische) Vaterland ist.

  - In der **Kultur** repräsentieren sich Gesellschaften:
    durch Ritualisierungen, Symbolisierungen bis hin zur Sakralisierung: Überhöhung des Außergewöhnlichen zum **Heiligen**

  - Im Medium von **Kultur** weisen die Gesellschaften, die Gruppen, die Individuen
    sich selbst Bedeutung, einen Daseinswert zu:
    kulturelle, d.h. wertsetzende Stabilisierung des sozialen Daseins gegen Zufälligkeit und Endlichkeit; und vor allem: gegen das soziale Draußen, die **anderen** Gesellschaften und Kulturen

  - **Kultur** (im Ursprung Religion) transzendiert das menschliche Dasein, die „natürliche“ Kontingenz (Anfälligkeit, Hinfälligkeit, Zeitlichkeit des Lebens).
    Sichtbare Exempla: Denkmäler, Monumente, überhaupt: Architektur.
    (Forschungsfeld: Formen der intergenerativen Tradierung von kulturellen Lebensformen in und via sozialer Institutionen).

- **Markierungen** zu Knorr Cetina/Grathoff:
  „Was ist und was soll kultursoziologische Forschung?“

- Kultur stiftet und verbürgt einen sinnhaften Kontinuitätsrahmen (**cultural frame**)

- Kultur wird phänomenologisch sinnfällig in **Kommunikativen Lebensformen** und in praktisch gelebten **Lebensstilen /Stil der Lebensführung**
  – nach Paul Cassirer: „KULTUR ist die Welt des Menschen"

- Daraus ergibt sich:
  Kulturanalyse als Analyse der Lebensformen einer Gesellschaft bzw. Strukturen ihrer Lebenswelt(en).

- **Kulturanalyse** kann angelegt werden als
  Einzelanalysen von Gesellschaft / Vergesellschaftung in ihren symbolisch vermittelten, symbolisch signifizierten Lebensformen: Mehr oder weniger prägnant in **Stilen**!
  (s. Paul Cassirer: Animal Symbolicum)

- Weil **Kultur** symbolisch vermittelte und damit fundamental **öffentlich** (überpersönlich) konstituierte Lebensformen vorstellt, ist **Handlung** – orientiertes, motiviertes Handeln – und nicht Verhalten der Grundbegriff der Sozial- und Kulturwissenschaften

- Damit ist sozialwissenschaftliche **Kulturanalyse** ganz wesentlich auch
  Analyse von
  Sinngebungsprozessen, d.h. von Bedeutungs- und Wertzuweisungen:
  Studium der **Cultural Patterns**, deren Pluriformität, deren Geltung und Genese sowie deren **Transfers** (Forschungsfelder: Kulturtransfer, Kulturkonflikt im Zeichen der Globalisierung)

- Wissenschaft ist selbst Teil der **Kultur**

Fazit:

Bei allem Unbehagen angesichts der Unschärfe des Begriffs „Kultur", der so schwer in einen Terminus sich fassen lässt und eher einen Problemtitel bezeichnet denn eine fixe Definition, kann so viel festgehalten werden:

„**Kultur**" ist sozialwissenschaftlich stets zu dechiffrieren und zu konzeptualisieren in der Perspektive von:

- **Konstitutionsleistungen** (materiell-technische ebenso wie soziale)
- **Stabilisierungsleistungen**
- **Strukturierungsleistungen**
- **Interpretationsleistungen**
- **Orientierungsleistungen**
- **Überlieferungsleistungen**

3. Struktur und Funktion

Seit langem werden die Begriffe „Struktur" und „Funktion" in den Sozialwissenschaften in einem konzeptiven Zusammenhang verwendet als zwei reziprok aufeinander bezogene, jeweils unterschiedlich betonte, Perspektiven der Erschließung sozialer Erscheinungen und Vorgänge (vgl. Abschnitt I.3. Strukturfunktionalistische Erkenntnisstrategien).

3.1. Struktur

Das Wort „Struktur" ebenso wie das Komplementärwort „System" sind längst in der Alltagssprache eingebürgert: von der „Altersstruktur" bis zum „System-Lotto".

Auch auf der Ebene der Wissenschaftssprache haben die beiden Ausdrücke, quer durch alle Disziplinen, ihren festen Verwendungsplatz: von der Textstruktur bis zum Schulsystem.

Der Herkunft nach ist das Wort „System" griechischen, das Wort „Struktur" lateinischen Ursprungs. Durchscheinen Figurationen der Denkweise innerhalb der Entwicklungsbahn des okzidentalen Rationalismus. Erst in der Neuzeit aber, mit der neuzeitlichen Philosophie und dann den modernen Wissenschaften, sind die Ausdrücke „Struktur" und „System" zu Lieblingen der Wissenschaftssprache aufgestiegen; sie haben dabei einige Akzentverschiebungen in der Bedeutung erfahren.

Beide Ausdrücke: **System** und **Struktur** haben einen gemeinsamen Bedeutungshintergrund:

- das griechische synhistemi (συνίστημι) – Wortquelle für System, ist zu übersetzen mit:
  ich stelle zusammen, errichte

- das lateinische struo – Wortquelle für Struktur, ist zu übersetzen mit:
  ich schichte, füge zusammen
  Beide Ausdrücke weisen zurück auf den Kulturvorgang des **Bauens**.

Inzwischen wird

- im Begriff **System** stärker der Akzent auf den **grenz**erhaltenden, funktionellen Wirkungszusammenhang von beweglichen Elementen einer (sozialen) Einheit

- im Begriff **Struktur** stärker der Akzent auf das **innere** Gefüge, die Tektonik, Zusammenfügung der Bauelemente einer (sozialen) Einheit gelegt.

Für beide Begriffe **System** wie **Struktur** gilt:

Wissenschaft kann es geben, wo immer es **Gleichförmigkeiten** und **Regelmäßigkeiten** gibt.

In der sozialwissenschaftlichen Perspektive weisen die Merkmale Gleichförmigkeit und Regelmäßigkeit auf Verfestigung von sozialen Beziehungen hin, auf das Institutionalisierte, auf Positions- und Rollengefüge, auf einen vorgegebenen Rahmen, in den die Menschen hineingeboren, hineingestellt sind, in dem sie sich bewegen, sich verhalten und handeln.

- Der Terminus **Struktur** verweist
  auf die Momente des Stabilen
  des Überpersönlichen
  des Geordneten (**der** Ordo)

Einmal mehr ist sogleich auf die **patriarchale** Dimension menschlicher Vergesellschaftung aufmerksam zu machen.

In aller Regel haben Hauptwörter im Lateinischen mit der Endung **–o** weibliches Geschlecht. Es gibt davon ganz wenige **Ausnahmen**, bei denen Hauptworte mit der Endung -o männlichen Geschlechts sind.

Darunter drei sich selbst kommentierende, exemplarische Fälle:

Homo:	Mensch, Mann
Sermo:	Rede, Gespräch
Ordo:	Ordnung (dass sich der männliche Ordo in die weibliche Ordnung verwandelt: Fingerzeig auf die Rollenverteilung in der familialen Hausordnung).

- **ordo** hat folgende, auf den Stukturbegriff bezogene Bedeutungsdimensionen:
  1. Reihe, Schicht
  2. (milit.) Glied, Reih und Glied, Linie
  3. Abteilung, Zenturie
  4. Stand, Klasse, Abteilung
  5. (religiöser) Orden
  6. (abstrakt) Ordnung, Reihenfolge, Regel

- **Etymologische Ausdifferenzierung:**
  Struktur leitet sich ab vom Tätigkeitswort:
  - struere: (struo, struxi, **structus**: es ist geordnet, strukturiert)
    1. aufschichten, zusammenlegen, übereinander legen, nebeneinander legen
    2. bauen, errichten
    3. bereiten, veranstalten [imperio initia: den Grundstein legen), stiften
    4. **ordnen, anordnen**
       (Der Doppelsinn verweist auf den Nexus zwischen Struktur und Herrschaft)

  Das Substantiv
  - structura ist zu übersetzen mit:
    1. Zusammenfügung, Bau [structura tarda: Satzbau, Syntax] – u.a. Forschungsbereich der (Sozio-)Linguistik
    2. Bauart
  - structor: Maurer, Plural: Bauleute

Zu beachten ist der Hinweis auf die griechische Herkunft von Tektonik (Strukturgefüge)
- Tekton: Arbeiter, Handwerker, Zimmermann, Baumeister, Künstler
- Architekt:Oberster Bauleiter (Aspekte: Anordnung, Ordo, Herrschaft – **Arche**: Anfang, Herrschaft)

STRUKTUR, soziale: ein Ordo, eine gegliederte Ordnung – **Form** (Die im Hintergrund stehende Leitfrage: Wie ist Gesellschaft möglich?)

ORDNUNG

sozialer Raum	des Übereinanders	(Schichtung)
	des Hintereinanders	(Reihung)
	des Nebeneinanders	(Relationen)
	des Miteinanders	(Interaktionsformen)
	des Gegenübers	(soziale Distanzen; Interaktions-, Kommunikationsformen)
	des Gegeneinanders	(Konflikt, Kampf, Konkurrenz)
Soziale Zeit	des Nacheinanders und Gleichzeitigen (Koordination der sozialen Zeit als Sukzession und Simultaneität);	
	z.B. Terminkalender, Festkalender	

- Der Terminus **soziale Struktur** verweist also auf **Ordnung** und **Gliederung** des sozialen Raums und der sozialen Zeit:
  Feste, stabile Formen der Anordnung der Individuen
  1. Allokation von sozialen Positionen: **Positionsordnung**
  2. Verteilung von Verpflichtungen und Berechtigungen: **Statusordnung** und **Rollengefüge**.

- In der Analysenperspektive von **sozialen Strukturen** liegt der Akzent auf der:
  Statik,
  Anatomie von Gruppen, Kollektiven, Gesellschaften.

- **Soziale Strukturen** können betrachtet werden in den Dimensionen:
  a) Horizontaler Gliederung
  (Relationen, Reziprozitäten, Beziehungen zwischen Elementen einer sozialen Einheit)

b) **Vertikaler** Gliederung
(Herrschaftsbeziehungen, soziale Schichtung, sozio-ökonomische Klassen; soziale Abhängigkeitsverhältnisse)

- **SOZIALE STRUKTUREN** können in der Perspektive von **Mobilität** untersucht werden:
  a) **horizontale** soziale Mobilität
  b) **vertikale** soziale Mobilität

  (Untersucht werden können so Grade der Erstarrung bzw. Grade der Flexibilität; s. Terminus „Wandel", Abschnitt III.5.2.)

- **SOZIALE STRUKTUREN** können untersucht werden auf der
  Makro-
  Meso- Ebene
  Mikro-

  - Gesamtgesellschaft (bis hin zu Ebene der globalen Vergesellschaftung)
  - Einzelne Gesellschaften
  - Kleine Gruppen (von Dyaden, z.B. Ehe, von Paar- oder Dreiecksbeziehungen bis zu Freundschaftskreisen und Leistungsgruppen)
- **Soziale Strukturen** sind aufzufassen als:
  Kristallisationen von Positionen, Regeln und Ressourcen, von Komplexen von Institutionen und Netzwerken.
  Als solche sind sie mehr oder weniger resistent gegen Veränderungen.
  (Zu warnen ist vor der Ideologisierung Sozialer Strukturen in Form ihrer Naturalisierung bzw. Ontologisierung. D.h., wie soziale Institutionen, so sind auch soziale Strukturen prozedierende Resultate menschlichen Verhaltens und menschlichen Handelns).

- Zwar besitzen **Soziale Strukturen überpersönlichen** Charakter, werden aber von den gesellschaftlichen Individuen
  bewusst,
  bewusstlos,
  unbewusst
  reproduziert.

- Es ist auf die Vermittlung sozialer Strukturen durch die menschliche **Praxis** (Verhalten, Handeln) zu insistieren.
- Wie bei Institutionen stets der Entwicklungsaspekt, so ist bei sozialen Strukturen stets der **dynamische** Aspekt systematisch zu beachten. Das Prozesshafte etwa in den Formen **sozialer Umschichtungen**.

Kurz:

- **Soziale Strukturen** haben zwar überpersönlichen Charakter (Durkheim: Chosiéte), wirken wie fest gefügte Platzanweisungen für die Menschen

- **Soziale Strukturen** werden aber durch die Praxis interagierender Individuen reproduziert und mithin auch modifiziert und verändert.

- **Soziale Strukturen** sind zwar transpersonal, aber den Individuen nicht „äußerlich“:
  Soziale Strukturen werden
  - in Form von sozialen Erinnerungsspuren (Traditionen)
  - in Form von sozialen Praktiken,
    tagtäglich, alltäglich im Medium von Gewohnheiten, Routinen, sozial normierten Interaktionsbeziehungen reproduziert.
  - Soziale Strukturen reproduzieren sich durch die vergesellschafteten Individuen, durch ihre subjektiven (Innen-)Welten hindurch.

- **Soziale Strukturen** dürfen nicht kurzschlüssig mit sozialen Zwängen gleichgesetzt werden, denn
  - Struktur schränkt Handeln nicht nur ein,
  - sondern ermöglicht es auch in Gestalt anschlussfähiger Interaktionen.

- Dennoch: **Soziale Strukturen** entziehen sich der Kontrolle der individuellen Akteure. Soziale Strukturen definieren Positionen, Statusbeziehungen, Erwartungen, Verpflichtungen, denen man sich nicht so ohne weiteres entziehen kann.
  - Hierin liegt die tiefe Einsicht allen Strukturalismus begründet: der „stumme Zwang der Verhältnisse“ (K. Marx);

- Gleichwohl: da die Kontinuität sozialer Strukturen sich der Fortschreibung durch menschliche Praxis verdankt, ist eben auch im Medium sozialer Praxis Diskontinuität i.e. **Wandel**, Veränderung möglich.
- Auch in diesem Zusammenhang gilt die Warnung vor Ontologisierung der sozialen Strukturiertheit des menschlichen Lebens, wohinter dann die Individuen verschwinden oder nur noch als Marionetten, Anhängsel von Ordnungen erscheinen.

● **SOZIALE STRUKTUREN** sind eingebettet, überwölbt von Werte- und
symbolischen Ordnungen:
Diese sorgen für den Glauben an die Geltung von sozialen Ordnungsgefügen.
In **symbolischen** Ordnungen erscheinen soziale Strukturen als
legitimierte Ordnungen, (s. Terminus „Herrschaft", Abschnitt III.4.2.).
Und eben weil sozialen Strukturen asymmetrische, verfestigte Herrschaftsbeziehungen einwohnen, sind sie mit bloßem Interpretieren, Deuten, Auslegen, Umdeuten nicht einfach wegzuzaubern.

● Im Lichte sozialer Strukturen als legitimierte Ordnungen, durch sanktionsgestützte **Normen** abgesichert, erscheint nichtlegitimiertes Verhalten, Handeln, als Abweichung, **Devianz** (s. III.5. Terminus „Wandel")

● Kernschicht der Legitimation von menschlichen Ordnungen:
Sozialen Strukturen kommt die normative Kraft des Faktischen zu.
Ausgangs- und Bezugspunkt allen sozialwissenschaftlichen **Positivismus**.
Positivistischem Denken wohnt wesentlich eine Prämie auf das, was ist, ein; wohingegen die Möglichkeit unter Metaphysik-Verdacht steht.

FAZIT:

- **Strukturanalyse** in den Sozialwissenschaften geht auf die Untersuchung, die Ermittlung der **Anatomie** [temnein: schneiden, zerteilen], des inneren Aufbaus sozialer Gebilde.

- **Strukturanalyse** befasst sich mit den Formen, Gliederungen und Mechanismen der Reproduktion einer sozialen Ordnung (Gruppe, Gesellschaft: Mikro-, Makro-Strukturen) – von den ökonomischen über die im engeren Sinne sozialen, kommunikativen und politischen Strukturen bis hin zu den Persönlichkeitsstrukturen, den Strukturen des Sozialcharakters.
- **Soziale Strukturen** bezeichnen die soziales Verhalten prägenden Formen sowie die soziales Handeln bahnenden und ermöglichenden Formen.
- **Soziale Strukturen** bilden die Kristallisationen der Reproduktion des sozialen Lebens im Medium der sozialen Praxis der Menschen.
- **Institutionen** (Familie, Rechtssystem, kulturelle Systeme etc.) sind in das Gefüge sozialer Strukturen eingewoben. Sie bilden die Medien, Geleise und Gelenke der Reproduktion des sozialen Lebens; sie garantieren und legitimieren soziale Ordnung und limitieren soziale Veränderungen.

3.2. Funktion

Die Frage nach der Funktion sozialer Institutionen (Vorgänge und Handlungen) gehört zum Standardrepertoire sozialwissenschaftlicher Forschung – nicht nur im Rahmen strukturell-funktionaler Erkenntnisstrategien (s. I.3). Dabei erweist sich der Begriff der **Funktion** als wesentlich komplementär zu dem der **Struktur**.

Es haben sich in den vergangenen Dekaden eine ganze Reihe von funktionalistischen, struktur-funktionalistischen, zuletzt systemtheoretischen Schulen rund um das Problem funktionalistischer Betrachtungen von Gesellschaft bzw. Vergesellschaftung gebildet. (Zur näheren Befassung mit der Wissenschaftsgeschichte des Funktionalismus sei hingewiesen auf J. Jetzkowitz/C. Stark (Hg.), „Soziologischer Funktionalismus. Zur Methodologie einer Theorietradition, 2003).

Dabei ist von allem Anfang an die Neigung zu Organismus-Analogien auffällig. So die Frage etwa: welche Organe (Institutionen) sind für den Erhalt und die Reproduktion eines sozialen Organismus (Gesellschaft) vonnöten?

Welche sind unverzichtbar? Welche können ersetzt, ausgetauscht werden?

- Funktionalistische Betrachtungsweisen von Gesellschaft tendieren zudem dazu, entsprechend dem impliziten oder expliziten Organismus-Modell, die Frage nach dem Äquilibrium, der Homöostase, dem **Gleichgewicht** einer sozialen Einheit, eines Sozialsystems in den Mittelpunkt zu stellen. Dies müsse aber nicht sein, so Robert K. Merton, der den Blick für den **sozialen Wandel** in der funktionalen Betrachtungsweise freihält. (R. K. Merton: Soziologische Theorie und soziale Struktur, 1995).
  Bevor wir auf die funktionalistische Konzeption des US-amerikanischen **Sozialtheoretikers** Merton eingehen, sollen einige klärende Bemerkungen zur Problematik der Verwendung des Funktionsbegriffs vorangestellt werden, zumal der Funktionsbegriff in den Sozialwissenschaften allzu sorglos, um nicht zu sagen: bewusstlos verwendet wird.
  Wer von Funktion spricht, wer funktionale Analyse betreiben will, muss zuvor immer die **Bezugsgrößen**, die mit Zwecken verkoppelt sind, angeben, auf die hin eine soziale Erscheinung, eine soziale Institution, ein sozialer Mechanismus auf ihren Funktionscharakter befragt, analysiert, beurteilt werden soll.

  - Um ein Beispiel zu geben:
    wenn nach der Funktion der Institution „Schule" in einer Gesellschaft, sagen wir: Österreich, gefragt wird, so ist die Bezugsgröße, oder sind die Bezugsgrößen anzugeben, auf die hin die Funktion der „Schule" geortet und untersucht werden soll. Als Bezugsgröße kann etwa genommen werden: das österreichische Beschäftigungssystem. Es kann daran die empirische Untersuchungsfrage angeschlossen werden: Erfüllt das Schulsystem die Funktion, für das Beschäftigungssystem zweckdienlich auszubilden? Der **Zweck** also ist die Bereitstellung von Schulabsolventen für das Beschäftigungssystem, die **Funktion**, die zu erbringende Leistung, ist der Schule zugewiesen. Die Antwort kann nur empirisch gegeben werden.

Es kann durchaus vorkommen, dass eine soziale Institution, hier die Schule, mit Blick auf zwei Bezugsgrößen, d.h. auf zwei Zwecke, einer funktionalen Betrachtung unterzogen wird.

Die eine Bezugsgröße mitsamt Zweck kann das **Beschäftigungssystem** sein, die zweite die **Persönlichkeitsbildung** junger Menschen zu mündigen Subjekten. Es kann sein, dass die Erfüllung beider Zwecke von der Schule ohne Spannungen geleistet wird; es kann aber auch sein, dass die synchrone Erfüllung beider Zwecke, dass die beiden Funktionen: Berufsausbildung und Persönlichkeitsbildung miteinander in Konflikt geraten. Auch hier gilt wieder: eine Antwort kann nur die empirische Analyse geben.

- Kurz: Funktionsanalysen machen nur Sinn, sind wissenschaftlich nur statthaft, wenn Klarheit darüber besteht, um welche Bezugsgrößen bzw. gesetzte Zwecke es sich handelt.

Zusatzgedanke: es gibt Funktionen, die physiologisch-organismisch erfüllt bzw. garantiert werden. Z. B. atmen als Funktion organismischer Reproduktion unter dem gegebenen Zweck: Leben. Doch wie ostasiatische, heute in den Metropolen des Westens breit rezipierte, Meditationstechniken zeigen, ist nachgerade auch das Atmen via Kulturtechniken sozial prägbar.

Weiters, Funktionsanalysen werden in der Regel angesetzt als Frage nach dem **Beitrag** von Institutionen und Handlungen zur Lösung von Problemen in der Perspektive gesetzter Zwecke. Damit sind drei weitere Aspekte ins Licht gerückt:

1. Funktionen sind Beziehungen von Leistungen auf (Zweck-)Gesichtspunkte, unter denen eine Leistung mit einer oder mehreren anderen Leistungen **verglichen** werden können.
   (Auf das Problem der „funktionalen Äquivalente“ ist noch zurückzukommen).

2. Im Bereich sozialwissenschaftlicher Funktionsanalyse handelt es sich bei der Analyse von Funktionen im Kern um **Leistungen**, die Institutionen und Handlungen für eine gegebene Bezugsgröße bzw. gesetzten Zweck erbringen.

3. Funktionale Leistungen haben **Folgen/Konsequenzen**.
   So wird denn implizit oder expliziert der Ausdruck Funktion gleichbedeutend mit Beitrag verwendet in dem Sinn: welchen Beitrag leistet eine soziale Institution, leisten soziale Handlungen für einen bestimmten Bezugszweck unter Kalkulation der **Folgen**.

Damit sind wir in unseren Vorbemerkungen bei der Etymologie des Ausdrucks **Funktion** angelangt; sie hilft, den mit Funktion bezeichneten

Sachverhalt in seinen inneren Dimensionen und Spannungen aufzuhellen:

- Das lateinische Verb
  fungor ist zu übersetzen mit
  - ich erleide
  - ich verrichte, vollbringe, besorge, führe aus
  - ich bekleide ein Amt

- Die Vergangenheitsform in der 3. Person lautet:
  functus est und bedeutet:
  - es ist erlitten worden
  - es ist vollbracht, verrichtet, ausgeführt worden

Nicht erst seit den letzten Worten von Jesus am Kreuz und nicht nur dem Mediziner Freud ist der den Leistungen innewohnende **Doppelcharakter** bekannt: meistern und leiden. Kultur produzierende Sublimation als verfeinertes Leiden.

Für die sozialwissenschaftliche Theoriebildung und Analyse ist zunächst festzuhalten, dass der Begriff der Funktion sich bezieht auf:
- Bezugsgröße(n)
- Zweck(e)
- Institution(en) und/oder Handlung(en)
- Leistung(en)/Beitrag, Beiträge
- (ergänzt durch den Aspekt: Folgen)

Dass auch Zwecke wiederum auf ihre Funktion hin befragt und untersucht werden können, sei nicht übergangen. Um das Beispiel von oben wieder aufzugreifen:
Es kann nach der Funktion der Schule für das österreichische Beschäftigungssystem gefragt werden; es kann aber weiter gegangen werden und nach der Funktion des Beschäftigungssystems in der österreichischen Gesellschaft gefragt werden.
(Zur Vertiefung der angesprochenen Problemzusammenhänge sei hingewiesen auf die Studie von N. Luhmann, Zweckbegriff und Systemrationalität. Über die Funktion von Zwecken in sozialen Systemen, 1968).
Der Begriff der **Funktion** ist tatsächlich außerordentlich schillernd. Deshalb ist Merton („Soziologische Theorie und soziale Struktur", Berlin-New York 1995) zuzustimmen, dass Sozialwissenschaften gut

daran tun, den Funktionsbegriff weiter abzuklären, um die Theoriebildung und Forschung nicht zu verwirren.

1. **Funktion**: ein Ausdruck, verschiedene Begriffe:
   u.a. wird der Funktionsbegriff wie folgt gebraucht:
   - im Sinne von Beruf, Tätigkeit, Profession
   - im Sinne von politischem Amt, Funktionär
   - im mathematischen Sinne (zuerst bei Leibniz) von Funktionsgleichungen: Bezeichnung der Beziehung einer Variablen zu einer oder mehreren anderen Variablen.
     In diesem Verständnis wird er etwa auch in der Demographie verwendet: „die Geburtenrate ist eine Funktion des ökonomischen Status bzw. der sozialen Lage“: je höher der Sozialstatus, desto weniger Kinder“ etc.
   - im Sinne der Biologie:
     hier ist mit Funktion gemeint der **Beitrag**, den ein Element leistet für die „vitalen oder organischen Prozesse zum Erhalt des Gesamtorganismus“. In dieser Perspektive ist er zunächst von der Sozial- und Kulturanthropologie in die Sozialwissenschaften eingeführt worden.
     (Die Rede vom zu leistenden „Beitrag“ ist marktständig in der politischen Rhetorik).
     Funktion als Beitrag zur Aufrechterhaltung der strukturellen Kontinuität einer Gesellschaft, zur sozialen Reproduktion ihrer Struktur.
     Unzweideutig ist die Tendenz zur Akzentuierung der **sozialen Statik** zu registrieren. [vgl. kritisch hierzu: T.W. Adorno: „Über Statik und Dynamik als soziologische Kategorien“, 1961)

2. **Funktion**: ein Begriff, verschiedene Ausdrücke:
   Unter diesem Blickwinkel wird der Begriff **Funktion** durcheinander gebraucht mit

   Gebrauch,
   Nutzen,
   Zweck,
   Motiv,
   Absicht,
   Folgen.

Dieser Durcheinandergebrauch des Begriffs Funktion rührt wesentlich daher, dass **zwei Ebenen** nicht oder nur unzureichend unterschieden werden, die aber für die funktionale Analyse innerhalb der Sozialwissenschaften tunlichst und dringlichst auseinander gehalten werden müssen.

- Die Ebene des **Beobachters** (der Wissenschaft, nach Luhmann: Beobachtung zweiter Ordnung) von sozialen Handlungen, Vorgängen und Institutionen
- Die Ebene des **Beteiligten** von sozialen Vorgängen und Institutionen

Zur umgangssprachlichen Verwendungsweise: Dass ich heute in die Disco gehe, hat die Funktion, ein Mädchen bzw. einen Jungen kennen zu lernen.

In diesem Fall ist – unter sozialwissenschaftlichem Gesichtspunkt – Funktion verwechselt mit der inneren subjektiven Disposition, dem Beweggrund, dem Motiv.

Es ist hervorzuheben, ohne es hier weiter verfolgen zu können, dass die Ebene der Ziele, Zwecke, Motive, in Sonderheit der Handlungsmotive, ihrerseits wieder der begrifflich-theoretischen Differenzierung bedarf. **Motive** (movere: bewegen – movie) bzw. **Handlungsmotive** sind nicht nur von der Ebene der (sozialen) Funktion sondern auch gegenüber der Sphäre der Ziele und Zwecke abzuheben. Zur sozialtheoretischen Feinanalyse von Handlungsmotiven (z.B. die Unterscheidung von Weil-Motiven und Um-zu-Motiven) sei der Literaturhinweis gegeben auf: Alfred Schütz, Der sinnhafte Aufbau der sozialen Welt. Eine Einleitung in die verstehende Soziologie, 1974. Es muss keineswegs so sein, dass die Aussage: „Ich tue dies, um zu ..." mit der späteren Aussage: „Ich habe das getan, weil ..." dem Wahrheitsgehalt nach übereinstimmen muss).

Zur Verdeutlichung der Unterscheidung der **Beobachter**- von der **Teilnehmerperspektive** dieses Differenzierungsexempel:

- Die **soziale Funktion** von Heiraten und Geburten ist die biologische Reproduktion einer Gesellschaft (Fertilitätsrate) –
  sozialwissenschaftliche Beobachtungsperspektive
- Der **Beweggrund**, das Motiv von Heiraten kann Liebe und Kinderwunsch der Beteiligten sein -
  Teilnehmer-Perspektive

Anders: Die soziale Funktion der Familie kann nicht von den Bedürfnissen, Motiven der Beteiligten her sozialwissenschaftlich bestimmt werden.
Vielmehr ist die soziale Funktion der Familie von einer zu formulierenden Problemperspektive der Analyse der gesellschaftlichen Prozesse/Strukturen her zu bestimmen.

Mertons Klarstellung: Sofern soziale Institutionen irgendeine reale Basis haben, müssen sie vom **sozialen Prozess** her untersucht werden
Schließlich der Hinweis:
Die subjektive Disposition (Motiv, Zweck, Ziel) kann mit der sozialen Funktion (d.h. den objektiven Leistungen und deren Folgen) koinzidieren, muss aber nicht – und tut es oft auch nicht.
(siehe heute: Risikogesellschaft als Ausdruck **nicht vorhergesehener Folgen** zweckrational motivierten Handelns!)

R. K. Merton hat für sozialwissenschaftliche Funktionsanalyse **drei Warnungen** ausgesprochen.

1. **Vermeidung des Postulats von der funktionalen Einheit der Gesellschaft.**
Hieraus leitet sich die Forderung nach sozialstrukturellen Differenzierungen ab.
Soziale Institutionen, soziale Handlungen können in ein und derselben Gesellschaft für bestimmte Gruppen funktional sein, für andere dysfunktional oder funktionslos. D.h., nicht alle Leistungen sind auf den einen Bezugspunkt, den Zweck der gesellschaftlichen Integration zu fixieren. Anders, sie können sowohl der sozialen Integration wie der sozialen Desintegraton, und das kann auch sozialer Wandel heißen, förderlich sein. Es gibt funktionale Integrationsgrade.

2. **Vermeidung des Postulats des universalen Funktionalismus.**
Hieraus leitet sich die Forderung nach differenzierten sozialen Typologien von Funktionen, d.h. Handlungen und Leistungen, ab. Dabei geht es darum, die mögliche Ambivalenz, Doppelgesichtigkeit von Funktionen genauer zu untersuchen. Soziale Institutionen, Handlungen und Leistungen können zugleich eine positive wie negative Funktion haben.
So kann die Funktion von improvisierten Handlungen, von Improvisationen im Kontext eines Jazzkonzerts positiv funktional sein; im

Kontext eines Kammerkonzertes aber genau das Gegenteil, nämlich eine den Zweck, die der Partitur angemessene Aufführung, ruinierende Störung.
Kurz, im Fall des sozialen Phänomens der Improvisation ist eine kontextbezogene Bilanz der funktionalen Aspekte zu erstellen; sind sozialtypologische Tableaus auszuarbeiten.

3. Vermeidung des Postulats der Unentbehrlichkeit.
Hieraus leitet sich die Forderung ab, nicht vorschnell und von vornherein zu entscheiden und festzulegen, ob soziale Implikationen, Handlungen, Leistungen für eine Gesellschaft, für Gruppen, kurz für Kollektive unentbehrlich, d.h. überlebenswichtig sind. Z.B. ist die empirische Frage aufzuwerfen: Ist die soziale Institution der nuclear family, der Kleinfamilie modernen Zuschnitts für die Erfüllung der sozialen Funktion der biologischen Reproduktion einer Gesellschaft tatsächlich unentbehrlich?

Für funktionale Analysen ist demnach die Differenzierung zentral:

- Ein- und dieselbe **soziale Institution** kann mehrfache soziale Funktionen haben.
  (z.B. Feste können dem Sammeln von kollektiven Kräften dienen, sie können aber auch soziale Unzufriedenheit abreagieren helfen, oder beide Funktionen erfüllen.
- Ein- und dieselbe **soziale Funktion** kann von verschiedenen Institutionen, Handlungen, Leistungen erfüllt werden. (z.B. Hochschulausbildung kann von öffentlichen ebenso wie von Privatuniversitäten funktional geleistet werden).

Wenn soziale Funktionen als Leistungen, als Beiträge zur Lösung von Problemen aufgefasst werden: Bestandsprobleme, Reproduktionsprobleme, Innovationsprobleme einer Gesellschaft,
dann ist die funktionale Analyse sozialer Institutionen und Handlungen im jeweiligen sozialstrukturellen, gesellschaftlichen Kontext durchzuführen.
Es ist möglich und geraten, Funktionsanalysen unter dem Gesichtspunkt

- funktionaler Alternativen (Telefon statt Postkutsche)
- funktionaler Äquivalente (E-Mail statt Brief)
- funktionaler Substitute (Handy statt face-to-face Gespräch)

zu untersuchen.

Aufzuwerfen ist damit die Perspektive soziokulturellen Wandels bei Bilanzierung der Vor- und Nachteile, der Gewinne und Kosten. Handy statt Brief bei gegebener struktureller Notwendigkeit, soziale Interaktion durch Kommunikation zu garantieren.
Zwischenfazit mit Mertons Konkretisierungen:

- „Als wir, erstens, das **Postulat der funktionalen Einheit** unter die Lupe genommen haben, stellte sich heraus, dass die volle Integration aller Gesellschaften nicht angenommen werden kann, sondern eine empirisch zu klärende Frage ist, bei der wir darauf gefasst sein sollten, eine ganze Skala von **Integrationsgraden** zu finden."

- „Aus der kritischen Betrachtung des **Postulats universalen Funktionalismus** ergab sich, dass eine Theorie der funktionalen Analyse die **Spezifizierung** der gesellschaftlichen Einheiten verlangen muss, denen bestimmte soziale Funktionen dienen, und dass sie anerkennen muss, dass Kulturphänomene mehrfache Folgen haben können, davon manche funktional und andere womöglich dysfunktional. Die Überprüfung des zweiten Postulats, demzufolge alle bestehenden Kulturformen unbedingt funktional seien, führte zu weiteren Überlegungen, denen ein kodifizierter Ansatz der funktionalen Interpretation entsprechen muss. Es zeigte sich nicht nur, dass wir darauf vorbereitet sein müssen, **funktionale** wie **dysfunktionale** Folgen dieser Formen zu finden."

- „Aus dem **Postulat der Unentbehrlichkeit** ergaben sich, wie wir festgestellt haben, zwei verschiedene Thesen:
  - die eine besagt, bestimmte Funktionen seien unentbehrlich, was zum Begriff der **funktionalen Notwendigkeit** bzw. der funktionalen Voraussetzungen überleitet;
  - die andere, die besagt, die bestehenden gesellschaftlichen **Institutionen**, Kulturformen und dergleichen seien unentbehrlich, was, entsprechend in Frage gestellt, zum Begriff der **funktionalen Alternativen, Äquivalente** oder **Substitute** führt."
  - Darüber hinaus ist stets zu beachten:
    Es muss der sozialstrukturelle Referenzrahmen, der **strukturelle Kontext** bestimmt werden, auf den hin die **soziale Funktion** von Institutionen und Kulturelementen untersucht wird – dabei ist stets auch der Aspekt des historisch-sozialen Wandels systematisch zu berücksichtigen: die Dialektik von Dynamik und Statik.

Sozialwissenschaftliches Paradigma für funktionale Analyse

1. Die **ganze Bandbreite** sozialer Phänomene, Institutionen und Handlungen, Kulturformen und –elemente kann funktionalen Analysen unterzogen werden,
   insofern der Gegenstandsbereich einen standardisierten, strukturierten und repititiven (Gleichförmigkeit und Regelmäßigkeit) Charakter besitzt.

2. Strikt auseinanderzuhalten sind:
   - die Ebene der **sozialen Funktion** (Leistungen)
   - die Ebene der **subjektiven Disposition** (Motive)

3. Die Funktionsanalyse darf unter keinen Umständen verkürzt werden auf die positiven Beiträge sozialer Institutionen, Handlungen und Kulturformen für die Integration eines Gesellschaftssystems bzw. einer sozialen Einheit.
   Vielmehr ist der Gesichtspunkt
   der mehrfachen Folgen und der **Nettobilanz der Funktionen** in die analytische Rechnung zu stellen (Referenzpunkt: ein gegebenes soziales System).

   D.h. Soziale Institutionen können zugleich sein:
   - **funktional-positiv**
   - **dysfunktional**
   - **nicht- / nonfunktional**

   z.B. Die soziale Institution des Eigenheims kann unter sozialwissenschaftlichen Aspekten:
   - funktional für die Familienzufriedenheit sein
   - dysfunktional für die Siedlungsstruktur (Ökologie, Autoverkehr)
   - nonfunktional (für das Bildungsniveau)
     Es handelt sich hierbei um empirisch zu beantwortende Fragestellungen.

4. Wenn die sozialwissenschaftliche Funktionsanalyse zurecht strikt zwischen der Ebene der sozialen Funktion und der der subjektiven Disposition (Motiv) unterscheidet, dann ist damit impliziert, auf der Ebene der sozialen Funktion eine weitere wichtige Unterscheidung zu treffen, und zwar zwischen
   - **manifesten Funktionen**
   - **latenten Funktionen**

Diese Unterscheidung ist deshalb zu treffen, weil Handlungsmotiv und tatsächliche soziale Funktion unabhängig voneinander variieren!
Hier geht es also wesentlich darum, Funktion im Lichte von **Implikationen** und **Folgen**/Konsequenzen zu untersuchen (zwischen „gut gemeint" und den Resultaten von Handlungen können sich Klüfte, Abgründe auftun):

- **Manifeste** soziale Funktionen sind solche Leistungen (Implikationen und Folgen mitberücksichtigt), die
  - erstens einen **positiven** Beitrag zur Reproduktion einer sozialen Einheit (Gesellschaft, Gruppe etc.), erbringen
  - zweitens von den Teilnehmern, den Angehörigen der sozialen Einheit dementsprechend sowohl **beabsichtigt** sind als auch **erkannt** werden.
- **Latente** Funktionen sind solche Leistungen (Implikationen und Folgen mitberücksichtigt), die weder beabsichtigt sind, noch erkannt werden von den Teilnehmern. (Sprichwort: „Und erstens kommt es anders, und zweitens als man denkt").
  Die latenten, nicht vorhergesehenen, nicht erkannten Folgen des Handelns (**nonanticipated consequences**) können sein:
  - Systemfunktional für eine soziale Einheit
  - dysfunktional für die betreffende soziale Einheit
  - nonfunktional, d.h. irrelevant für die betreffende soziale Einheit.

  Latente Funktionen sind eine Schlüsselaufgabe für die Wissenschaft, die Beobachtung zweiter Ordnung.

5. Die sozialwissenschaftliche Funktionsanalyse sollte tunlichst nicht pauschalieren. Vielmehr ist für die differenzielle Analyse sozialer Funktionen stets
   die Bestimmung des **sozialstrukturellen** Kontextes gefordert: Grenzen des Geltungsbereichs, der Wirkungseinheit sozialer Funktionen. Differenzierung nach
   - Mikro-,
   - Meso-,
   - Makro-Ebene

6. Die sozialwissenschaftliche Funktionsanalyse hat auf der Hut zu sein, allzu voreilig die **functional prerequisits**, sog. funktionale Unentbehrlichkeiten zu benennen bzw. zu unterstellen.
(Misslich, aber beliebt, der Import von Bedürfnishierarchien aus der Psychologie: basic needs. Sozialwissenschaften setzen nicht bei Bedürfnissen an, sondern bei sozialen Prozessen, Strukturen, Funktionen, worin und worüber Bedürfnisse interpretiert, formiert, entwickelt werden. Sogar die Bedürfnisse Essen und Trinken sind historisch-kulturell imprägniert. Gegen die statischen Bedürfnispyramiden ist von Seiten historisch verfahrender Sozialwissenschaften Einspruch zu erheben).
Auferlegt ist das schwierige Typologisieren von funktionalen Erfordernissen (Notwendigkeiten, Voraussetzungen) einer Gesellschaft, einer Gruppe, einer Institution – unter Beachtung der unerhörten, kulturell-historischen Variabilität!
Die Frage nach den „**Universalien**", den functional prerequisits, wird
   - von **Marx** auf anthropologischer Ebene mit der Reproduktion der Gesellschaft durch **gesellschaftliche Arbeit** und **Fortpflanzung** beantwortet (stets aber sind Arbeit und Fruchtbarkeit zutiefst durch sozialkulturelle Formen imprägniert);
   - von **Popitz** auf anthropologischer Ebene mit der **sozialen Normierung** als Substitut für die mangelnde Instinktsteuerung beantwortet.

7. Desiderat für die funktionale Analyse:
Beschreibung der Mechanismen, Prozesse, durch die und in denen soziale Funktionen erfüllt werden: Soziale Funktionen, soziale Leistungen werden im Medium von **sozialen Praxisformen** erfüllt bzw. erbracht (Dynamischer Aspekt: soziales Handeln).

8. Weil soziale Funktionen erfüllt werden im Medium sozialen Handelns, ist sozialwissenschaftliche Funktionsanalyse aufgefordert, Abstand zu nehmen von statischen Modellen der Unentbehrlichkeit bestimmter sozialer Institutionen und Kulturformen (z.B. die favorisierten Institutionen Familie, Staat).
Eine dynamische sozialwissenschaftliche Funktionsanalyse nimmt stets die Möglichkeit des **sozialkulturellen Wandels** ins Auge.

Es geht darum zu untersuchen, ob Leistungen, die bislang von bestimmten, überkommenen Instituten und Kulturformen erbracht

worden sind, inzwischen nicht von anderen, **neuartigen** Institutionen und Kulturformen erbracht werden. (Ein historisches Beispiel: die Institution der Hauslehrerschaft ist abgelöst worden von der Institution der öffentlichen Schule – beide erfüllen je auf ihre Weise die Funktion der Ausbildung. Just in dieser funktionalen Perspektive wäre eben die neue Institution des eLearning zu untersuchen).
Ins Licht rückt die sozialkulturellen Wandel ermöglichende menschliche **Flexibilität** (>Möglichkeitswesen<), die Fähigkeit, im Medium von Praxis neue Institutionen und Formen zu entwickeln. Die Untersuchungskamera richtet sich auf die Möglichkeit:

- funktionaler Alternativen,
- funktionaler Äquivalente,
- funktionaler Substitute

9. Allerdings:
Der Sachverhalt sozialer Strukturen (Stabil. Überpersönlich. Determinierend) erinnert daran, dass es stets einen strukturellen Kontext gibt,
dass es strukturelle und normative **Zwänge** gibt, die den **Möglichkeiten** funktionaler Alternativen, Äquivalenten und Substituten Schranken setzen.
Struktureller Zwang meint hier: „Prinzip der begrenzten Möglichkeiten". Dazu kommt noch der Sachverhalt der „versäumten Gelegenheiten"; gemeint ist gesellschaftsgeschichtliche, individualbiographische Irreversibilität der sozialen und der je individuellen Lebenszeit.
Die Frage richtet sich auf die Dichte des Gewebes der sozialen Zwänge, auf die Rigidität der Normierungen bzw. deren Elastizität (s. Terminus **Wandel**, III.5.).

Fazit:

Die sozialwissenschaftliche Funktionsanalyse untersucht die Implikationen, Folgen und Folgeprobleme der Beiträge/Leistungen sozialer Institutionen und kultureller Formen für jeweils anzugebende Bezugsgrößen/Zweck. D. h., die sozialen Einheiten, auf die hin die Funktionen untersucht werden, sind zu explizieren. Weiters ist der Problembereich des Verhältnisses von Statik und Dynamik, des sozialkulturellen Wandels innerhalb des Gesamtprozesses der sozialen Reproduktion von

Gesellschaften, Institutionen, Gruppen, Kulturen in die funktionale Betrachtung einzubeziehen.

Sozialwissenschaftliche Funktionsanalyse bewegt sich im Dreieck von:

- **Struktur**
- **Funktion**
- **Prozess**

4. Macht und Herrschaft

Es dürfte mindestens so viele Definitionen von „Macht“ und „Herrschaft“ geben wie Lehrbücher zu den Geistes-, Geschichts-, Sozial- und psychologischen Wissenschaften. Es gehört durchaus nicht nur zu den umgangssprachlichen Gepflogenheiten, vielmehr ist auch in den Sozialwissenschaften die Tendenz zu beobachten, die Ausdrücke „Macht“ und „Herrschaft“ mehr oder weniger durcheinander zu verwenden.

Für eine Einführung in die „Grundlagen sozialwissenschaftlicher Denkweisen“ eignet sich nach wie vor die Konfiguration der beiden Termini, wie sie von Max Weber in seinem Epochenwerk „Wirtschaft und Gesellschaft. Grundriss der Verstehenden Soziologie“ (WuG), 1980, analytisch gezeichnet hat.

Es ist von Nutzen, mit Blick auf die terminologischen Distinktionen von „Macht“ und „Herrschaft“ sich den Terminus „Struktur“ zu vergegenwärtigen, zumal den Aspekt des **Ordo**, der sich auf die **vertikale** Dimension von Sozialstrukturen bezieht.

- Anmerkung:
  Wer den Begriff **Gesellschaft** noch nicht zu den Akten gelegt hat, wird auf Analyse von Gesellschaft als Ordnung von Herrschaftsbeziehungen nicht verzichten können.

4. 1. Macht

In § 16. der Soziologischen Grundbegriffe (WuG) definiert Weber:

- „MACHT bedeutet jede Chance, innerhalb einer *sozialen Beziehung* den eigenen Willen auch gegen Widerstreben durchzusetzen, gleichviel worauf diese Chance beruht."

Dazu noch Webers ergänzende Erläuterung:

- „Der Begriff „Macht" ist soziologisch *amorph*. Alle denkbaren Konstellationen können jemand in die Lage versetzen, seinen Willen in einer gegebenen Situation durchzusetzen.
  Der **soziologische** Begriff der „Herrschaft" muss daher ein präziserer sein ..."

Weber zufolge wohnt allen sozialen Beziehungen und Konstellationen die Potentialität (Chance) von Machtausübung ein; reicht demnach von mikro- bis zu makrostrukturellen Zusammenhängen. Sozialwissenschaften ebenso wie Psychologie haben also auf dem Problemgelände „Macht" ihre Thematik.

Der **Macht**-Begriff ist amorph, d.h. formlos, und deshalb äußerst schwierig bis gar nicht zu präzisieren. Das liegt nicht zuletzt an dem darin eingelagerten Problem des „Willens", und der hierin wiederum geknüpften Problematik der **Willensfreiheit** der Menschen.

Beim Begriff „Willen" ist die ganze philosophische Tradition aufgerufen, nicht weniger die Biologie, Psychologie und heute: Neuropsychologie. Einen guten, weiterführenden Überblick über die aktuellen Debatten im Umkreis der „Willensfreiheit" bietet der Sammelband „Akteur Gehirn – oder das vermeintliche Ende des sinnhaft handelnden und kommunizierenden Subjekts". Eine Kontroverse, hrsg. von J. Reichertz/N. Zaboura, 2006.

Namentlich die **Sozialpsychologie** befasst sich mit Machtbeziehungen im sozialen Zusammenhang, allerdings unterschlagen, vergessen deren Definitionen häufig den von Max Weber so stark betonten Aspekt des „**Gegenwillens**". D. h., Macht wird bei Weber konzipiert im Lichte des potentiellen Gegeneinanders mindestens zweier Willen, nämlich „innerhalb einer sozialen Beziehung den eigenen Willen auch gegen Widerstreben durchzusetzen."

Weil „Macht" so facettenreich-vieldimensional sich darstellt, hat Weber – aus guten Gründen – darauf verzichtet, eine Morphologie oder gar Typologie der Macht zu entfalten. Das Amorphe (μορφή /morphae:

Form, Gestalt), nicht klar Gestaltete, Ungeformte ist eben kaum in definitorische Spezialformen zu gießen. Das liegt auch darin begründet, dass Machtbeziehungen eigenartig labil sind, nicht zuletzt auch konstellations- und situationsabhängig.

- Festzuhalten ist auf jeden Fall mit Weber:

1. Macht bezeichnet den **Regelfall** und nicht einen Ausnahmefall sozialer Beziehungen: die Tendenz zur Selbsterhaltung, Selbstbehauptung, Selbsterweiterung wohnt allen sozialen Beziehungen ein.

2. Der Begriff Macht kann sich auf die **unterschiedlichsten** sozialen Beziehungen (struktureller Aspekt) und die unterschiedlichsten sozialen Konstellationen (situativer Aspekt) beziehen.

3. Machtbeziehungen sind von **labilerer** Natur als Herrschaftsbeziehungen.

4. Sozialwissenschaftliche Analyse von Machtphänomenen bedürfen daher der je konkreten **empirischen** Erforschung der Umstände der Machtausübung sowie deren diverseste Gestalten. (Von der physischen und psychischen Vergewaltigung bis zur wissenschaftlichen Definitionsmacht! Überhaupt ist der Zusammenhang von Sprache, Kommunikation und Macht ein bedeutsames Gelände für die Analyse von Machtbeziehungen.)

5. Sozialwissenschaftliche Machtanalysen sollten sich auf die Untersuchung der jeweiligen s**ozialen Beziehungsstrukturen** bzw. der jeweiligen **sozialen** (und mithin geschichtlichen) **Konstellationen**, worin Machtdynamik statthat, konzentrieren.

6. Der sozialwissenschaftliche Machtbegriff ist deutlich an die **faktische Ausübung** von Macht zu binden, d.h. Macht und Praxis bilden einen inneren Nexus.

7. Moralische Ansichten und ethische Urteile sind **kein Ersatz** für sozialwissenschaftliche Machtanalyse.

- Einen allemal beachtenswerten sozialwissenschaftlichen Versuch, die flirrende Sphäre von Machtbeziehungen ein Stück auf differenzierende Transparenz hin zu konkretisieren, hat Heinrich Popitz: „Phänomene der Macht", 1992, unternommen. Unterschieden werden vier Dimensionen bzw. Grade von Macht innerhalb sozialer Beziehungen. Bedacht ist dabei, dass diese Dimensionen sich ineinander verschränken, dass die Wirkungsgrade sich überblenden können:

1. Verletzende Aktionsmacht	(manifeste Gewaltanwendung)
2. Instrumentelle Macht	(Steuerung des Verhaltens anderer durch Drohungen und Versprechungen)
3. Autoritative Macht	(Nutzung der Autoritätsfixierung, der Bereitschaft zur Hörigkeit anderer)
4. Datensetzende Macht	(Steuerung anderer innerhalb von Kommunikationsbeziehungen durch Produktion von und Verfügung über informationstechnisch vermittelte Fabrikate; gezieltes Operieren mit konstruierten und induzierten Informationen)

4.2. Herrschaft

Gegenüber dem sozialwissenschaftlich amorphen Begriff der Macht ist der Begriff **Herrschaft** der Morphologie und dann sozialwissenschaftlichen Typologie für sozialwissenschaftliche Terminologie und Theoriebildung weitaus zugänglicher. Grund dafür, dass Weber eine durchbuchstabierte soziologische **Typologie der Herrschaft** entwickelt hat, die bis heute forschungswirksam ist.

Schon das Wort **Herrschaft** verweist auf die Implikationen von Arbeitsteilung und Hierarchiebildung, auf **strukturverfestigten Ordo** (männlich), auf den **Nomos** (männlich): hier auf die hierarchische Teilung der Arbeit zwischen den Geschlechtern (no name: „Frauschaft").

Nehmen wir zunächst das griechische Wort **Nomos** (νόμος), und sogleich ist das Strukturmoment zu erkennen:

- das Zugeteilte
- das Angeordnete:
  - Brauch, Herkommen, Satzung (Tradition)
  - Grundsatz, Regel, das für alle gültige Gesetz

Nomos leitet sich ab vom Verb **nemein** (νέμειν):

- austeilen, verteilen, zuweisen, zuerkennen
- sich aneignen, besitzen, innehaben
  - **beherrschen**, verwalten
  - bebauen, benutzen, genießen, bewohnen
  - nur aktiv: achten (!)
  - Zu erinnern ist an das **Leitmotiv der Sozialwissenschaften**:

Wie ist Gesellschaft, wie ist soziale Ordnung möglich? –
Weltgeschichtlich bislang: Soziale Ordnung bietet sich dar als Ensemble von strukturierten (und: legitimierten) Herrschaftsbeziehungen, wesentlich verankert in vertikalen Sozialstrukturen

- Zurück zu Webers § 16 (WuG):
  Nach Macht definiert Weber **Herrschaft** wie folgt.

  Zu beachten ist die Zweiteilung der Definition, worin sich eine hierarchisch gegliederte **Doppelperspektivik** äußert:
  Die Perspektive „**von oben**":
  - „Herrschaft soll heißen die Chance,
    für einen Befehl
    bestimmten Inhalts bei
    angebbaren Personen
    Gehorsam zu finden;"

Als Merkmale von Herrschaft sind also hervorzuheben:

1. ein **Imperativ** (wohinter eine Person, Instanz steckt, die den Befehl gibt)
   „Der Begriff einer Herrschaft ist nur an das **aktuelle** Vorhandensein **eines** erfolgreich **Anderen** Befehlenden … geknüpft."

2. ein **Befehlsinhalt**: was getan bzw. unterlassen werden soll

3. ein **Adressat**, der den Imperativ zu befolgen hat

Nach der Perspektive „von oben“
nun der zweite Teil der Definition Webers von **Herrschaft**.
Die Perspektive **„von unten“**:

- „**Disziplin** soll heißen die Chance,
  kraft **eingeübter** Einstellung
  für einen Befehl
  prompten,
  automatischen und
  schematischen Gehorsam
  bei einer angebbaren Vielheit von Menschen zu finden.“

● Dazu noch Webers Erläuterung:

- „Der soziologische Begriff der >Herrschaft< muss präziser sein
  (als der der Macht)
  und kann nur die Chance bedeuten:
  für einen **Befehl** Fügsamkeit zu finden.
  (Perspektive „von oben“)
- „Der Begriff der >**Disziplin**< schließt die
  „Eingeübtheit“ des
  kritik- und
  widerstandslosen **Massen**gehorsams ein.“
  (Perspektive „von unten“)

Entscheidend ist demnach für die Differenz zu „Macht“: Herrschaft impliziert die (weitgehende) **Abwesenheit** von **Widerstreben**; angedeutet ist damit der Aspekt des wie auch immer bedingten Einverständnisses. Dem Imperativ, dem Ausrufezeichen von oben respondiert kein Zweifel, kein Fragezeichen von unten.

● Konstatieren wir mit Weber zum Terminus „Herrschaft“:

1. Herrschaft ist gebunden an hierarchische **Struktur**-Verhältnisse: Oben – unten, an einen **Ordo** bzw. **Nomos**.

2. Herrschaft ist dementsprechend Ausdruck sozialer **Ordnung**, worin die Abhängigkeitsmechanismen **funktionieren**: Gehorsam.

(Traum aller Herrschaft: **vorauseilender Gehorsam**) Zentral für das sozialwissenschaftliche Phänomen **Herrschaft:**
die „Eingeübtheit“ des Gehorsams als Disziplin.

Disziplin heißt:
die Abwesenheit von:
- Reflexion
- Kritik
- Widerstand.

Disziplin heißt: **Funktionieren** ohne zu zögern.
Das entsprechende Verhaltensmuster bildet der bloße, blinde Vollzug – Gegenbild zum subjektzentrierten, motivierten („eigen-mächtigen“) Handeln.

- Hier zeichnet sich im übrigen eine interessante Markierung zur Differenzierung zwischen handlungstheoretischen und verhaltenstheoretischen Sozialwissenschaften ab: als bloßer Vollzug nähert sich das Verhalten gleichsam der instinktprogrammierten Steuerungsform an.
  Die Doppelperspektivik von **Herrschaft** als kristallisierte Herrschaftsbezeichnung hat Max Weber dazu veranlasst, die Kristallisationsformen von Herrschaft auszudifferenzieren:
  - Charismatische Herrschaft (Person)
  - Tradition als Herrschaft (Heiligkeit der Tradition)
  - Legale, bürokratisch vermittelte Herrschaft (Gesetz)

  Damit aber die Verschränkung von Imperativ und Gehorsam in Herrschaftsbeziehungen funktioniert, stabil reproduziert wird, muss ein wesentliches Moment hinzutreten:
  die **Legitimität** der herrschaftlichen Ordnung.
  Fällt dieses Moment weg bzw. kriselt es in der Legitimität der herrschenden Ordnung, kommen Zweifel auf, zeigen sich erste Risse in der Herrschaft.
  Anders, Herrschaft ist an gleichsam blinden, prompten, automatischen Gehorsam gebunden.

Vor diesem Hintergrund fügt Weber noch einen ergänzenden Blick auf die **Legitimität sozialer Ordnungen** hinzu:

Max Weber in § 5. der „Soziologischen Grundbegriffe" (WuG):

- „Handeln, insbesondre soziales Handeln und wiederum insbesondere eine soziale Beziehung, können von Seiten der Beteiligten an der *Vorstellung* vom Bestehen einer *legitimen Ordnung* orientiert werden. Die Chance, dass dies tatsächlich geschieht, soll >Geltung< der betreffenden Ordnung heißen."

Die Legitimität, die **Geltung** einer Herrschaftsordnung ist also ein zentrales Kriterium für die Herrschaftstypologie.
So heißt es bei Weber in § 7. (WuG):

- **Legitime** Geltung kann einer Ordnung von den Handelnden zugeschrieben werden:
  a) kraft **Tradition**: Geltung des immer Gewesenen;
  b) kraft **affektuellen** (insbesondere: emotionalen) Glaubens: Geltung des neu Offenbarten oder des Vorbildlichen;
  c) kraft **wertrationalen** Glaubens: Geltung des als absolut gültig Erschlossenen;
  d) kraft positiver Satzung, an deren Legalität geglaubt wird.
  Diese **Legalität** kann als legitim gelten:
  kraft Vereinbarung der Interessenten für diese;
  kraft Oktroyierung (auf Grund einer als legitim geltenden Herrschaft von Menschen über Menschen) und Fügsamkeit.

→ Was also erforderlich ist für den Bestand, die funktionierende soziale Reproduktion einer Herrschaftsordnung ist der **Legitimitätsglaube** an Positivität, d.h. an die „Heiligkeit", „Göttlichkeit", „Natürlichkeit" oder „Ewigkeit" einer s**ozialen**, hier: **vertikalen Ordnung**.

Hierbei darf die **Legitimitätsgeltung** von Herrschaft nicht in eins gesetzt werden mit explikativer Begründung. Wenn Herrschaft explizit begründet werden muss, haben sich bereits in den Beherrschten Zweifel angemeldet.
Sozialwissenschaften, sofern sie sich in der Tradition kritischer Aufklärung verorten, haben an diesem Punkt einen Problematisierungs- bzw. Reflexionsansatz:

- Thematisch ist die **Idee der Sozialwissenschaften im Spannungsfeld von Herrschaft und Emanzipation**.

Schließlich, in Kapitel III. von WuG: „Die Typen von Herrschaft", eröffnet Max Weber das Problem der „Legitimitätsgeltung" in § 1. nicht nur mit einer Reprise der Herrschaftsdefinition, sondern er setzt gleichsam mit einer Verschärfung der Herrschaftsperspektive „von unten" fort, indem er schroff vom „Gehorchen*wollen*" auf Seiten der Beherrschten spricht.

- „‚Herrschaft' soll, definitionsgemäß (Kap. I, § 16), die Chance heißen, für spezifische (oder: für alle) Befehle bei einer angebbaren Gruppe von Menschen Gehorsam zu finden. Nicht also jede Art von Chance, ‚Macht' und ‚Einfluss' auf andere Menschen auszuüben. Herrschaft (‚Autorität') in diesem Sinne kann im Einzelfall auf den verschiedensten Motiven der Fügsamkeit: von dumpfer Gewöhnung angefangen bis zu rein zweckrationalen Erwägungen, beruhen. Ein bestimmtes Minimum an Gehorchen*wollen*, also: *Interesse* (äußerem oder innerem) am Gehorchen, gehört zu jedem echten Herrschaftsverhältnis."

Eine in der Gesellschafts- und politischen Philosophie der Neuzeit exemplarische Konzeption des >Gehorchenwollens< aufgrund von **Kalkül**, also bewusst, stellt die Tauschformel des berühmten englischen Denkers Thomas Hobbes dar:

- Der ökonomisch an seinem Vorteil interessierte Bürger tauscht seinen Gehorsam gegenüber dem Inhaber von politischer Herrschaft (König) gegen dessen Garantien für den Schutz von Leib und Leben, Handel und Verkehr ein.
  (Als Ergänzungsliteratur zur kritischen Diskussion der Definitionen von Max Weber sei auf den Band von Peter Gostmann/Peter-Ulrich Merz-Benz (Hrsg.): Macht und Herrschaft. Zur Revision zweier soziologischer Grundbegriffe, 2007, hingewiesen).

5. Konflikt und Wandel

Keineswegs trifft es zu, dass in den Theorie- und Forschungsbereichen, die sich gegenwärtig mit dem Problem des sozialkulturellen Wandels beschäftigen, dieser im Zusammenhang mit Konflikttheorien thematisiert wird. Seit den 90er Jahren des letzten Jahrhunderts, wohl nicht zuletzt unter dem merklichen Einfluss systemtheoretischer Perspektivik, ist ein Paradigmenwechsel in der makrotheoretischen Modellbildung zur Analyse des sozialen Wandels zu beobachten. Sinnfällig im Titel des Eröffnungsbeitrages von H.-P. Müller und Michael Schmid in dem von beiden herausgegebenen Sammelband „Sozialer Wandel und theoretische Ansätze“ aus dem Jahre 1995: „Paradigm Lost? von der Theorie des sozialen Wandels zur Theorie dynamischer Systeme.“

Die Anspielung auf ein berühmtes, auch von Max Weber zwischenhin zitiertes Epos aus dem frühmodernen England von John Milton mit dem Titel: „Paradise lost“ ist allerdings etwas irreführend. Denn Theorien des sozialen Wandels haben innerhalb der sozialwissenschaftlichen Theorielandschaft so recht nie ein paradiesisches Dasein geführt. Vielmehr sind die Fragen nach den Determinanten, Kräften und Verlaufsformen gesellschaftlicher Wandlungsprozesse bzw. Veränderungsdynamik eher stiefmütterlich behandelt worden.

- Ursprünglich sind die Probleme des Wandels eingekapselt gewesen in die **evolutionistischen Erkenntnisstrategien** (vgl. Abschnitt I.2.);

- dann sind die Fragen nach den gesellschaftlichen Wandlungsprozessen transferiert worden in **Modernisierungstheorien** zur Rekonstruktion der okzidentalen Umbrüche traditionaler Gesellschaften in moderne Industriegesellschaften;

- hierüber ist das Problem des sozialen Wandels sodann forschungsthematisch geworden in **Transformationstheorien** im Umkreis dessen, was früher u.a. als Entwicklungsländersoziologie bezeichnet worden ist. Dabei haben offenkundig ideologiebesetzte Schemata wie die von den stationären, archaisch-traditionalen Kulturen auf der einen und den evolutionsdynamischen modernen Gesellschaften auf der anderen Seite das Denken und die Feder geführt;

- gegenwärtig haben **Transformationstheorien** Konjunktur in der Umsphäre der Rekonstruktion den ökonomisch-sozialen und politischen Umbrüchen in den vordem sozialistischen Ländern.

In all den angesprochenen Forschungsrichtungen und Fokussierungen ist das dominante Erkenntnisinteresse justiert durch die Frage nach den Chancen und Hemmnissen bei der Assimilation der als „zurückgeblieben" eingestuften Gesellschaftsformen an die als Prämisse und Richtpunkt gesetzten westlichen Standards sozialer Evolution. Gilt für den älteren Strukturfunktionalismus unter der Hegemonie Talcott Parsons das Stabilitätsproblem als vorrangig (vgl. Abschnitt I.3.), so für die neueren systemtheoretischen Konzeptualisierungen unter der Hegemonie von Niklas Luhmann das Problem evolutionärer Differenzierung. Ist bei Parsons der Konflikt eher Störvariable, so ist er bei Luhmann zum Verschwinden gebracht.

Abgesehen von sozialwissenschaftlichen Forschungszweigen, etwa der Politologie und politischen Soziologie, die sich ausdrücklich mit **Theorien der Revolution** befassen, finden sich ansonsten in den Sozialwissenschaften nur wenige Ansätze und Denklinien, die sich explizit mit dem Nexus von Wandel und Konflikt befassen.

Noch immer sind **Konflikttheorien** älteren Datums forschungswirksam, die vor allem mit den Namen Lewis A. Coser und Ralph Dahrendorf verknüpft sind (zur Übersicht über Konflikttheorien ist zu empfehlen: T. Bonacker, „Konflikttheorien. Eine wissenschaftliche Einführung", 2005; über Wandlungstheorien: A. Weymann, „Sozialer Wandel. Theorien der Dynamik der modernen Gesellschaften", 1998).

Im folgenden werden die aufeinander bezogenen konzeptiven Ideen bzw. Termini „Konflikt" und „Wandel" vor dem Hintergrund des von L. A. Coser gezeichneten Problemgrundrisses dargestellt (vgl. L. A. Coser, „Sozialer Konflikt und die Theorie des Wandels", 1967).

5.1. Konflikt

Gewiss seltsam bzw. symptomatisch für den main stream sozialwissenschaftlicher Denkweisen:

Da avanciert eine normativistisch gemünzte politologische Streitschrift zum Bestseller, gemeint ist Paul H. Huntingtons "Clash of Cultures", allzu ideologisch übersetzt mit "Kampf der Kulturen" (1996), doch innerhalb der diversen sozialwissenschaftlichen Paradigmen fristet der „soziale Konflikt“ als Marginalie sein Dasein.

Da durchzittern, durchbeben die Globalisierung Konflikte en masse: ethnische, kulturelle, ökonomische, politische, aber in den Sozialwissenschaftlichen Grundlagentheorien obwaltet eine Scheu vorm Konflikt. Wenig nur weisen die einschlägigen Lehr- und Wörterbücher über Konflikt-Theorien aus, und beim Stichwort „Kampf“ melden die Terminologien und Theorien von heute Absenz.

Ganz anders da die Klassiker der Sozialwissenschaften von Marx über Simmel, der hat 1908 einen beachtlichen Essay über den „Streit“ veröffentlicht, bis zu Max Weber. Dieser hat in seinem “Grundriß der Verstehenden Soziologie”: also in „Wirtschaft und Gesellschaft“ dem Begriff „Kampf“ einen eigenen Paragraphen (§ 8) innerhalb der „Soziologischen Grundbegriffe“ reserviert, dessen erste Bestimmung dahingeht, den **Kampf** als **soziale Beziehung** zu qualifizieren – ganz frei von Harmoniesucht:

- „*Kampf* soll eine soziale Beziehung insoweit heißen, als das Handeln an der Absicht der Durchsetzung des eignen Willens gegen den Widerstand des oder der Partner orientiert ist.“

Deutlich herauszuhören die Korrespondenz zum Begriff der **Macht**!

Vor diesem definitorischen Hintergrund definiert dann Weber ebendort das heute zentrale Organon des sozialen, ökonomischen, kulturellen und zumal politischen Lebens: die **Konkurrenz**. Weber definiert Konkurrenz vom Einsatz der **Mittel** her:

- „‚Friedliche‘ Kampfmittel sollen solche heißen, welche nicht in aktueller physischer Gewaltsamkeit bestehen. Der ‚friedliche‘ Kampf soll ‚**Konkurrenz**‘ heißen, wenn er als formal friedliche Bewerbung [Wettbewerb – F.K.] um eigne Verfügungsgewalt über Chancen geführt wird, die auch andere begehren.“

Weber fügt hinzu:

- „‚Geregelte Konkurrenz‘ soll eine Konkurrenz insoweit heißen, als sie in Zielen und Mitteln sich an einer Ordnung orientiert.”

In Webers Entwurf kulturwissenschaftlicher Soziologie ist das Denkmotiv der Ubiquität von Spannungen und Konflikten, heute bis hin zu den marktständigen „feindlichen Übernahmen" in der Welt der Wirtschaft, von Grund auf ins Auge gefasst.

1965 erscheint in deutscher Übersetzung eine sozialtheoretische Studie von Lewis A. Coser: „Theorie sozialer Konflikte" (zuerst 1956), die noch immer als basaler sozialwissenschaftlicher Entwurf in Sachen „Gesellschaft und Konflikt" anzusprechen ist.

Coser zitiert in seiner Einführung zu seiner „Theorie sozialer Konflikte" einen Befund von 1930, ausgesprochen vom damaligen Präsidenten der US-amerikanischen Soziologischen Gesellschaft

:

- „Der soziale Konflikt ist soziologisch gesehen ein unerforschtes Feld … Die Soziologie des Konflikts muss erst noch geschrieben werden."

Es ist, als sei die gegenwärtige Lage beschrieben worden.

Zwar haben Coser und in seiner Nachfolge einige weitere Sozialwissenschaftler einiges geleistet, um den "weißen Fleck": sozialwissenschaftliche Konflikttheorie zu beseitigen; aber bis heute herrscht in den Sozialwissenschaften eine Neigung zum **Konsensus** vor; d.h. nach wie vor dominieren Denkweisen und Forschungsperspektiven, die den Konflikt eher als Störung, Abweichung von der Normalcy, als "Krankheit" gar, als soziale Pathologie beargwöhnen. (Übrigens gewiss auch ein Grund, warum die **Psychoanalyse**, warum Freud, ein Konflikttheoretiker par excellence, innerhalb des Kanons der psychologischen Wissenschaften eine Art Schwarzer Schwan darstellt).

- Kurz: auf die Uraltfrage: "Wie ist gesellschaftliche Ordnung möglich?" antwortet der mainstream der Sozialwissenschaften wesentlich tautologisch: durch Ordnung, Gleichgewicht der Kräfte, Konsens, um nicht klassizistisch zu sagen: Harmonie. Wenn Konflikt ins theoretisch-konzeptive Blickfeld gerät, dann als "Problem", als Thema von Problemlösung, Konfliktvermeidung, Konflikteindämmung, Institutionalisierung von Konflikten, von Konfliktbeseitigung.

Von Ausnahmen abgesehen, auf R. K. Mertons Thematisierung des sozialen Wandels ist noch zurückzukommen, neigen struktur-funktionale Denkweisen zur **Pathologisierung des Konflikts**. Evolutionstheoretische Erkenntnisstrategien demgegenüber tendieren dazu, das Phänomen des Konflikts im Paradigma "sozialer Differenzierung" zum Verschwinden zu bringen.

Das gestörte Verhältnis der Sozialwissenschaften zum Konflikt, der vor allem als Störfaktor geortet wird, hat in letzter Instanz zu tun mit einer merklichen Grundausrichtung der Sozialwissenschaften, die sich nachgerade auch beim Erfinder des Namens "Soziologie", Auguste Comte, geltend macht. Mehr noch, diese Grundtendenz ist zutiefst eingewurzelt auch in der okzidentalen **philosophischen** Tradition. Sie äußert sich darin, der **Statik**, dem Aspekt der sozialen **Stabilität**, dem Sein bzw. dem Ordo, um nicht zu sagen: der jeweiligen Ordnung der Herrschaft den Primat einzuräumen, und demgegenüber der **Dynamik,** der Veränderung, dem Wandel, und zumal in den grundlegenden sozialen Strukturen, zu misstrauen. Vokabeln für diesen tiefsitzenden Argwohn: Umsturz, Chaos – oder sozialwissenschaftlich feiner ausgedrückt: **Anomie**, d.h. Erosion, Auflösung des **Nomos**.

- Kaum von der Hand zu weisen der kritische Befund T. W. Adornos ("Über Statik und Dynamik als soziologische Kategorien", 1961), Philosophie sowohl wie Sozialwissenschaften eigne ein affirmativer Grundzug, insofern deren Denkweisen und Denkmodelle es insgeheim oder explizit mit dem Bestehenden, dem Beständigen, der überkommenen Grundordnung der Dinge hielten, und demgegenüber die Momente der sozialen Dynamik, des Strukturwandels zu Akzidentien, d.h. zu mehr oder weniger störenden Beiläufigkeiten herabsetzten.

Tatsächlich kommt die namentlich in der Philosophischen Anthropologie herausgearbeiteten Kategorie der **Möglichkeit**, der Alternative zu dem, was, positivistisch gesprochen, der Fall ist, zu kurz. Anders: Konflikt und Wandel, zumal der **Wandel durch Konflikt** erscheinen im Lichte des Ordnungsverlustes, der Anomie, des Institutionenverfalls.

Steht in den strukturfunktionalen Theorietraditionen der Konflikt im Verdacht von illegitimer Devianz (sozusagen Negativnamen für Emanzipation), so wird er in evolutionistischen Erkenntnisstrategien (Abschnitt I.2.) bis herauf zu den neuen Systemtheorien (Abschnitt I.3.) mehr oder weniger eskamotiert, weggezaubert. Seit dem Erzvater des Sozialevolutionismus, seit Herbert Spencer, sorgt hier die Anleihe bei der Biologie, sorgen die Organismus-Analogien dafür, dass der Konflikt kaum thematisch ist, und, wenn nicht gar zum Verschwinden gebracht, unter **sozialtherapeutischem** Blickwinkel betrachtet wird.

Das Konzept der **sozialen Differenzierung** hat recht eigentlich das ältere Modell, heute ein Auslaufmodell zugunsten der Leerformel von der "Zukunft", gemeint ist die Kategorie **Fortschritt**, abgelöst. Konflikt erscheint im Paradigma von Differenzierung, Interpedendenz und Komplexität eher als Friktion, als Reibungsverlust denn als Ausdruck von Kollisionen.

- Von der deutschen Naturphilosophie übernommen, reicht der Entwicklungsbogen von Spencer bis Luhmann: **Wandel** heißt im wesentlichen Differenzierung bzw. permanent sich steigernde **Komplexität** in Entwicklungseinheit mit permanent wachsenden Interdependenzen. In diesem "**Law of Organic progress**", das Spencer – ohne hier einen Unterschied zwischen Natur- und Sozialprozessen zu machen – zum "**Law of *all* Progress**" inthronisiert hat, ist im Grunde kein konzeptiver Platz für die Idee des Konflikts. Wohl werden den evolutionistischen Erkenntnisstrategien temporäre Gegentendenzen: Retardation, Entdifferenzierung, partielle Regression als reale Möglichkeit eingeräumt; doch aufs Ganze gesehen regiert das Gesetz der **Differenzierung**, auf der Ebene der menschlichen Vergesellschaftung die **Soziale Differenzierung** als Modus sozialer Evolution. Just im Gesetz der Differenzierung steckt zugleich das Prinzip der sozialen **Integration**; und zwar derart, dass eben der Prozess permanenter Differenzierung einhergehe mit wachsender Interdependenz, Verflechtung (im Globalisierungsdeutsch: Vernetzung).
  Kurz, in den evolutionstheoretischen Erkenntnisstrategien ist rastlose Differenzierung selbst als einheitsstiftendes Prinzip gedacht (vgl. Spencer: Principles of Sociology 1876; danach zahlreiche Auflagen) – Differenzierung als gleichsam kosmologisches Prinzip.

- Im **Sozialevolutionismus** löst sich das Phänomen des Konflikts im Modus sozialer Differenzierung auf,
  → unter Absehung von:
  - sozialem Handeln,
  - sozialen Widerständen,
  - sozialen Konflikten, mit Weber schroff gesprochen:

→ unter Absehung von Herrschaft und vom Kampf um Lebenschancen,
  - von Menschen als Handlungssubjekten. In den Worten Luhmanns
    „was früher Subjektprivileg war, ist jetzt ein Merkmal von Systemen schlechthin“;

- Eine ad hoc-Übersicht über die Vielfalt der **Konflikt-Zonen**:
  - Politische Konflikte
  - Soziale Konflikte
  - Ethnische Konflikte
  - Kulturkonflikte
  - Alltagskonflikte
  - Familienkonflikte
  - Innerpsychische Konflikte
  - Wertkonflikte
  - Normkonflikte
  - etc.

- Verständigungsdefinition: **Sozialer Konflikt**
  Sozialen Konflikten liegen Interessenspannungen zwischen Kollektiven zugrunde (Inter esse) innerhalb eines gegebenen gesellschaftlichen Kontextes (**inter esse**: wörtlich übersetzt “zwischen sein”; im Sinne von “wechselseitiges Verhältnis” zu interpretieren).
  Von sozialen Konflikten im engeren Sinne ist dann zu reden, wenn die sozialen Spannungen aus dem Zustand der Latenz (**latente Konfliktlagen**) in offene Auseinandersetzungen (**manifeste Konflikte**) übergehen.

  - Soziale Konflikte stellen eine spezifische Form der **Interaktion** dar. Konflikt, Streit, Kampf, Konkurrenz, Krieg bilden Formen nicht nur der historischen Vergesellschaftung. G. Simmel hat in seiner Soziologie des Streits mit Nachdruck betont, dass Streit, Konflikt, Krieg angelegentlich Formen der Aufnahme von sozialen Erstkontakten darstellen.

  - Der Problembogen der Erforschung sozialer Konflikte umfasst:
    - Ursachenkonstellation der Interessensspannungen
    - Kräftekonstellation
    - Verwandlung der Spannungen in manifeste Konflikte

- Verlaufsformen der Konfliktaustragung
- Konfliktausgang: Analyse der neuen Situation im Lichte der Frage nach dem Charakter der Veränderung der Ausgangssituation.

Der **Konfliktausgang** definiert eine veränderte soziale Situation bzw. Konstellation.

- Varianten der Konfliktbeendigung:
  - Sieg / Niederlage einer der Parteien
  - Wegfall des Konfliktgegenstandes, des Streitobjekts
  - Kompromiss
  - Versöhnung
  - Wiederherstellung des Status quo ante
  - Wandel der sozialen Kräfte-Konstellation:
    Neuverteilung der Kräfte – Neue Ordnung

● Zunächst zum Nexus zwischen **Konflikt** und **Wandel**.
Es geht darum, die Topoi **Struktur** und **Funktion** in die Komplementarität von **Konflikt** und **Wandel** hineinzunehmen.

1. In einem **ersten** Schritt soll die konflikttheoretische Luke geöffnet, die sich im Strukturfunktionalismus Mertonscher Prägung zeigt – unter dem Leitgesichtspunkt von **Anomie** und **Devianz**: Konfliktpotentiale aufgrund von strukturellen Diskrepanzen. (Bezug genommen wird dabei auf das Kap. 4 in R. K. Merton's „Soziologische Theorie und soziale Struktur“ von 1995 mit dem Titel: „Sozialstruktur und Anomie“).

2. In einem **zweiten** Schritt soll Cosers Theorie-Konzept **Soziale Konflikte** im Lichte der Bedeutung für den sozialen Wandel skizziert werden.

3. In einem **dritten** Schritt sollen, verzeichnet unter dem Terminus **Wandel**, einige Gesichtspunkte hervorgehoben werden, die für die Erforschung des wahrlich schwierigen Problemgeländes des „soziokulturellen Wandels“ zum Einstieg hilfreich sein mögen. Dieser Einstieg ist zugleich der Ausstieg aus den Einblicken. [Terminus „Wandel“, Abschnitt III.2.: „Forschungsspektrum“]

1. Konfliktpotentiale aufgrund von strukturellen Diskrepanzen: erster Schritt

Beginnen möchte ich mit einem Grundgedanken aus Popitz Konzept über „Soziale Normen". Popitz weist darauf hin, dass man die **normativen** Vorgaben für Verhalten und soziales Handeln nicht in eins setzen darf mit dem **tatsächlichen** Verhalten und Handeln.
Anders, es besteht ein Hiatus, eine Kluft, ein Spalt zwischen Norm und Handeln. Dies besagt nichts anderes, (zu erinnern ist an die Differenz zwischen Naturgesetzen und sozialen Normierungen, Zwängen):
Gesellschaftliche Individuen können

- von den Normen **abweichen** und
- diese unter bestimmten Bedingungen und Konstellationen **verändern**.

Mithin Schlüsselmedium von Strukturierung und Entstrukturierung, der Möglichkeit, des Prozesshaften als Eigenart des Sozialen:
Soziale Praxis als Quelle aller sozialen Prozesse.

Mit Popitz' „Soziologischer Anthropologie" gesprochen:
Der Mensch ist nicht nur durch eine hohe, im Grunde unabsehbare

soziale Plastizität,

sondern zugleich durch eine hohe, im Grunde unabsehbare

soziale Produktivität

charakterisiert.

Des Weiteren ist an Popitz grundlegender Bestimmung sozialer Normen zu erinnern, nämlich dass Normen

- übertretbar
- suspendierbar sind.

- **Übertretbarkeit** von Normen deutet auf die Möglichkeit von **Devianz** hin
- **Suspendierbarkeit** von Normen deutet auf den **Wandel** von Normen, Werten und Strukturen hin.

- **Devianz**, Abweichung des Verhaltens kann in zweifacher Perspektive beleuchtet, interpretiert werden:

1. in der Perspektive von **Anomie**, Normaufweichung, Normauflösung, mithin Kriminalität (Devianz als Delinquenz)

oder aber

2. in der Perspektive von **Wandel**: Veränderung des Normen-Gefüges, Neubildung von Normen, Wertewandel, Strukturwandel.

Angesprochen sind damit Fragen der analytischen Bewertung, mithin Fragen der Herrschaftsperspektive: Erhalt der Ordnung, Umbau bzw. Neustrukturierung der Ordnung.

Angesprochen sind Fragen des sozialen Interesses, der politischen Wünschbarkeiten und Perspektiven.

- Die **Strukturperspektive**:

1. Soziale Strukturen, Positions- und Statusgefüge, beinhalten Fahrpläne adäquaten Verhaltens und Handelns, die **Normalcy**.
2. Sozialen Strukturen sind **kulturelle Ziele** (kulturelle Struktur) eingeschrieben, die den Angehörigen einer Gesellschaft / eines Kulturkreises als **legitim** vor Augen stehen:

im Okzident seit der Neuzeit vor allem der **innerweltliche Erfolg**, Quelle der Kultur des Leistungskomparativs: schneller, weiter, höher, mehr.

3. Sozialen Strukturen sind zugleich **institutionalisierte Wege** zur Erreichung der kulturellen Ziele eingeschrieben:

Seit dem neuzeitlichen Okzident gilt als legitimer, lizensierter Weg zum Erfolg die Rastlose Aktivität. Lebenslanges Lernen. (Die **Arbeitsethik** des Puritanischen Protestantismus).

Mertons zentrale These: Der erfolgsstrukturierten und leistungslegitimierten Moderne (Exempel USA) wohnen **anomische** Tendenzen ein. Diese entstehen dann und dort, wenn es zu einer Dissoziation von kulturellen Leitzielen einer Gesellschaft und den hierfür zur Verfügung stehenden institutionellen Mitteln kommt: **strukturelle Diskrepanzen**.

Anomieturbulenzen werden dadurch ausgelöst, dass Versprechen der Kultur (Erfolgswerte) und soziale Wirklichkeit (Chancenrealisierung) auseinanderklaffen. Erfahrung von Erfolglosigkeit (blockierter Aufstieg, Scheitern): trotz rastloser Arbeit und normtreuen Strebens stellt sich der erwartete Erfolg nicht ein.

- Reaktionsbildungen: Unbehagen in der Kultur, Ungleichheitsempfinden, Ungerechtigkeitsgefühle, soziale Unzufriedenheit.

Vor dem Hintergrund spürbarer **struktureller Diskrepanzen**, so Merton, bilden sich bestimmte Reaktionsmuster aus, die wie folgt typisierbar sind:

	Kulturelle Ziele	institutionelle Mittel
1. Konformität	+	+
2. Innovation	+	–
3. Ritualismus	–	+
4. Rückzug (Retreasm)	–	+
5. Rebellion	+/–	+/–

Legende: + bedeutet Akzeptanz
– bedeutet Ablehnung
+/– Ablehnung der bestehenden Ziele (hier: Erfolgs-Werte) und der lizenzierten Mittel. Offene Entwicklungsvarianten: Destruktion oder Neukonstellierung
(Zu beachten ist: die Reaktionstypologie zeigt empirisch je nach Klassenlage, Schichtzugehörigkeit und Kulturmilieu eine stark unterschiedliche Verteilung).

ad 1.) Reaktionstyp: **Konformität**
Unentwegtes Weitermachen; Hoffnung, durch normtreues Sicheinfügen und rastloses Streben doch noch irgendwann das kulturelle Ziel (hier: Erfolgswert) zu erreichen (Goethe: „Wer immer strebend sich bemüht, den können wir erlösen…")
Das übliche, ein weitestverbreitetes Verhalten.

ad 2.) Reaktionstyp: **Innovation**:
Hohe Akzeptanz des Erfolgswertes (Reichtum und Macht), kreative Suche nach alternativen, wirksameren Mitteln, das kulturelle Ziel zu erreichen (leichter, schneller): z.B. Erfindung, Betrug, List, Hochstapelei, Gaunereien, Diebstahl, Korruption, Spekulation, Produktpiraterie – erprobte Innovationen und Substitute für schweißtreibende lebenslange Arbeit.
Verzicht auf Normtreue im Bereich der institutionalisierten Mittel.

ad 3.) Reaktionstyp: **Ritualismus**

Schrumpfung der Bedeutung des Erwartungs- und Hoffnungshorizontes, das kulturelle Ziel, den Erfolg, überhaupt je zu erreichen. Flucht in die Normtreue; Versinken in die geschützte und schützende Routine. (Selbstzurücknahme: Herunterschrauben der Ansprüche als Modus von Zufriedenheit).

Ritualisierung der institutionellen Wege in Gestalt des Sozialritualismus.

- Sozialritualisten tendieren, so die sozialpsychologische Forschung, zum „stetigen Genörgel".
- Sozialritualisten können sich ausprägen zu „bürokratischen Virtuosen".

Ebenfalls weit verbreiteter Reaktionstyp auf soziale Frustrationen.

ad 4.) Reaktionstyp: **Rückzug** (Retreasm)

- Version: kleinbürgerlicher Sozialcharakter
  Merton folgt hier, mit Bezug auf das europäische Kleinbürgertum, Freuds typologischer Analyse des Analcharakters.
  Mentalität: Juste Milieu, Enge, Isoliertheit, Innerlichkeit, Feindseligkeit, (verkappte Idylle: Stoffe für Heimatfilm)
- Version: Aussteiger
  (der am wenigsten verbreitete Reaktionstyp)
  „Menschen, die sich auf diese Weise anpassen (oder vielmehr *nicht* anpassen),
  gehören genau genommen zwar *in* die Gesellschaft, aber nicht *zu* ihr. Soziologisch sind sie die eigentlich Anderen."

Retreasm heißt:

1. Preisgabe des kulturellen Ziels (Erfolgswert)
2. (resignierende) Akzeptanz der institutionellen Bahnen;
   Abkehr davon und Suche nach Nischen des Lebens. In toto: Skala zwischen Wohnzimmer- und On-the-Road-Privatismus.

Abdifferenzierte Modalskala:

Psychotiker, Autisten, Parias, Außenseiter, Vagabunden, Tramps, Alkoholsüchtige, Drogensüchtige. (Stoffe für Hollywood)

ad 5.) Reaktionstyp: **Rebellion**
(minoritärer Typus)

1. Entfremdung von den herrschen Kulturzielen
2. Entfremdung von den institutionalisierten Wegen
3. Ausbildung eines **Aktivitätsmusters**:
   vom bloßen Verhalten zum aktiven Handeln: Empörung, Widerstand, Aufstand
4. Neuentwurf einer anderen Sozialen Ordnung

   (Übergänge von Robin-Hood-Bewegungen zu sozialen Rebellionsbewegungen; radikale (radix: Wurzel) Umwertung der Werte und Mittel.
   Kraft des Begehrens nach Neuem / Anderem / ganz Anderem.

Der Reaktionstyp 5.) **Rebellion** erscheint als der eigentliche Anknüpfungspunkt für
manifestes Konfliktverhalten:
Offene Perspektiven eines wie immer auch angestrebten Wandels
(Literaturempfehlung zur **gendertheoretischen** Reinterpretation von Mertons Devianz-/Anomie-Typologie G. Ch. Jacobsen: „Sozialstruktur und Gender. Analyse geschlechtsspezifischer Kriminalität mit der Anomietheorie Mertons", 2008)

2. Cosers Konzeptualisierung des Zusammenhangs von „Konflikt" und „Wandel":
zweiter Schritt

- L.A. Coser, der den Zusammenhang von „Konflikt und Wandel" thematisiert, deutet Konflikt nicht als böses Omen für Anomie, sondern als **Chance** für soziokulturellen bis hin zum Wandel der Sozialstruktur.
  Coser unterscheidet zunächst die funktionalen Dimensionen der Bedeutung des Sozialen Konflikts für Prozesse des **sozialen Wandels**:

  1. Funktionen von Konflikten **innerhalb** sozialer Systeme
     (von der Mikro- bis zur Makro-Ebene)
  2. Konflikte und Wandel **des** sozialen Systems
     (von der Mikro- bis zur Makro-Ebene)

Rahmenthesen:

- Jedes soziale System enthält Spannungen, Diskrepanzen, Dissonanzen, d.h. Konflikt**potenziale**

- Soziale Systeme unterscheiden sich im **Ausmaß** der Spannungsmomente bzw. Konfliktpotenziale, unabhängig vom Strukturtyp:
  - Distribution von Reichtum, Macht und Status
  - Chancen horizontaler und insbesondere vertikaler Mobilität
  - Legitimationsgrundlagen: Grad der Akzeptanz

- Die sozialen Spannungs- und Konfliktpotenziale nehmen zu, wenn die Zahl der Anspruchsträger die Zahl der Erfüllungsmöglichkeiten übersteigt (**strukturelle Diskrepanz**)

- Gesellschaften, soziale Systeme sterben nicht wie biologische Organismen (Kritik des Evolutionismus: „aussterbende Arten"). Sie entwickeln, transformieren sich.
  Ob aus Konfliktpotenzialen, aus sozialen Konflikten
  Anomie hervorgeht
  oder
  Neues entsteht
  ist eine offene, empirische Frage.

1. **Funktionen von Konflikten innerhalb sozialer Systeme**
   - Soziale Konflikte erzeugen neue Normen, Institutionen und Lebensformen
   - Soziale Konflikte stimulieren die ökonomisch-technische Entwicklung
   - Konflikte wirken überhaupt als Heilmittel gegen „lähmenden Ritualismus" sowohl auf der Ebene der sozio-kulturellen Praxen wie der der Mentalitäten

Kurz: Konflikte sind Initialzündungen und Antriebsmodus für **soziale Produktivität** (im Sinne von Popitz).

2. **Konflikt und Wandel *des* sozialen Systems**
   - Im Unterschied von Veränderungen innerhalb eines Systems ist von Wandel *des* Systems dann zu sprechen,
     - wenn alle wesentlichen strukturellen Beziehungen (ökonomisch-soziales Positionsgefüge, politische Herrschaftsstruktur)

- wenn alle grundlegenden Institutionen (Eigentumsform, Rechtsform)
- wenn das herrschende Wertsystem (Legitimations- und Orientierungsgrundlagen)

sich **drastisch verändert** haben.

- Wandel *des* Systems kann auf zwei Wegen erfolgen:
  - Plötzliche und gleichzeitige Veränderung der strukturellen, institutionellen und legitimatorischen Grundlagen (Typus: **offene, schrille Revolution**)
  - Sukzessive Transformation der Sozialstruktur, des Institutionensystems und der Legitimationsgrundlagen (Typus: **Silent Revolution**)

    Insofern kann der Wandel *des* Systems Resultat früherer Veränderung innerhalb eines Systems sein.

- Die Grundformen des Wandels, die Modi des Verlaufs gesellschaftlicher Konflikte hängen wesentlich vom Charakter des jeweiligen **Strukturtyps** eines Gesellschaftssystems ab.
  - **Starre Systeme**, die Konflikte unterdrücken, fördern die Entstehung explosiver Spannungs- bzw. Konfliktpotenziale, begünstigen die Intensität der manifesten Konflikte und ebnen den Weg für gewaltsame Konfliktformen
  - **Elastische Systeme**, welche die offene und direkte Austragung von Konflikten zulassen, denen Mechanismen der Konfliktregulierung eingebaut sind, die intern veränderungsfähig und in Richtung auf Umbildung von Kräftekonstellationen reformfähig sind, vor allem aber einen Habitus der Konfliktfähigkeit ausgebildet haben, sind weit weniger anfällig für explosive Ausbrüche von Spannungspotenzialen in manifeste, gewaltsame Konflikte.

- Soziale Konflikte rücken umrissscharf die Beschaffenheit der jeweiligen sozialen **Herrschaftsstruktur** ins Licht:
  Jedes soziale System beinhaltet eine verfestigte Verteilung von Reichtums-, Macht-, Statusressourcen.
- Soziale Herrschaftsstrukturen reflektieren ökonomische, soziale, kulturelle Ungleichheit: eine rechtsförmig verfasste, **vertikale Ordnung**.

- Soziale Herrschaftssysteme entwickeln entsprechende **Legitimationssysteme**, die die **soziale Ungleichheit** abstützen, begründen und darstellen als:
  „Vested interests" im Sinne von „wohlerworbenen Rechten" und „wohlbegründeten Privilegien", eben deshalb sozial zu Recht vererbbar: „Göttliche Ordnung", „Naturordnung", „Leistungsordnung" etc.

- Die oberen Etagen sozialer Herrschaftssysteme, verstehen die **Kritik** und den Angriff auf ihre „vested interests" als einen Angriff auf das System selbst.

- Die Perspektive vom Wandel *des* Systems eröffnet sich dann:
  – wenn die von den „vested interests" mehr oder weniger ausgeschlossene Gruppen, Klassen, Schichten beginnen, **Vergleiche** anzustellen
  (Die berühmte Notiz von K. Marx lautet: „Ein Haus mag groß oder klein sein, so lange die es umgebenden Häuser ebenfalls klein sind, befriedigt es alle gesellschaftlichen Ansprüche an eine Wohnung. Erhebt sich aber neben dem kleinen Haus ein Palast …");
  – wenn die Legitimationsgrundlagen der ungleichen Verteilung der „vested interests" **problematisiert** werden, ins Rutschen geraten, d.h. die Rechtmäßigkeit bezweifelt wird;
  – wenn die **Krise der Legitimation** gesellschaftlich um sich greift
  – wenn der Glaube an die Historizität, an die **Veränderbarkeit** des sozialen Herrschaftsgefüges Raum gewinnt
  – wenn soziale **Kräftegruppierungen** sich formieren, die auf grundlegenden Wandel sinnen.

- Gibt es kaum oder keine Möglichkeit für das Geltendmachen von Unbehagen, Unzufriedenheit und sozialen Unmut, stehen konfliktäre
  – Abweichungen von den Normstrukturen, den institutionalisierten Wegen,
  – Rebellionen
  – Revolutionen
  in Aussicht.

- Die Perspektive: Wandel ***des*** Systems, hängt wesentlich davon ab, ob die konfliktbereiten Kräftegruppierungen
  - das soziale Herrschaftsgefüge in toto ablehnen oder nicht
  - über Entwürfe, Modelle, Utopien einer neuen Ordnung, die das bisherige Struktur-, Institutionen- und Wertgefüge ablösen soll, verfügen

- Erstarrte, öffentlichkeitsarme Systeme (**Byzantinismus**) forcieren ob ihrer Erstarrung nicht nur den Ausbruch des Spannungspotenzials in manifeste Konflikte, sondern darüber hinaus auch konfliktwillige Gegenkulturen. D.h., Byzantinismus riskiert Eruption und Zusammenbruch.
- Elastischen Systemen (**Amerikanismus**) gelingt es weit eher, ob ihrer Elastizität den potentiellen Angriff auf das soziale Herrschaftsgefüge in toto in Veränderungen **innerhalb** des Systems umzuregulieren.

● Zurück zu der eingangs erwähnten Theorie „sozialer Normen" von H. Popitz (vgl. auch Abschnitt III.1.3.: Terminus „Norm").
Sie eignet sich, **Indikatoren für sozialen Wandel**, gleich welcher konfliktärer Grundform, herauszustellen:

1. Normen sind	a) übertretbar:	Devianz, Kriminalität
	b) suspendierbar:	Wandel

2. Normen sind Ausdruck einer bestehenden Ordnung: des Herrschaftsgefüges. D. h. Normen sind mehr oder weniger gestützt durch **Sanktionen** (bis hin zum Strafrecht)

3. Schwankungen bzw. Nachlassen des Sanktionenvollzugs können als **Seismograph** dienen, an denen sich Veränderungen der Normstrukturen ablesen lassen, da der **Sanktionenvollzug** den labilsten, störungsempfindlichsten Teil eines normativen Handlungsgefüges bildet.

4. Das Nachlassen der Sanktionskraft bzw. der Verzicht auf Sanktionen spiegelt nicht nur, sondern trägt ebenso wesentlich zum **Wandel der Normstrukturen** bei wie der primäre Normbruch.

5. Lässt der Sanktionsdruck (Vollzug) nach, so deutet sich unter Umständen eine **Silent Revolution** (ein stiller und langsamer Wertewandel) an. (Exemplum neueren Datums: Vom Verschuldungs- zum Zerrüttungsprinzip im Ehescheidungsrecht).

6. Gewinnt der unmittelbare Normbruch an sozialer Breite, wird die Abweichung zur sozialen Kraft (s. Rebellion), gewinnt die Abweichung die Gestalt manifester sozialer Konflikte, eröffnet sich die Perspektive auf eruptiven und „lauten" Wandel bzw. **Umbruch**, der bis in die Tiefenstrukturen der sozialökonomischen Ordnung reichen kann.

- Zum Schluss des Abschnitts „Konflikt" sei im Anschluss an Coser noch eine wichtige Unterscheidung vorgenommen. Mit Rückbezug auf Freuds psychoanalytische Konflikttheorie hat Coser unterschieden zwischen
  - echtem Konflikt

  und
  - unechtem Konflikt.

Beim **echten Konflikt** steht ein reflexiv gewordenes Ziel, das erreicht werden soll, im Mittelpunkt, wobei die Konfliktaustragung eine von mehreren möglichen Mitteln und Wegen zur Erreichung des Ziels und damit eines neuen Zustandes bilden kann.

Beim **unechten Konflikt** fehlt eine Wahl zwischen Mitteln und Wegen; vielmehr geht es einzig darum, geeignete, mithin **austauschbare Objekte** zu finden und zu fixieren, wogegen die Aggression sich richten kann. Die wie auch immer bewusste oder unbewusste Funktion der Austragung eines unechten Konflikts besteht in der Frustrationsbewältigung durch Spannungsentladung in Form von Aggression. Nach der Spannungsentladung, der Triebabfuhr stellt sich im Unterschied zum echten Konflikt kein neuer Zustand her: unechte Konflikte reproduzieren den jeweiligen gesellschaftlichen Status quo. (Exempla für unechte Konflikte: der Bogen spannt sich vom Pogrom bis zum Mobbing; letzteres inzwischen ein von den Sozialwissenschaften und der Sozialpsychologie verstärkt thematisiertes Forschungsfeld. Zum Einstieg empfehlenswert: Alexandra Prosch: „Mobbing am Arbeitsplatz: Literaturanalyse mit Fallstudien", 1995).

5.2. Wandel

Dritter Schritt: „**Forschungsspektrum**“

Während in den vorgegangenen Passagen der Gesichtspunkt des „Sozialen Wandels“ in enger Verbindung mit dem des „Konflikts“ dargelegt worden ist, nun, wie oben angekündigt, in einem **dritten** Schritt, resümierend, einige Gesichtspunkte zur differenziellen **Analyse sozialen Wandels**:

- Aspekt der **Reichweite** des Wandels: Von der Mikro- bis zur Makro-Ebene (von der Familie über eine Gesamtgesellschaft bis zur Globalität)

- **Dimensionen** des Wandels:
  - Wertewandel (s. Skandal)
  - Kulturwandel (Lebensform)
  - Normwandel (Lebensweise)
  - Mentalitätswandel (Sozialcharakter)
  - Wandel innerhalb der Sozialstruktur (soziale Aufwärts- und Abwärtsmobilität)
  - Wandel der Sozialstruktur, Umbruch in den sozialökonomischen Tiefenstrukturen (Eigentums-, Rechts- und politischen Ordnung)

- Aspekt des **Tempos** des Wandels:
  - langsame, sukzessive Wandlungsvorgänge
  - akzelerierte, beschleunigte Veränderungen (technologisch-ökonomische Umbrüche; politische Revolutionen)

- Aspekt der sozialen **Sichtbarkeit**:
  - manifester Wandel
  - Silent Revolution

- Aspekt der **Interessensperspektive:**
  - gelenkte Modernisierung von oben
  - Veränderungs-Dynamik von unten

- Gesichtspunkt der **Quelle** des Wandels:
  - primär endogene Faktoren und/oder
  - primär exogene Verursachung (z.B. Implementierungen)

Die genannten Dimensionen können zu einem differenzierten Muster gewoben werden – unter Beachtung einer jeweils mehrdimensionalen Anlage von Forschungen zum Sozialen Wandel. (Zur weiterführenden Beschäftigung mit dem gesamten Problemkomplex W. Jäger/U. Weinzierl: „Moderne soziologische Theorien und sozialer Wandel", 2007).

- Drei Bemerkungen gegen Ende der „Einblicke" in die „Grundlagen sozialwissenschaftlicher Denkweisen":

1. Probleme des sozialen Wandels stellen ein überaus schwieriges, komplexes sozialwissenschaftliches Forschungsgelände dar.

2. Das Wünschenswerte wäre eine brauchbare **Sozialtheorie des Neuen.**

3. Stets ist die Grundeinsicht der Philosophischen Anthropologie zu bedenken:
   Der Mensch ist ein **Möglichkeitswesen**, ein sozial handelndes, auf Weltoffenheit hineingelegtes Wesen.
   Deshalb gehört es konstitutiv zu selbstreflexiven Sozialwissenschaften, sich nicht gegen die philosophische Forschung zu sträuben.

- Auch sozialwissenschaftliche Denkweisen sollten sich dem Kantischen Dreiklang nicht verschließen:
  - Was können wir wissen?
  - Was sollen wir tun
  - Was dürfen wir hoffen?

Erweitertes Literaturverzeichnis

Adorno, T. W., 1998 (1961): Über Statik und Dynamik als soziologische Kategorien. In: Ders., Soziologische Schriften I., Gesammelte Schriften Bd. 8. Darmstadt: Wissenschaftliche Buchgesellschaft

Apel, K. O., 1979: Die Erklären/Verstehen-Kontroverse. Frankfurt/M.: Suhrkamp.

Arbeitsgruppe Bielefelder Soziologen (Hg.), 1973: Alltagswissen, Interaktion und gesellschaftliche Wirklichkeit Band 1: Symbolischer Interaktionismus und Ethnomethodologie. Rororo-Studium, 54. Reinbek: Rowohlt.

Arbeitsgruppe Bielefelder Soziologen (Hg.), 1973: Alltagswissen, Interaktion und gesellschaftliche Wirklichkeit Band 2: Ethnotheorie und Ethnographie des Sprechens. Rororo-Studium, 55. Reinbek: Rowohlt.

Arendt, H., 2007: Vita activa oder Vom tätigen Leben (6. Aufl.). München: Piper.

Berger, P. L., Luckmann, T., 1969: Die gesellschaftliche Konstruktion der Wirklichkeit: Eine Theorie der Wissenssoziologie. Frankfurt/M.: Fischer.

Bernstein, R. J., 1975 (1971): Praxis und Handeln. Frankfurt/M.: Suhrkamp.

Bonacker, T., 2005: Sozialwissenschaftliche Konflikttheorien – Einleitung und Überblick. In: Ders., Sozialwissenschaftliche Konflikttheorien. Eine wissenschaftliche Einführung. Wiesbaden: VS Verlag.

Bourdieu, P., 1970: Zur Soziologie der symbolischen Formen. Frankfurt/M.: Suhrkamp.

Bourdieu, P., 1998: Die feinen Unterschiede: Kritik der gesellschaftlichen Urteilskraft (10. Aufl). Frankfurt/M: Suhrkamp.

Bourdieu, P.; Vacquant, L. J. D., 1996: Reflexive Anthropologie. Frankfurt/M.: Suhrkamp.

Cassirer, E., 1990: Versuch über den Menschen. Einführung in eine Philosophie der Kultur. Frankfurt/M.: Fischer.

Cassirer, E., 1994: Philosophie der symbolischen Formen. 3 Bände. Reprografischer Nachdruck. Darmstadt: Wiss. Buchgesellschaft.

Coleman, J. S., 1991–1994: Grundlagen der Sozialtheorie, 3 Bände. Scientia Nova. München: Oldenbourg.

Daston, L.; Galison, P., 2007: Objektivität. Frankfurt: Suhrkamp.

Durkheim, E., 1977 (1893): Über soziale Arbeitsteilung. Studie über die Organisation höherer Gesellschaften, Frankfurt: Suhrkamp.

Freud, S., 1999 (1930): Das Unbehagen in der Kultur. In: Ders., Gesammelte Werke, Bd. XIV., Werke aus den Jahren 1925–1931. Frankfurt: Fischer.

Gehlen, A., 1986 (1940): Der Mensch: Seine Natur u. seine Stellung in d. Welt (13. Aufl). Wiesbaden: Aula.

Giddens, A., 1988: Die Konstitution der Gesellschaft: Grundzüge einer Theorie der Strukturierung. Frankfurt/M.: Campus.

Gingrich, A.; Zips, W., 2003. Ethnohistorie und Historische Anthropologie. In: B. Beer; H. Fischer (Hg.), Ethnologie. Einführung und Überblick (5. Aufl.). Berlin: Reimer.

Gostmann, P.; Merz-Benz, P-U. (Hg.), 2007: Macht und Herrschaft. Zur Revision zweier soziologischer Grundbegriffe. Wiesbaden: VS Verlag.

Grupe, G., 2005: Anthropologie: Ein einführendes Lehrbuch. Berlin: Springer.

Habermas, J., 1968: Arbeit und Interaktion. In: Ders., Technik und Wissenschaft als „Ideologie". Frankfurt: Suhrkamp.

Habermas, J., 1968: Thesen zur Theorie der Sozialisation: Stichworte und Literatur zur Vorlesung im Sommer-Semester 1968. Frankfurt/M.

Habermas, J., 1987 (1962): Strukturwandel der Öffentlichkeit: Untersuchungen zu einer Kategorie der bürgerlichen Gesellschaft (17. Aufl.). Darmstadt: Luchterhand.

Habermas, J., 1989: Vorstudien und Ergänzungen zur Theorie des kommunikativen Handelns (3. Aufl). Frankfurt/M.: Suhrkamp.

Habermas, J., 1995 (1981): Theorie des kommunikativen Handelns. Frankfurt/M.: Suhrkamp.

Hagner, M; Hörl, E. (Hg.), 2008: Die Transformation des Humanen. Beiträge zur Kulturgeschichte der Kybernetik. Frankfurt/M.: Suhrkamp.

Hauck, G., 2006: Kultur. Zur Karriere eines sozialwissenschaftlichen Begriffs. Münster: Westfälisches Dampfboot.

Heckmann, F.; Kröll, F., 1984: Einführung in die Geschichte der Soziologie. Stuttgart: Enke.

Hacking, I., 2002: Was heißt "Soziale Konstruktion"?: Zur Konjunktur einer Kampfvokabel in den Wissenschaften. Frankfurt/M.: Fischer.

Horkheimer, M.; Adorno, T. W., 2006 (1947): Dialektik der Aufklärung: Philosophische Fragmente. Frankfurt/M.: Fischer.

Horkheimer, M., 1988 (1937): Traditionelle und kritische Theorie. In: Ders., Gesammelte Schriften, Bd. 4: Schriften 1936–1941. Frankfurt/M.: Fischer.

Husserl, E., (1986): Das Problem der Lebenswelt. In: Ders., Phänomenologie der Lebenswelt. Auswählte Texte II. Stuttgart: Reclam.

Husserl, E., 1987 (1913): Cartesianische Meditationen: Eine Einleitung in die Phänomenologie (2., durchges. Aufl.). Hamburg: Meiner.

Jacobsen, G. Ch., 2008: Sozialstruktur und Gender. Analyse geschlechtsspezifischer Kriminalität mit der Anomietheorie Mertons. Wiesbaden: VS Verlag.

Jäger, W.; Weinzierl, U., 2007: Moderne soziologische Theorien und sozialer Wandel, Wiesbaden: VS Verlag.

Jetzkowitz, J.; Stark, C. (Hg.),2003: Soziologischer Funktionalismus. Zur Methodologie einer Theorietradition. Opladen: Leske + Budrich.

Knußmann, R., 1996: Vergleichende Biologie des Menschen: Lehrbuch der Anthropologie und Humangenetik (2., völlig neu bearb. Aufl). Stuttgart: Fischer.

König, R., 1978: Emile Durkheim zur Diskussion. Jenseits von Dogmatismus und Skepsis, München: Hanser.

Kohli, M. (Hg.), 1978: Soziologie des Lebenslaufs, Darmstadt: Luchterhand.

Luhmann, N., 1968: Zweckbegriff und Systemrationalität. Über die Funktion von Zwecken in sozialen Systemen. Tübingen: Mohr.

Luhmann, N., 2004: Einführung in die Systemtheorie (2. Aufl.). Heidelberg: Carl Auer.

Marcuse, L., 1959: Amerikanisches Philosophieren. Pragmatisten. Polytheisten. Tragiker. Hamburg: Rowohlt.

Mead, G. H., 1968 (1934): Geist, Identität und Gesellschaft aus der Sicht des Sozialbehaviorismus. (Originaltitel: Mind, Self and Society. From the standpoint of a social behaviorist). Frankfurt/M.: Suhrkamp.

Mead, G. H., 2008: Philosophie der Erziehung. Bad Heilbrunn: Klinkhardt.

Montada, L., 1998: Die geistige Entwicklung aus der Sicht Piagets. In: R. Oerter; L. Montada (Hg.), Entwicklungspsychologie. Ein Lehrbuch (4. Aufl. 1998). Weinheim: Beltz.

Müller, H.-P.; Schmid, M., 1995: Paradigm Lost? Von der Theorie des sozialen Wandels zur Theorie dynamischer Systeme. In: Dies. (Hg.), Sozialer Wandel. Modellbildung und theoretische Ansätze. Frankfurt/M.: Suhrkamp.

Naumann, H. (Hg.), 1973: Der moderne Strukturbegriff. Materialien zu seiner Entwicklung. Darmstadt: Wiss. Buchgesellschaft.

Opp, K.-D., 2005: Methodologie der Sozialwissenschaften. Einführung in Probleme ihrer Theorienbildung und praktischen Anwendung. Wiesbaden: VS Verlag.

Opp, K.-D.; Wippler, R., 2007: George Caspar Homans (1910–1989). In: D. Käsler (Hg..), Klassiker der Soziologie. Bd.2 (5. erw. Aufl.). München: Beck.

Orth, E. W., 1991: Der Begriff der Kulturphilosophie bei Ernst Cassirer. In: H. Brackert (Hg.) Kultur. Bestimmungen im 20. Jahrhundert. Frankfurt/M.: Suhrkamp.

Parsons, T.; Smelser, N. J., 1956: Economy and Society. A study in the integration of economic and social theory. London: Routledge.

Parsons, T., 1967 (1951): Toward a general theory of action. Cambridge: Harvard University Press.

Piaget, J., 2003: Meine Theorie der geistigen Entwicklung. Weinheim: Beltz.

Plessner, H., 1981 (1928): Die Stufen des Organischen und der Mensch: Einleitung in die philosophische Anthropologie. Gesammelte Schriften Bd. 4. Frankfurt/M.: Suhrkamp.

Plessner, H., 1981: Macht und menschliche Natur. Gesammelte Schriften Bd. 5. Frankfurt/M.: Suhrkamp.

Popitz, H., 1992: Phänomene der Macht. Tübingen: Mohr.

Prosch, A., 1995: Mobbing am Arbeitsplatz: Literaturanalyse mit Fallstudie. Konstanz: Hartung-Gorre.

Reichertz, J.; Zaboura, N. (Hg.), 2006: Akteur Gehirn – oder das vermeintliche Ende des sinnhaft handelnden und kommunizierenden Subjekts. Eine Kontroverse. Wiesbaden: VS Verlag.

Rickert, H., 1986 (1926): Kulturwissenschaft und Naturwissenschaft. Stuttgart: Reclam.

Riedel, M., 1978: Verstehen oder Erklären?: Zur Theorie und Geschichte der hermeneutischen Wissenschaften. Stuttgart: Klett-Cotta.

Rüschemeyer, D., 1985: Spencer und Durkheim über Arbeitsteilung und Differenzierung: Kontinuität oder Bruch? In: N. Luhmann (Hg.), Soziale Differenzierung. Zur Geschichte einer Idee. Opladen: Westdt. Verl.

Schönrich, G., 1990: Zeichenhandeln. Untersuchungen zum Begriff einer semiotischen Vernunft im Ausgang von Ch. S. Peirce. Frankfurt/M.: Suhrkamp.

Schrenk, F., 1997: Die Frühzeit des Menschen: Der Weg zum Homo sapiens. München: Beck.

Schütz, A., 1993 (1932): Der sinnhafte Aufbau der sozialen Welt: Eine Einleitung in die verstehende Soziologie (6. Aufl.). Frankfurt/M.: Suhrkamp.

Schütz, A., 1971: Das Problem der Relevanz. Frankfurt/M.: Suhrkamp.

Schütz, A.; Luckmann, T., 2003 (1979): Strukturen der Lebenswelt. Konstanz: UVK.

Strübing, J., 2004: Grounded Theory. Zur sozialtheoretischen und epistemologischen Fundierung des Verfahrens der empirisch begründeten Theoriebildung. Wiesbaden: VS Verlag.

Weber, M., 1980: Wirtschaft und Gesellschaft. Grundriß der Verstehenden Soziologie (WuG). Tübingen: Mohr.

Weber, M., 1988: Gesammelte Aufsätze zur Wissenschaftslehre (7. Aufl.). Tübingen: Mohr.

Wehler, H.-U., 1984: Geschichte und Soziologie. Königstein: Athenäum.

Weymann, A., 1998: Sozialer Wandel. Theorien der Dynamik der modernen Gesellschaften. Weinheim: Juventa.

Wiggershaus, R. (Hg.), 1975: Sprachanalyse und Soziologie. Die sozialwiss. Relevanz von Wittgensteins Sprachphilosophie. Frankfurt/M.: Suhrkamp.

Winch, P., 1966: Die Idee der Sozialwissenschaft und ihr Verhältnis zur Philosophie. Frankfurt/M.: Suhrkamp.

Winch, P., 1958: The idea of a social science and its relation to philosophy. London: Routledge.

Wulf, C., 2004: Anthropologie. Geschichte, Kultur, Philosophie. Reinbek: Rowohlt Taschenbuch Verl.

Intensivliteratur

zu: III. Sozialwissenschaftliche Terminologie-Exempla

Coser, Lewis A.: Sozialer Konflikt und sozialer Wandel. In: Hans-Peter Dreitzel (Hrsg.), Sozialer Wandel. Zivilisation und Fortschritt als Kategorien der soziologischen Theorie, Neuwied; Berlin: Luchterhand 1967, (S. 278–294)

Gehlen, Arnold: Der Mensch. Seine Natur und seine Stellung in der Welt, 13. Aufl., Wiesbaden: Aula Verlag 1986

- Auszug aus: Einführung (S. 32–50)
  - 3. Erster Begriff vom Menschen
  - 4. Fortsetzung derselben Anschauung
  - 5. Handlung und Sprache

Knorr Cetina, Karin; Grathoff, Richard: Was ist und was soll kultursoziologische Forschung? In: Soziale Welt, Sonderband 6, Kultur und Alltag, hrsg. von Hans-Georg Soeffner, Göttingen: Otto Schwartz & Co. 1988, (S. 21–36)

Luckmann, Thomas: Theorie des sozialen Handelns, Berlin; New York: Walter de Gruyter Verlag 1992

- Einleitung (S. 1–2)
- 1. Einführung (S. 3–16)
  - 1.1. Handeln als Grundlage der menschlichen Welt
  - 1.2. Handlungstheorie als Grundlage der Sozialwissenschaften
- 9. Handeln und Gesellschaft III.: Institutionalisierung gesellschaftlichen Handelns (S. 125–159)

Merton, Robert K.: Soziologische Theorie und soziale Struktur, Berlin; New York: de Gruyter Verlag 1995

- Teil I, Zur theoretischen Soziologie, 1. Manifeste und latente Funktion (S. 17–33)

Popitz, Heinrich: Soziale Normen, hrsg. v. Friedrich Pohlmann und Wolfgang Eßbach, Frankfurt: Suhrkamp Verlag 2006

- Soziale Normen (S. 61–75)
- Verhaltensorientierung und Verhaltensnormierung (S. 76–93)
- Universale Konstrukte sozialer Normierung (S. 94–116)

Soeffner, Hans-Georg: Kulturmythos und kulturelle Realität(en). In: Soziale Welt, Sonderband 6, Kultur und Alltag, hrsg. von Hans-Georg Soeffner, Göttingen: Otto Schwartz & Co. 1988, (S. 3–20)

Weber, Max: Wirtschaft und Gesellschaft. Grundriss der Verstehenden Soziologie, 5. rev. Aufl., Studienausgabe, Tübingen: Mohr 1990

- Soziologische Kategorienlehre, 1. Soziologische Grundbegriffe (§5, §6, und §16)

Zum Autor

Friedhelm Kröll, Jahrgang 1945, Studium der Soziologie, Kommunikationswissenschaft und Kunstgeschichte Freiburg, Wien und Erlangen-Nürnberg; Promotion mit einer Arbeit über das „Bauhaus 1919–1933“; Heisenberg-Stipendiat der Deutschen Forschungsgemeinschaft; Habilitation mit einer literatursoziologischen Arbeit über „Die Gruppe 47“ (Metzler, 1977). Lehrtätigkeit an der Akademie der Bildenden Künste, Nürnberg, sowie an den Universitäten Münster, Kassel und Marburg; seit 1990 Gastprofessur für Kultur- und Religionssoziologie am Institut für Soziologie der Universität Wien. Nürnberg-Stipendium des Preises für Kunst und Wissenschaft der Stadt Nürnberg 2001 für die Publikation: „Die Archivarin des Zauberers. Thomas Mann und Ida Herz“ (ars vivendi Verlag, 2001). Forschungsschwerpunkte: Geschichte der Soziologie, Kultur- und Religionssoziologie sowie Literatursoziologie.